吴福辉先生纪念文集

李洱　武新军　主编

河南大学出版社
HENAN UNIVERSITY PRESS
·郑州·

图书在版编目(CIP)数据

吴福辉先生纪念文集 / 李洱，武新军主编. -- 郑州：河南大学出版社，2021.12
ISBN 978-7-5649-4976-1

Ⅰ.①吴… Ⅱ.①李… ②武… Ⅲ.①吴福辉-纪念文集 Ⅳ.①K825.6-53

中国版本图书馆CIP数据核字(2021)第270480号

责任编辑	纪庆芳　时　娇
责任校对	任湘蕊
封面设计	郭　灿
出版发行	河南大学出版社
	地址：郑州市郑东新区商务外环中华大厦2401号
	邮编：450046
	电话：0371-86059701（营销部）
	网址：hupress.henu.edu.cn
排　版	河南大学出版社设计排版部
印　刷	河南育翼鑫印务有限公司
版　次	2021年12月第1版
印　次	2021年12月第1次印刷
开　本	710 mm×1000 mm　1/16
印　张	15.75
字　数	254千字
插　页	2
定　价	56.00元

版权所有·侵权必究

本书如有印装质量问题，请与河南大学出版社营销部联系调换。

1979年5月读研究生不久摄于北大

2012年春摄于开封黄河边

2012年12月摄于张衡纪念馆

2015年在开封参加河南大学文学院中国现当代文学专业博士学位论文答辩会合影，第一排（自左至右）：李伟昉、孙克强、解志熙、吴福辉、关爱和、刘增杰、孙先科、刘涛，第二排（自左至右）：鹿义霞、杨烜、谢丽、刘鹏

2016年7月在北京胜利饭店参加"纪念《中国现代文学三十年》出版三十年研讨会"合影,自左至右为:阎开振、鹿义霞、刘铁群、钱理群、吴福辉、李雪梅、尹诗

2015年在湖南里耶参加"湘西历史文化与沈从文学术研讨会"合影,自左至右为:张中、尹诗、鹿义霞、吴福辉、刘铁群

目　录

这一代人中的一位远行了
　　——送别老吴 …………………………………… 钱理群/1
悼吴福辉兄 ……………………………………………… 赵　园/16
坚实而睿智的文学史家吴福辉 ………………………… 温儒敏/18
吴福辉现代文学研究的四大贡献 ……………………… 温儒敏/22
含笑对人生　通达见文章
　　——怀念吴福辉先生 ………………………………… 解志熙/29
现代文学"凌乱"史 …………………………………… 孔庆东/39
用心的学术行走
　　——致敬"石斋"吴福辉先生 ……………………… 李　今/43
"吃螃蟹和吃蜘蛛"的吴福辉先生 …………………… 吴周文/51
怀吴福辉,兼怀王富仁 ………………………………… 杨鼎川/58
与吴福辉老师的交往 …………………………………… 李光荣/62
怀念吴福辉老师 ………………………………………… 倪文尖/65
知遇之恩:散忆吴福辉先生 …………………………… 北　塔/72
夫子循循然善诱人
　　——我眼中的吴福辉先生 ………………………… 李世琦/76
饱满的生命和学术:吴福辉先生及其海派文学研究 … 李　楠/81
宽和笃雅的吴福辉先生
　　——记我与吴馆长的五次接触 …………………… 王　雪/95
论吴福辉的"大文学史观"
　　——谈《插图本中国现代文学发展史》 ………… 杨　伟/99

理想作者与他的"生命之痕"
　　——一个前编辑眼中的吴福辉老师 …………… 孟庆澍/106
吴福辉老师与河南大学 ………………………………… 武新军/116
这是师徒间的心灵感应吧 ……………………………… 阎开振/121
这些话永远没有机会说了 ……………………………… 刘骥鹏/125
文学是生命的燃烧
　　——论吴福辉在文学领域的贡献 …………………… 刘铁群/131
"怎么能这么没自信" …………………………………… 刘铁群/144
"汴门"问学记 …………………………………………… 陈　啸/153
"拿得动笔的时候就不嫌笔重,就不封笔"
　　——记我的导师吴福辉先生 ………………………… 尹　诗/159
很少能见到这样的学者 ………………………………… 尹　诗/164
始于河南大学的师生缘
　　——回忆我的导师吴福辉先生 ……………………… 尹　诗/169
可敬　可亲　可爱
　　——追忆吴福辉师 …………………………………… 鹿义霞/173
吴福辉:生与死 ………………………………………… 赵　牧/177
吴福辉:文学史家的史料功夫 ………………………… 刘　涛/179
那个爱生活的人走了
　　——追忆吴福辉师 …………………………………… 刘　涛/190
怀念吴福辉先生 ………………………………………… 张纯瑜/198
忆吴福辉老师在河大 …………………………………… 武建树/201
悼学者、作家吴福辉先生 ……………………………… 南希小白/205
附录一:挽联、挽诗、唁电选 ………………………………… /207
附录二:吴福辉学术年表 ……………………………… 吴佳诺/225

这一代人中的一位远行了
——送别老吴

钱理群

老吴走了。

我的第一反应是:这是一个开始——我们这一代走上了人生最后一程,老吴是走得较早的远行者。

我做出这样多少有些理性的判断(这是我的思维习惯,也是一个毛病),却使我的心分外沉重起来。整个白天,无论做什么事,都在惦念着什么。还做了一夜的噩梦:整整四十二年,老吴和我们一起走过的路,一一浮现在眼前……

所谓"我们这一代",指的是"文革"结束后 1978 年入学的第一届研究生,在我们所在的现代文学研究专业领域,是创建学科的王瑶、唐弢、李何林、贾植芳、钱谷融等第一代,新中国成立后的接续者乐黛云、严家炎、樊骏、范伯群等第二代之后的"第三代"。

我和老吴就是作为王瑶、严家炎的学生而相遇在北大,住同一个宿舍,我戏称我们为 29 楼 202 室"四君子"(另两位是凌宇和学古典文学的张国风),而且很快就发现彼此相同之点甚多,有一见如故之感。

首先我们是同届研究生中年龄最大的:年过三十九,一对"老兔子"赶上了最后一班车。这也就使我们处于极为尴尬的地位:明明已是中年,却被当作"青年学者"来培养、要求和看待;等到学成当了教授,已经接近老年,就被尊称"钱老"和"吴老"。这也就决定了我们在学科发展中的位置:记得也是和我们同龄的古典文学研究生张全宇毕业不久就英年早逝;我在《悼"第一个倒下者"》文章里,特意提到,知道全宇临终前一再呼喊"我的书,我的书还没有出呀",我的灵魂的震撼,我因此而看清自己的命运:"历史要求我们为上一代画句号,又为下一代作引号","夹在老年与青年、历史与未来、理想与现实……中间,我们身心憔悴;我们唯一的依靠,就是几十年苦斗中练就的内在的坚韧力量","然而,再坚韧的弓弦也会绷断",全宇生命的呼叫,将"带着历史的悲壮性"伴随我们一生。①

我和老吴还发现,原来我们是大"同乡":我祖籍杭州,老吴祖籍宁波,都是浙江人,自有江南水乡的底气。后来,出生于上海的老吴1950年代到了东北大地,我在1960年代去了贵州深山,这都在我们的生命、精神气质上打上烙印。老吴本来就"南人北相",经过几十年的磨炼,既保留了江浙文人的细腻、敏感、聪慧,又染上了东北汉子的大气和开拓精神;我呢,虽不乏智力,却也有一股掩盖不住的野性。这样,我和老吴,就不仅有精神底蕴的相通,更有一种性格、能力上的互补:我这个人外似通达,却更惯于生活在自己的世界里,常沉湎于一己的"胡思乱想",不善于和人打交道,更无行动的能力;老吴却有极强的与人沟通的兴趣与能力,在行动上更是如鱼得水,操作自如。我喜欢出点子,要变成现实,全得靠老吴。我们俩的合作,算得上是"天作之合"。

我们也有共同的弱点。老吴是中专毕业生,没有上过大学,这是他的终生遗憾;我虽1956年就考上了北大,但也就认真读过一年书,1957年反右、1958年"大跃进"……就再也读不成书了。我们都极爱读书,底子却有先天的不足:古典文学修养明显欠缺,还不懂外文——我一直记得我和老吴当年学日语时的狼狈样子,后来就干脆放弃了。我们也只有靠勤奋来弥补:图书馆一开门就冲进去抢位子,直到深夜才回宿舍,读书都读疯了。我们后来的学术成就,靠的也是一辈子心无旁鹜地辛勤劳作:这一代人先天不足,就只有靠这点笨功夫。

我们就这样越走越近。特别是研究生毕业后,我留北大当王瑶先生的助手,老吴任职于中国现代文学馆,都处于学科研究的中心。王瑶先生特地关照,应该利用有利的环境、条件,集中精力做最想做的事。当时,我和老吴两人最感兴趣的,就两件事,一是做好自己的学问,二是做点学科组织工作。这也是王瑶先生的期待:我和老吴在他的学生中年龄最大,正好为他守住现代文学研究这个摊子。这也就决定了此后我们一生的发展道路,就是要当

---

① 钱理群:《悼"第一个倒下者"》,载《幸存者言》,复旦大学出版社,2011,第2页。

一个"现代文学史家"——我到了晚年另有所选，老吴却终其一生都坚守在现代文学学科领域，终于成为一个名副其实的现代文学史家，这是极为难得的。前文谈到的知识结构的缺陷决定了我们要进入其他学科确实难度很大，而我们相对丰厚的人生阅历和生命体验，自小沉湎其中养成的文学兴趣，现实关怀，在现代文学研究领域正可以大显身手。而且我们在研究生阶段，都老老实实地按照王瑶先生的布置，对整个学科的方方面面，几乎所有的作家、文体、流派、思潮……都下了很大功夫。在这个意义上，我和老吴的专业基础是打得扎实的；这也就决定了我们的专业知识比较全面，并不限于某个自己所喜爱的作家、文体、流派，由此形成的知识结构，恰恰最适合做文学史的研究。另一方面，也是在王瑶先生引导下，我们迷恋个人的研究，但又对学科的发展有一个整体性的关怀。这可能与老吴当过学校教务主任，有进行组织工作的兴趣与能力，我在"文革"中已经养成的对全局性问题的特殊关怀有关。而王瑶先生晚年的兴趣也已经集中到学科队伍的建设，严家炎、樊骏等第二代学者在这方面都下了很大功夫，我和老吴就被选中当他们的助手，最后成为学会和《中国现代文学研究丛刊》的接班人。我们则把这看作自己作为"历史中间物"的职责。

应该说，我和老吴在现代文学史研究和学科建设这两方面的合作都有高度的自觉：我已经习惯于要干什么事就"找老吴"。在学术研究上，我们就有三次合作。头一回是1980年代王瑶先生布置我为《陕西教育》写现代文学史连载文章，我第一反应就是"找老吴去"！一找他就欣然答应，还约了温儒敏，我们三个同学，还有王先生的女儿超冰，就这样编出了《中国现代文学三十年》，还成了全国现代文学课程的教材。到21世纪初，我想推动民间教育改革，编写《新语文读本》，联通"文学与教育"。一人孤掌难鸣，也想到"找老吴"，把他和朱珩青夫妇，以及另一位古典文学研究生同学张中一起拉来，联合一批中学教师，在重重阻力下，硬是编出从小学到高中的一整套课外读本，至今畅销不衰。在退休前，我想对《中国现代文学三十年》的模式有所突破，就提出编一套"广告文学史"的设想，一找老吴商量，一拍即合，就由我们两人出面，约请陈子善先生共同担任主编，还在全国范围找了一大批中青年作者，进行了组织"民间学术工程"的尝试，成功出版了三卷本的《中国现代文学编年史——以文学广告为中心》。

我们在学术组织工作方面的合作，就更加主动而积极。令我念念不忘的是，我们这一代刚刚毕业，就想在学术界发出独立的声音。于是，就由老吴出面，组织召开了"镜泊湖会议"。与会者不限于现代文学专业，也包括学习古典文学、文艺理论诸方面的青年才俊；也不受地域、学校的限制，有京、沪两地的名校，也有地方院校的见过面、没有见过面的朋友，都闻讯赶来。这样空前的盛会，组织工作的难度可想而知，老吴却从容、自如，仿佛一点也不费力地就把会办得井然有序，显示了他出色的组织能力，也确立了他的学术组织者的地位。这次会议对学科的发展，也确实起了推动作用：此后上海方面提出"重写文学史"，我和平原、子平倡导"20世纪中国文学"，都与这次会议有关；而许多与会者日后都成了各学科的带头人；更重要的是，由此开创了一个极好的学术环境、氛围乃至传统。这也是我感触最深的：我们这一代最为幸运的是，从来没有发生过内斗，也从无权力之争，始终相互支持、合作。无论是北京的中国社会科学院、北大、人大、北师大，还是南北各地的学者之间，都有一种无言的默契，密切配合，不立山头，不搞宗派，也不谋求个人地位和利益。大家专心专意地搞学问，绝不在学问之外耗费精力和时间。在我看来，这是我们这一代能够在不太长的时间就收获丰硕成果的一个重要原因。应该说，老吴在这方面是发挥了很好的作用的。特别是他在担任学会和《中国现代文学研究丛刊》编辑的领导工作时，更以他特有的温和、细心、体贴、宽容、善解人意，善待年轻学者和需要帮助的人。应该说，在学界他有意无意地为他人做事，是最多的。这就使他特具亲和力和凝聚力，在学术组织工作、学科建设方面发挥了别人替代不了的作用。应该说，这是老吴的一个不可忽视的重要贡献。这也是我最欣赏、佩服老吴之处，我自己也尽力支持、配合他。

很长一段时间，只要开会，我们必住在一个房间，便于商量事儿，更是一种情感的需要。于是，就有了一个小插曲：我们俩一入睡，都很"放肆"，我无规则地打大呼噜，老吴则有规则地打小呼噜，都各得其乐。有一次会议安排上海评论家吴亮临时到我们屋睡一晚，闹得他一夜无眠，他就妙笔生辉，写了篇短文描述和调侃了一顿，一时传为学界"佳话"。

我和老吴之间也不是没有矛盾，还发生过争吵——也是唯一一次。大概是开会途中在火车上打扑克，我无意中得罪了他。我给人的印象，似乎只会读书,其实在"文革"的被迫休闲中我学会了打麻将和扑克,技艺确实不错。这回我得意忘形,就故意地贬低、嘲笑老吴,"损人"过了头,老吴突然大发雷霆,把我吓"醒"了。由此也更深地理解了老吴:他软中有硬,性格中也有"倔"的一面,自有极强的自尊心,不可随便冒犯。这是应该充分理解与尊重的。我也就此调整了与他的关系:依然"亲密"却不追求"无间",保持一定距离,做到对方的弱点心里有数,却以其长处相处。这或许是一种更为成熟的交友之道,大概也是这一代人的一种人生经验吧。

而且我很快就成了老吴一家人的朋友。我至今难忘的是,有相当一段时间,我每年大年初三都会和《文学评论》老编辑也是我们的老朋友王信一起去老吴家打麻将,共同享受珩青提供的丰盛的东北风味的美食。那时老伴可忻还远在贵州,我来老吴家就有一种回家的暖意和感动。珩青研究路翎,喜欢讨论思想问题,她的散文集的书名就是《我想,我在》,这就和我有更多的共鸣,我也欣然为她的两本著作写序。老吴的儿女都喜欢写小说,我也是他们的读者,他儿子结婚我还当了主婚人。可忻来到北京,也与他们家多有来往。之后我们搬到了养老院,依然每年见一两面。前年可忻患了不治之症,老吴、珩青特来看望,也是说不完的话。可忻的病越发严重,她就在生前编了一本《我的深情为你守候——崔可忻纪念集》,还勉强挣扎起来,亲笔为一些最亲密的朋友签名,以作永远的纪念,其中就有老吴和珩青。却不知为什么没有及时送到他们手中。现在这本书还在我这里,老吴却也随可忻远行,再也看不到了……

这篇悼文已经写得够长,但我还想就老吴的学术贡献再说几句,这也是我的责任。

在我看来,老吴一生的学术研究,大概可分为三个阶段。从研究生毕业到退休,是一个"寻找自己的独立研究之路"的过程。老吴的毕业论文写的是以张天翼为代表的左联青年作家的讽刺艺术,最早发表的论文《锋利·新鲜·夸张——试论张天翼讽刺小说的人物及其描写艺术》(载《文学评论》1980年第5期)、《中国现代讽刺小说的初步成熟——试论"左联"青年作家和京派作家的讽刺艺术》(载《北京大学学报》哲学社会科学版1982年第6期),就引起了学界的关注。之后他又发展到对喜剧艺术的探讨,写了《怎样暴露黑暗——沙汀小说的诗意和喜剧性》和讨论钱锺书的"机智讽刺艺术"

的论文,在1990年代初先后出版了《沙汀传》和《带着枷锁的笑》,也都产生了很大影响。《沙汀传》的写作,显示了老吴对地方文化的关注,预示了他的研究方向由此转向了对海派和京派文学、文化、文人的研究,经过七年的努力,于1995年出版了《都市漩流中的海派小说》,最早为海派正名,成为海派研究第一人。而这背后蕴含了他对都市文学(文化)、市民文学(文化)在现代文学史的特殊意义和价值的独特发现,以及将文化研究引入文学研究的某种自觉性。人们很容易就发现,老吴对海派、京派、都市、市民这四大文学、文化、文人的情有独钟和独特发现,都是直接来源于他自己的生命成长背景、环境和由此形成的情感、趣味。老吴自己也多次谈到,"我在中国永远是一个'南北人'",从小就生活在上海市民社会与环境中,"市民文化施与我的恩惠是,喜欢衣、食、住、行的人的平常生活"。现在这种几乎成为生命本能的对人的世俗性的理解与欣赏,对现世的执着,都化作文字,凝结成老吴的文学研究了。① 王瑶先生对此给予很高评价,他在老吴《带着枷锁的笑》的序言里写道:"可以看出作者自觉地'寻找自己'的努力:寻找适合自己的研究对象,研究的角度与方法……形成了自己的研究风格。"在我看来,这是先生发给自己的学生的学术"合格证",老吴终于成了独立的学者。而其所显示的研究特色,又属于这一代学人,自觉追求"主、客体的交融",用老吴自己的话说,就是"让生命附着于文学之上,让文学附着在生命之中"。②

按王瑶先生的说法,现代文学研究经历了"文革"结束、1970年代末的思想、学术的"拨乱反正"以后,从1980年代开始,就逐渐进入了"日常的学术建设"阶段。重新编写"现代文学史"的历史任务也就提上了学术日程。先生正是在这样的背景下,于1983年左右布置我和老吴、老温几个学生在刊物上连载重述现代文学史的文章,最后汇成了《中国现代文学三十年》一书。先生在《序》里写道:这是一本"有特色的现代文学史著作","这个事实本身就是令人振奋的"。但在当时的历史与学术背景下,这又只能是一本过渡性的历史著作。

它首先是中国现代文学史的既定性能的一个承续。如王瑶先生《序》中

---

① 参见刘涛:《吴福辉的学术个性与学术贡献》,《汉语言文学研究》2019年第4期。
② 参见李楠:《让生命附着于文学之上,让文学附着在生命之中》,《汉语言文学研究》2019年第4期。

所说,现代文学史的研究,"始于朱自清先生",他的《中国新文学研究纲要》即是1929至1933年"在清华大学等校讲授'中国新文学研究'的讲义";到1950年代初期,"由于适应当时高等学校新设'中国现代文学史'这一课程的教学需要,先后出现了好几种比较完备系统的现代文学史著作",其中影响最大的代表作就是王瑶先生的《中国新文学史稿》。这些现代文学学科的"奠基之作"都是"以教材形式出现的著作"。① 这样的教材的作用与功能,就决定了研究者所说的,现代文学研究这门学科既是"一项学术事业,一套教学法式",也是一种"政治表述"。② 它从一开始就具有"某种'正史'的权威性品格",具有明显的"正统意识""体制化"的特质。王瑶先生的《中国新文学史稿》就是以毛泽东的《新民主主义论》为指导,体现的是一种新中国成立初期的"国家意志"。③ 而我们在1980年代写作的《中国现代文学三十年》从一开始就自觉继承这样的传统,在1998年的修订本的《前言》和《后记》里,就明确其"教科书性质",并因此给自己规定了"相对稳重"的写作策略与规范,强调"要充分注意教材所应有的相对稳定性与可接受性",与"力求创新,显示个人独特眼光"的"私人写作"自觉区别开来。因而在"现代文学的性质、范围、起止、分期,以及总体性特征、发展线索上",都维持既定格局,不作变动。④ 我们也因此在《前言》里,特意强调中国现代文学的"现代"性质,以"文学的现代化"作为整个教科书的贯穿性线索,并且指出"这样的'文学的现代化',是与本世纪中国所发生的'政治、经济、科技、军事、教育、思想、文化的全面现代化的历史进程相适应,并且是其不可或缺的有机组成部分'"。⑤ 这就实际上把现代文学的历史叙述纳入了1980年代"四个现代化"的国家话语体系之中,其鲜明的意识形态性,自觉服务于1980年

---

① 王瑶:《序》,载钱理群、吴福辉、温儒敏、王超冰《中国现代文学三十年》,上海文艺出版社,1987,《序》第1-2页。
② 王德威:《吴福辉〈中国现代文学发展史(插图本)〉英译本序》,季剑青译,《中国现代文学研究丛刊》2019年第5期。
③ 李今:《讲述现代中国文学场域的故事——吴福辉〈插图本中国现代文学发展史〉重读》,《汉语言文学研究》2019年第4期。
④ 钱理群、温儒敏、吴福辉:《中国现代文学三十年(修订本)》,北京大学出版社,1998,第561页。
⑤ 钱理群、温儒敏、吴福辉:《中国现代文学三十年(修订本)》,北京大学出版社,1998,《前言》第1页。

代的国家意志,与王瑶的《中国新文学史稿》是一脉相承的,只不过"从'革命'转向现代性","其总体格局并未发生根本性的改变",实际上还是"文学史+政治史"。①

但《中国现代文学三十年》在坚持其保守性的同时,也有创新性的一面。这也是王瑶先生的《序》里要强调的:"本书的作者就是近年来涌现出来的几位引人注目的青年研究工作者。从书中可以看到,他们吸收并反映了近年来的研究成果与发展趋势,打破狭窄格局,扩大研究领域,除尽可能地揭示现代文学发展的历史主流外,同时也注意到展示其发展中的丰富性与多样性,力图真实地写出历史的全貌。"②仔细作具体考察,就可以发现,在这方面,老吴做出了突出的贡献。《中国现代文学三十年》主要有三个版本:1987年初版本(上海文艺出版社),1998年的修订本(北京大学出版社),以及2016年的修订、重印本(北京大学出版社)。每次老吴都提供了新的研究成果。1987年初版本老吴主要负责散文与小说部分的撰写,注重于文体,这正是他的研究强项。在散文发展的历史叙述里,他突出散文世界的"个性化、多样化"(第六章)、"在论争中完备、发展"(第十八章)和"归趋"(第二十七章)。在小说发展史的叙述中,更突出小说"各流派的竞争","京派小说"、"'新感觉派'小说"(第十五章)、"洋场小说"(第二十三章)概念的提出让人耳目一新,"讽刺、暴露小说的繁盛"则集中了他的最新研究心得(第二十二章)。而"上海'孤岛'和沦陷期文学""台湾文学""其他沦陷区文学"的叙述(第二十八章),展现的是全新的文学景观。1998年修订本,除了"京派小说",第一次出现了"海派小说"的概念(第十四章);"通俗小说"更是成了一个贯穿性线索(第四章,第十五章,第二十四章);还第一次作出了小说创作中的"通俗与先锋"两种模式的概括(第二十三章);老吴还涉足作家研究,在第十章"茅盾"、第十三章"沈从文"的论述里,显示了其对都市文学与乡土文学的关注。2016年的重印本,老吴对他写的"通俗文学"作了较多改动,将其命名为"市民通俗小说",强调"通俗文学和市民文学的交叉",

---

① 李今:《讲述现代中国文学场域的故事——吴福辉〈插图本中国现代文学发展史〉重读》,《汉语言文学研究》2019年第4期。
② 王瑶:《序》,载钱理群、吴福辉、温儒敏等《中国现代文学三十年》,上海文艺出版社,1987,《序》第3页。

显然是新的研究成果。研究者注意到,"带有不同文化色彩的京派与海派小说概念就是吴福辉最早写入综合文学史中的","将通俗文学写入中国现代文学史,吴福辉都是头筹"。① 还有人指出,老吴早在1987年《中国现代文学三十年》初版本论述"上海'孤岛'和沦陷期文学"时,就专门讨论了具有"西方现代派的明显痕迹"的张爱玲的小说,之后在1998年的修订本里,就有了更高的评价,认为是"中国20世纪文学发展到这个时期的一个飞跃"。可以说,张爱玲是因老吴而第一次写入了大陆文学史。这自然都具有现代文学史学科发展史的意义。更重要的是,老吴笔下展现的这些长期被视为"非主流"而遭忽视、遮蔽、遗忘的文学新景象本身,构成了对教科书模式的既定现代文学史结构、框架的巨大冲击,孕育着最终的突破。

这样,写于1980年代的《中国现代文学三十年》所具有的既保守又创新的双重性,使它很快就被现行教育体制接受,也受到作为使用者的大学教师和学生(本科生,特别是研究生)的欢迎。如北京大学出版社2016年《重印说明》所说:"本书从初版至今已经近三十年,其间先后被列为普通高等教育'九五'教育部重点教材和'十一五'国家级规划教材,有过五十多次印刷,印数超过百万册。其在高校的使用覆盖率,以及学界的引用率,在同类书中都是非常高的。"

但我和老吴心里都明白:《中国现代文学三十年》不过是特定历史条件下产生并发生影响的过渡性著作,不是我们心里想要的。我们真正追求的,是写一部独立的、更加个性化的中国现代文学史著作。

于是,老吴(一定程度上包括我在内)的学术人生之路,就在退休以后,走上了第二个阶段:为实现"文学史家"的理想,作最后的努力。

我们首先要做的,就是突破《中国现代文学三十年》模式。我们心里很明白,当《中国现代文学三十年》影响越来越大,为学界所广泛接受,形成了固定的文学史知识、论述框架时,就面临被凝固化的危机,需要寻求新的突破。可以说,建立《中国现代文学三十年》模式,又突破《中国现代文学三十年》模式,正是老吴和我这代学人的历史责任与使命。

---

① 李今:《讲述现代中国文学场域的故事——吴福辉〈插图本中国现代文学发展史〉重读》,《汉语言文学研究》2019年第4期。

这需要勇气,更需要毅力和智慧。第一个迈出这关键一步的,是老吴。当老吴经过七八年的埋头苦干,于 2009 年拿出《插图本中国现代文学发展史》(简称"插图本")时,我的第一反应是:"终于等到了!"立刻写了《是集大成,又是新的开拓》的评论文章,欣喜地写道,"这是对 1949 年以后文学史写作的'教科书模式'的重要突破","我们终于有了一部有别于教科书的个人文学史专著"。

综合研究者和我自己的看法,这样的突破有五个方面。

其一,教科书式的文学史模式的一个致命问题,即是其"'正史'的权威性品格"。而老吴的这部插图本给人的第一印象,就是"作者完全摆脱了以往文学史写作难免的严厉的审判官、所谓'文学规律、法则'的发现与宣示者与导师的身份和架势,而是像一位饱有经验和学识的'导游',引我们读者一路走来,观赏路边应接不暇的文学风景,他介绍,指点,也偶有评论,却并不强加于人,只是引'导'我们自己去'游',当我们真的自己去游(阅读原著)了,他就只站在一旁微笑:尽管我们已经把他的介绍忘记了,他的目的也达到了。这里不仅有和读者一起平等地观赏和研究的态度,更包含了作者自己对其叙述对象——精彩纷呈的现代文学风景的热爱,欣赏,以至陶醉,正是这一点,深深地吸引和打动了读者"。①

其二,教科书式的现代文学史的另一个问题,就是过度的结构化:在"'揭示历史发展规律'的冲动"下,"形成了一种线性的,单质的,直奔某种既定目标(其实是一种意识形态的预设)的所谓不断进步的叙述结构","这样建立起来的结构,必然是一种等级结构,严格区分所谓'主流'、'支流'以至'逆流'","这样一个被先验的理论、观念(而且是根据时代思潮的演变不断变动的观念)过滤过的文学史图景,必然要对文学发展自身的复杂性、丰富性多有遮蔽"。② 在我看来,老吴正是在这里找到了突破口:打破现有叙述的等级结构,尽可能回到文学现场,呈现文学发展本身的复杂、丰富、无序、模糊状态,尽管也存在某些内在线索,如新、旧(传统)文学的关系,中外

---

① 钱理群:《是集大成,又是新的开拓——我读吴福辉〈中国现代文学发展史〉(插图本)》,《文艺争鸣》2010 年第 7 期。

② 钱理群:《有缺憾的价值——在〈中国现代文学编年史〉出版座谈会上的讲话》,《文学评论》2013 年第 6 期。

文化的交流,文学与政治、出版、教育、学术文化的关系,文学各流派之间的关系,战争与文学的关系,等等,但都隐现在时断时续、散漫无序的叙述之中,以最大限度地撑开叙述空间,用大量新史料展现新的文学风貌,实际上是要为读者,也包括文学研究者提供足够大的对现代文学、现代文学史的想象空间。这是一个开放的结构。

其三,以往的文学史叙述,都以时间为线索。老吴的插图本也重视时间的因素,全书每一个部分都选定一个特定年份,1903年,1921年,1936年,1948年,列出大事年表,列举相应出版信息,以显示关键时间点对现代文学发展的特殊意义。但如研究者所说,他更特别突出现代文学活动的空间场域的变迁作为文学史的叙述线索。全书别开生面地以描述晚清上海望平街由传统的画馆所在地发展为中国最早的报刊街市的变化作为现代文学史叙述的开端,之后就将"现代文学在都市空间发展的书写延展、贯彻到每一章":1920年代突出"京沪报刊书局形成的文学空间"对五四文学的历史作用;1930年代强调"文学场域的中心从北京回归上海的大势";1940年代更关注战争环境下形成的重庆、延安、桂林、昆明、上海、香港六大"文化城"的特殊作用,从而"把文学场域空间的变迁组合成文学史的重要结构板块"。这样,就把过去"正史"按所谓"历史地位"设专章讨论的"经典作家",分散到他们各自所属"文人圈",左翼文人、海派文人、京派文人、乡土派文人……去编写其间丰富多彩的文学故事。研究者说,"由此浮现出吴福辉的个人文学史观,即不再以经典作品为本体,而将文学史看作是文学活动场域的变迁史"。①

其四,重视、突出文学与文化的关系,变教科书模式的"文学史+政治史"为"文学史+文化史"。我在《中国现代文学编年史——以文学广告为中心》的《总序》里谈到,1990年代以来,"我们对'文学'与'文学史'以及'现代文学'的理解,已经发生了许多变化,并形成了新的研究思路,即在原始史料的重新开掘的基础上,把现代文学的文本还原到历史中,还原到书写、发表、传播、结集、出版、典藏、整理的不断变动的过程中,去把握文学生产与流

---

① 李今:《讲述现代中国文学场域的故事——吴福辉〈插图本中国现代文学发展史〉重读》,《汉语言文学研究》2019年第4期。

通的历史性及其与时代政治、经济、思想、文化、教育、学术的复杂关系",这大概就是所谓"大文学史观"。"这样一个将文学生产与流通融贯为一体,注重文学市场作用,注重文学个人创作与社会文化关系的文学史图景,是更能显示现代文学与古典文学相区别的新的文学风貌的,但却是现在通行的文学史结构、叙述模式所难以容纳的",需要有新的突破。[①] 应该说,老吴的插图本正是人们所期待的这样的文学史书写中的第一个突破,展现了《中国现代文学三十年》"时代背景+作家作品"的传统叙述框架不能容纳的更加广阔、丰厚的文学图景:现代文学与现代报刊、出版、现代教育、现代学术、现代语言学的关系,文学与现代艺术(电影、美术、音乐)的关系,现代文学创作与翻译的关系,等等,都系统而完整地进入了文学史叙述。老吴在插图本序言里说,"一个文学史写作即将发生变化的时代来了",这是一点也不错的。我也因此断言:吴福辉的插图本"是集大成,又是新的开拓"。

其五,人们对教科书模式的文学史的不满,还有一个重要方面,即在其使用过程中,人们更重视的是其教科书功能,它越来越成为应试的工具,而越来越远离文学,当它被知识化以后,文学描写中的人就被忽略甚至忘却了。这正是我和老吴这样的从小就是文学迷,后来也因眷恋文学而走上研究之路的作者,最感痛心的。今天,我们要重写文学史的一个最重要、最基本的目的,就是要找回文学性,真正以"人"为中心。吴福辉的插图本让我最为欣赏、动心的,是他对"文学场上的人"的关注,而且他关注的不仅是创作作品的作家,也包括将文学作品社会化的文学编辑、出版者、文学教育者、评论者、研究者,更有作为文学接受者的读者,他们在与文学作品接触、交往过程中,所做出的个性化的反应中,所展现的思想、感情、内心世界。这样吴福辉的插图本就"通过文学的窗口,展现了特定大时代里的个人生命史,人史,心史",这样的本质上的文学性,才是他的追求,也是插图本的价值所在。我还要强调,他的插图本的语言也有文学性,注意历史的细节呈现,展现文学史发生学上的感性瞬间,甚至可以从中读出生命的体温:这都可以说是"随

---

① 参见《中国现代文学编年史——以文学广告为中心》之《总序》(总主编钱理群,北京大学出版社 2013 年版)。

笔的笔法"对文学史叙述的渗入,这是能显示老吴文笔之所长的。①

老吴的《插图本中国现代文学发展史》就这样以全新的面貌,实现了对非教科书式的文学史模式的零的突破,展示了个人化文学史写作的巨大可能性。它一出现,就自然为国内外中国现代文学研究界所瞩目,并迅速被翻译成韩文、英文和俄文。美国哈佛大学教授王德威先生在所写的英译本序言里指出,作者"有鉴于文学史的范式日益僵化","以百科全书式的知识和富于判断力的见识",进行了"最具有启发性的尝试","是一项不同凡响的成果","终于可以将他对现代中国文学和历史的洞见与反思分享给全世界的读者"。②

有意思的是,老吴刚刚出版了独立写作的《插图本中国现代文学发展史》,又立刻"扎进一个集体的、前途不可测的文学史写作中",出任《中国现代文学编年史——以文学广告为中心》的主编之一。老吴说,这"完全是被'多样文学史'的目标所召唤";这个"富有很大挑战性的课题",唤起了他四十多年前读研究生时天天泡图书馆翻阅现代报刊时的记忆,他仿佛又听到报刊广告"内含的各种'语言密码'泄露出的各种声音,各种音调"。他也因此感悟到,"以文学广告为中心"写出的文学史,应该是"现场感极其强烈的文学史","因为文学广告系当时人所写,它包容了当时社会的接纳心理,当时人的文学理想、价值观念,以及文学对当年的人和社会的反作用力,是以历史资料形式保存到今日的活化石","面对这些不同历史材料的了解、分析、阐释,必将引发出今日人们的参与性(对相应广告的某种阐释必然煽起读者试做另外一种阐释的欲望,而新的文学史应该给读者留下空间)",这样以广告为中心的文学史,就必然是"既保留了文学现场又被今昔时空充分穿透的文学史",是传统文学史不能达到的新天地。老吴还敏锐地抓住了"文学广告的人文性质、思想文化性质和商业销售性质的掺杂混合"的特性,由此而发现了以广告为中心的文学史的特殊价值:"这种文学史必然将文学和商业关系作为一条基本线索来处理,充满了文学与商业的双重张力","我们

---

① 钱理群:《是集大成,又是新的开拓——我读吴福辉〈中国现代文学发展史〉(插图本)》,《文艺争鸣》2010年第7期。

② 王德威:《吴福辉〈中国现代文学发展史(插图本)〉英译本序》,季剑青译,《中国现代文学研究丛刊》2019年第5期。

可以从中望见文学作为'商品'被推行的现代进程,及商业化如何促进文学、改造文学、腐蚀文学的各个侧面",这就深刻揭示了产生于市场经济时代的现代文学区别于传统文学的特质及其内在矛盾。① 这样,以广告为中心的文学史就为我们这些年一直设想、追寻的"接近文学原生形态的文学史结构方式"提供了一种可能性。② 这也就意味着,我们这一代(《中国现代文学编年史——以文学广告为中心》三位主编都是"文革"后首届研究生)又在创建个性化、多样化的现代文学史的路途上,迈出了新的一步。

这样,从钱理群、温儒敏、吴福辉合作的《中国现代文学三十年》(1987年—1998年—2016年)到吴福辉独撰的《插图本中国现代文学发展史》(2010年),再到钱理群、吴福辉、陈子善主编的《中国现代文学编年史——以文学广告为中心》(2013年),我们这代人就完成了自己的现代文学史编撰任务。是老吴将这"三部曲"串起来,形成完整结构,其独特贡献是谁也替代不了的。而我们这代人也借这"三部曲"将现代文学史的研究和撰写,从"教科书模式的集大成"到"个性化、多样化模式的新开拓",既承接了前两代学人以王瑶《中国新文学史稿》,唐弢、严家炎主编的《中国现代文学史》为代表的传统,也为后来者的创造提供了新的可能性,就像老吴在他的插图本序言里所说,我们所做的,"不过是未来的新型文学史出现之前的一个'热身',为将来的文学史先期地展开各种可能性作一预备"③。我们也因此而完成了"承上启下"的"历史中间物"的使命。

到 2013 年《中国现代文学编年史——以文学广告为中心》出版,我和老吴都深深地吐了一口气:我们已经做到了能够做的一切。如果说我们这一代中的张全宇 1983 年第一个倒下时,心存"我的书还没有出呀"的遗憾,那么,经过我们这些幸存者此后近四十年的努力,该写、想写的都写了,也都出(版)了,那就真的没有什么遗憾了。夸大一点说,我们还都做出了"超水平"的发挥:我们这一代是被时代耽误的一代,在学术上根底不厚,先天不

---

① 吴福辉主编《中国现代文学编年史——以文学广告为中心(1928—1937)》,北京大学出版社,2013,第 717-721 页。

② 参见《中国现代文学编年史——以文学广告为中心》之《总序》(总主编钱理群,北京大学出版社 2013 年版)。

③ 吴福辉:《插图本中国现代文学发展史》,北京大学出版社,2010,《自序》第 6 页。

足,老实说,我们是全靠自己后天的勤奋才取得这些成果的。我们为此而自豪,但心里也有数,其局限性、有限性是明显的。只能说差强人意地完成了前辈老师布置下的"作业",也对得起自己,对学科发展对我们这一代提出的要求多少有了个交代。这就够了。

于是,老吴和我的人生、学术之路,就进入第三个阶段——

晚年为自己写作。我们当然不会停笔——写作已经融入生命。但写什么,怎么写,却更要听命于自我生命的内在需要。我注意到,老吴在生命的最后七年,主要从事学术随笔、文化随笔的写作。在我看来,这意味着,老吴终于找到了属于自己的文体。老吴长期供职于现代文学馆,自有深厚的现代文学史料功底;而他自幼养成的对文学和日常生活的兴趣、鉴赏力,对文学和日常生活中的细节的敏感、记忆力,以及他对文体、文字的精微处的感悟、把握,一直都让在这些方面特别欠缺的我称羡不已,但我也分明感到,他的这些长处,在文学史的写作中虽时有闪现,却未能充分发挥。现在,我在报刊上陆续读到了他后来汇集在《多棱镜下》《石斋语痕》《石斋语痕二集》等书里的学术随笔、文化随笔,尽管也还有学术的追求,如他自己所说,是要"一个一个发现新问题,为未来文学史写作做准备",但我更强烈地感觉到,老吴是沉浸在自己的精神世界里:如果说,当年研究海派、京派、市民通俗文学,特别是撰写三大文学史,老吴找到了学术上的自我,那么,如今挥洒自如写随笔,就回归到精神上的自我,并且找到了最适合的表达方式。当我把这一看法当面告诉老吴,并且向他表示祝贺时,他点头微笑:我是懂他的。

在2020年的疫情蔓延期间,我还在老吴的出生地上海的《文汇报》上读到他回忆当年弄堂里的生活的随笔,第一个反应是:老吴"回到童年"了。

现在,他远行了,在"彼岸世界"等候他的亲人和我们这些老同学、老朋友和他相聚。那么——

老吴,再见!

(《中国现代文学研究丛刊》2021年第4期)

悼吴福辉兄

赵 园

"文革"后读研,是我此生较为美好的一段经历。同门友中除张玫珊外,钱理群、吴福辉年近不惑,其余几位与我本科同届。大动荡后,因各有历练,多少可以自信对人的判断力,知道你的直觉不大会欺骗你。此时的友谊、信任,较有根基。同学中钱、吴、我和凌宇过从尤密。凌宇与我,都有棱角,有一段磨合期。钱、吴则充当了同学间的润滑剂。

钱、吴均为人大度,对别人的冒犯不予计较。吴人高马大,较钱更有兄长的范儿。他对我的态度,有时正像大哥哥对小妹妹。记得某次在三环路上,我迎着等在那里的老吴跑过去,他弯下身子伸出双手。这个动作,我至今记得。

老吴本江南人士,早年生活在上海,后长期在鞍山工作,竟长成了东北人的模样——适用橘枳之喻。1980年代女性择偶,据说以高仓健为标准,要求男方身高不低于一米九。老吴自我调侃说"单项达标"。老吴没有本科学历,考研前在一所中学任职。"文革"结束之初打破常规,不但年龄限制放宽,且对学历没有硬性规定。与几个较为年轻且名校毕业的同门友"站在同一条起跑线上",老吴想必有压力。几个同学明面上并无竞争,少不了暗中较劲。记得我提到过,因消耗太大,不过几年,自己的两条辫子细成了一绺。几个大龄男生同宿一室,老吴的小呼噜配合老钱的大呼噜,惊天动地,不知他们的室友凌宇、张国风是怎么熬过来的。

除乐黛云老师组织的讨论,我与钱、吴、凌互动频繁,闲暇则与古代文学专业的钟元凯、张中、国风等一同登香山,进城看演出。研究生毕业后,除几次因凌宇的安排到湘西,与钱、吴同游的机会最多,张家界、镜泊湖、海南、九寨沟、平遥、壶口、甘肃、宁夏、宁波;还曾与老吴一起到俄罗斯旅游。旅途中总要大唱其歌,在赴湘西途中,在镜泊湖边,在涅瓦河上。也有过不快,如一片荫翳，终会淡去的吧。

　　我和老钱物质生活上较粗疏。老吴与凌宇，是同门友中注重生活品质的两位。老吴好兴致，好胃口，对时尚嗅觉灵敏。1980年代，我们尚未由上个历史时期的习尚中走出，老吴已有当年被视为"华侨式"的着装，朋友们私下里指其为"海派"。京派、海派，是他后来的主要研究领域，京、海间他对后者的确尤有心得。老吴肠胃有疾，却无妨健饭嗜酒。一同出行，总会买点摆件。曾有小友嫌我那里毫无装饰，对我说，你看吴老师家……我怀疑老吴的品位，又不自信有品位，宁可让房间空空荡荡。

　　毕业后老吴任职中国现代文学馆，又较多介入现代文学研究会与《中国现代文学研究丛刊》的事务，想必有在我看来无谓的消耗，那些工作却未必不适于他。老吴有社交的能力与兴趣，专业范围内人脉之广，远非老钱与我所能比。社交也有在我看来无谓的消耗。老吴既乐在其中，得失就不便计较。所幸行政、编辑事务与社交无妨他写作。我自己在转向明清之际士大夫研究后，对老吴的专业研究无暇关注。直至其去世，才由朋友圈读到王德威先生为其《插图本中国现代文学发展史》英译本所写序言。专业著作有英文、俄文、韩文译本，同专业同班同学中仅老吴一个。其他与老钱合作的项目尚多。与其"天性"的活跃一致，老吴长于随笔，包括与专业相关的评论文字。笔头之快，也非我所能及。

　　1998年北大"百年校庆"，研究生同学齐聚。张中拍摄的合影上，我挽着老吴的手臂。那是毕业十六七年之后，照片上的几位都正当盛年。最后一张合影，在2019年9月9日，宴请来访的尾崎文昭、西川优子夫妇，兼为老钱、老吴祝寿。此时我和老吴的生活都在变动中。那个日子之后，与老吴间即横亘了辽远的空间，直至阴阳两隔。

　　老吴去国前另两次相处：一次在湖南的里耶，出席凌宇参与组织的沈从文讨论会；一次为2018年研究生同学入学四十年后的重聚。后一次由温儒敏安排，住在香山植物园附近。此时的同学，老态尽显，早已不复有当年的精神意气。参与聚会者没有人明言，各自心里都明白，这样的聚会不会有下一次了。老吴是研究生同专业同学中最先去世的一个。近年来一再想起明清之际遗民"又弱一个矣"的慨叹。倘拟之于遗民，是何种意义上的"遗"？

（《中华读书报》2021年1月27日第7版）

坚实而睿智的文学史家吴福辉

温儒敏

上午接平原兄来电,得知老同学吴福辉今早在加拿大的家中过世,悲恸不已。前年春节我去他家看望,老兄身体不好,正准备卖掉北京的房子,到加拿大去和儿子过。我说这把年纪了,还折腾?他苦笑,略显悲戚。我们又一起去东四吃馆子,他胃口不错,兴致也高了,说以后还能回北京看看朋友。不料这就是永诀了。

现在我翻阅一些有关老吴的旧文,眼前斑驳全是他的影子。

想到1978年10月的一天,我到北大参加研究生入学的复试,在图书馆考场,第一次见到老吴。他个子魁梧,笑脸迎人,敞亮的男中音,流畅的东北话,总是把话里的"关键词"咬得很重,还不时加上"你知道吗"来调节语气,让人想起中学的语文老师。老吴果真是教过中学语文的。他本是上海人,1950年代父亲支援东北工业建设,举家从上海来到"钢都"鞍山,从此长做"关外人"。难怪他的东北话说得如此有味。老吴的少年和青年时期主要在鞍山度过,高中毕业后没有升学,在一所颇有名气的中学当老师。想想看,高中毕业生教高中,而且教得出色,"官"至教务主任,真不容易。没上过大学,居然能一步跨进北大中文系当研究生,就更不容易。所以头一次见面,我就对他刮目相看。

那是"文革"后首次招考研究生,北大的现代文学专业有600多人报考,热闹极了。原定招收5名,后来扩招到8名(有2名转到当代文学)。考上的自然也就春风得意。当时老吴和钱理群39岁,我和凌宇、赵园、陈山三十二三岁,都是"老童生"了,可是别上红色的北大校徽(当时研究生戴的校徽和教员一样,都是红底白字),抬头挺胸走在校园里或者大街上,仿佛周围的人都在打量自己似的,蛮自豪的。刘心武的小说《班主任》写"文革"后人们陡然放松的心情,用了"春江放舟"这个词。当时真是有那个劲儿。

老吴学习很投入,每天一早去食堂吃完馒头咸菜玉米糊,就钻图书馆,除了吃饭睡觉,全"钉"在那里,恨不得一天变成48小时。课不多,主要是自己看书。从哪里着手?他和老钱把王瑶先生那部《中国新文学史稿》上的注释引目抄录成册,然后顺藤摸瓜,一本一本找来看,阅读量是相当大的。还有一个地方也总能见到老吴的身影,就是旧期刊室:他翻阅过的旧刊极多。这种先"广种博收"尽量涉猎各种文献作品的方法,对于文学史研究(也是史学的一支)来说,是打底子,很必要。有丰富的积累,才有历史感和分寸感,这和那种理论先行,拿个框子往里边填材料的做法是不一样的。后来老吴出版《插图本中国现代文学发展史》,把雅俗文学打通了,掌握大量第一手资料,论涉的作家作品非常多,图文并茂,历史感扑面而来。这跟老吴读研究生时养成注重史料的治学方式有关。

读研那时还没有学分制,上课少,但有一种"小班讲习",类似西方大学的 seminar(讨论课),每位同学隔一段时间就要准备一次专题读书报告,拿到班上"开讲"。大家围绕所讲内容展开讨论,然后王瑶、严家炎等老师评讲总结。记得当时吴福辉讲过张天翼与沙汀。他先把学界对这些作家的既有的评论全都弄清楚了,然后从中寻找问题,展开细致的分析。他的论说很细致,又灵动活泼,富于才情。他好像对讽刺文学格外有兴趣,好几篇"试水"的习作都是谈论讽刺的。果然后来硕士论文也是研究讽刺文学的。

毕业后,他顺着这条路子写出系列论作,出版了《沙汀传》和《带着枷锁的笑》。再往后,因为参与"20世纪中国小说史"的项目,他被分配做1930年代的小说史,便转向对海派及市民文学的研究,写出《都市漩流中的海派小说》《游走双城》等著作,被公认为这方面最具水准的代表作。老吴很长时间内对海派及市民文学情有独钟,可能因为他是上海出生的,十里洋场的幼年记忆常常渗透到他的笔墨之中。当然,这种趋向的"起点"则可以追溯到读研究生期间。老吴的学问做得好,学界公认他是一位坚实而睿智的文学史家。

老吴上研究生碰到的最大困难是外语。他选读的是日语,原先没有半点基础,要从头学,都快四十的人了,记不住,也念不顺溜,困难可想而知。可是不到一年,他也硬"啃"下来,过关了。不知老吴花费了多少心血。有同学说,经常都是别人还没有起床,老吴就在食堂的猪圈旁边(大概比较僻静)放声朗读日语了,以至老同学张永芳还专门为此写了一首风趣的打油诗。

研究生学习生活是艰苦的,但大家好像并不太觉得,都充实而快乐。记得吴福辉的表姐从加拿大回来探亲,到过29楼宿舍,一进门就慨叹"你们日子真苦!""两地分居如何了得?!"可是老吴回应说"不觉得苦,倒是快活"。

老吴每到周末就在宿舍放声唱歌,唱的全是"老歌",那东北味的男中音煞是好听,也煞是快活。"不觉得苦"可能和整体气氛有关,同学关系和谐,不同系的同学常交往,如同大家庭,彼此互相帮忙,很熟悉。

中文系宿舍紧靠29楼东头,老吴、老钱、凌宇和张国风住202,他们每天晚上熄灯后都躺在床上侃大山,聊读书,谈人生,这也是课堂与图书馆作业的延伸吧。有时为了一个观点他们可以吵得很"凶"。老吴的男中音有穿透力,我们在隔壁都受干扰,但是大家从来没有真正伤过和气。几十年来,我们这些同学在各自领域都取得显著成绩,大家的治学理路不同,甚至还可能有些分歧,但彼此又都还保持着北大29楼形成的友谊,这是最值得骄傲和珍惜的。

研究生毕业后,老吴分配到现代文学馆。紧靠紫竹院的万寿寺,破旧的院落,文学馆就先借这个地方筹办。开初只有三五个人,老吴住在寺院里,整天忙着收集资料,开会访谈,准备开张。有时我去看他,特别是在夜晚,繁星闪烁,风声尖厉,寺院格外寂寞,老吴却很能静下来,一篇一篇地做他的文章。那是筹办文学馆最忙的时期,又是他的创作高峰期。凭着学问实力,后来老吴担任了副馆长,兼任现代文学研究会副会长、《中国现代文学研究丛刊》编委与副主编,是现代文学研究界最活跃的人物。文学馆后来搬到朝阳区新址,他有了单独的办公室,出门还可以派车,不过总显不出什么"官味"。老吴在文学馆一待就是30多年,无论文学馆、学会或《中国现代文学研究丛刊》,他都是元老,贡献是巨大的。前些年因为工作关系,我常去文学馆,有时在那里见到老吴。一条牛仔裤加一件笔挺西装,他还是那样爽朗潇洒,谈起学问还是那样津津有味。

此时还特别想起与老吴的合作。1982年,王瑶先生接受《陕西教育》约稿,要为自学考试的考生编一本文学史,就把这任务交给钱理群、吴福辉和我。那时我们还年轻,分工合作,很快完成并发表了。后来我们将几个单行本，做了很多修改，想超越一般文学史写法，放手往"新"和"深"写。稿子出来了，因为"资历"不够，交给北京大学出版社未被接纳。老吴联络了上海文艺出版社，此书才得以出版，还挺受欢迎的。1997年我担任北京大学出版社总编辑，想开拓教材，就把《中国现代文学三十年》从上海拿回来。我们三人在香山集中讨论几天，然后分头修改，几乎就是重写。老吴承担的任务最重，他负责小说与通俗文学部分，有很多都需要从头研究的。后来又有两次修订，老吴都花费了很多的功夫。迄今此书出版35年了，光北大版就重印54次，近150万册。现在案头还赫然躺着这本书，然而老吴已潇洒远去，想起三人合作的那些岁月，我不由得百感交集。

今日又从老同学张中那里得知老吴不久前写过一首诗："八旬伊始困卡城，遍叩新冠万户门。雪岭松直正二度，平屋笔闲又一春。窗前狗吠车马稀，月下兔奔星空沉。壁火如丝冬意暖，犹念旧日芳满庭。"这是老吴的绝笔？可想他在异乡是多么思念旧日往事！我们能感受到他的心情！

(《中华读书报》2021年1月20日第3版)

吴福辉现代文学研究的四大贡献

温儒敏

2021年1月15日上午,平原兄来电,告知老同学吴福辉在加拿大家中过世了,我非常悲恸,什么事都静不下心来做了,眼前满是老吴的斑驳影子。

记得前年春节我还去潘家园看望过他,那时他已患肠疾多年,越发衰瘦,正翻箱倒柜准备卖掉北京的房子去加拿大和儿子过。我说都这把年纪了,还折腾?他解释了几句,便是苦笑,默然。我们又一起去东四吃馆子,他胃口还挺好,兴致又来了,说以后还会回来看看的。我想这怕是很难了。到加拿大以后,彼此联系就很少。我们有一个微信同学群,老吴偶尔也会"冒泡"。我是不太看微信的,直到他去世后这两天,我才从"群"里知道一些事。

他去加拿大后仍然肠病缠身,动过大手术1次、小手术3次,病况略有好转。去年12月11日,81岁生日那天,还照了一张相,是站在一个门框前边,两手交叉于胸前,露出的笑容似乎不像以前那样灿烂了。还写了一首"自寿诗",是发给老同学张中的:"八旬伊始困卡城,遍叩新冠万户门。雪岭松直正二度,平屋笔闲又一春。窗前狗吠车马稀,月下兔奔星空沉。壁火如丝冬意暖,犹念旧日芳满庭。"这是老吴的绝笔?可想他在异乡是多么思念旧日往事!我们能感受到他的心情!

从1978年读研究生开始,和老吴结交43年了。如今他"潇洒"远去,我还能为老同学做点什么?就写点文字吧。这两天把老吴送我的著作都翻了翻,结合自己平时积累的感受与印象,"研究"一下这位老兄。

吴福辉没有上过大学,在鞍山十中高中毕业后,就留校教中学,教得很好,后来还"官"至教务主任。吴福辉是极聪明的,读书很多也很杂。后来他回忆自己的"阅读史",10岁之前就已经读过很多文学名著,包括《水浒传》

《老残游记》等。1950年代政治化的氛围,对于这位"文学青年"的文学阅读似乎没有多大影响,古今中外大量的文学名著他都涉猎过。这种"量级"的广泛阅读,培养了他的文学爱好,也训练了他的形象思维包括直觉思维。他的艺术感受力很强,跟青少年时期"无目的"的大量阅读是有关系的。我自己也有类似的经验,这种"漫羡而无所归心"的"杂览",所培养的感受、思考和视野,不是科班训练所能达至的。"文青"的"杂览"经历,对于文学真的喜欢,而不只是职业的需要,这些都是吴福辉日后把文学研究作为志业的良好基础。

吴福辉丰富的生活阅历也投射并促助了他的研究。他是浙江镇海人,自小在上海长大。小学毕业时,父亲被调到东北去支援工业建设,举家迁到鞍山,从此他就长做"关外人"。他讲的是地道的东北话,若遇见上海老乡,立马又是一口纯正的沪语。在他所写的各种文字中,涉及东北的并不多,倒是有关上海的,就不惜笔墨。可见,幼年的上海生活记忆,已经非常深刻地烙印在他的灵魂之中,因为后来长期远离上海,越发构成印象的强烈反差。吴福辉写过一篇《弄堂深处是吾"家"》①,非常细腻真切地回忆幼时在静安寺附近爱文义路四寿村家居的生活情形,连那种声响、气味似乎都还能感触到。吴福辉后来读张爱玲,特别关注的也是张爱玲笔下老上海的生活情味,还专门为此写过七八万字的"看张读书笔记"——《旧时上海文化地图:"看张"读书笔记之一》《旧时上海文化地图:"看张"读书笔记之二》《旧时上海文化地图:"看张"读书笔记之三》②,居住、街市、店铺、饮食、衣饰、娱乐、茶场、婚礼等等,叙说中浸透老吴浓浓的乡情,尽管这个"乡"是大上海的"城"。为什么后来老吴那么津津有味研究"海派文学"?为什么他格外关注市民通俗小说?跟他幼时的生活经历积淀以及后来因异地迁徙而"放大"有关。都说吴福辉是"南人北相",上海始终是他梦萦魂绕的家乡,也就成为他文学研究的沭沭源泉。借用鲁迅《朝花夕拾》的话来说,老吴的许多研究都源于"思乡的蛊惑"③。

吴福辉幼时在上海的生活比较优裕,后来去了鞍山,在这个中等城市的

---

① 吴福辉:《石斋语痕》,河南大学出版社,2014,第330-335页。
② 吴福辉:《石斋语痕二集》,河南大学出版社,2018,第67-92页。
③ 鲁迅:《朝花夕拾·小引》,载《鲁迅全集》第2卷,人民文学出版社,2005,第236页。

郊区生活、上学、教书,同学大都是矿工和农民子弟,所处的环境属于社会底层,这个"落差"始终给他这个上海人以"流放"的感觉,但作为文学研究者的老吴却也因此而获益,他比许多从学校到学校的学者更切身地感受到中国底层社会的生活情状。特别是经历过"文革",老吴虽然只是个教员,也受到一些冲击。他说"运动"一来他就夹起尾巴"做人","革命"一旦过去,就轮到教育局安排他做"自学成才"的经验介绍了。这种人生阅历虽然说不上很惨,却也是复杂而丰富的,是他日后研究文学的一笔思想"财富"。老吴选择文学研究并不见得有多么高大的使命,他甚至说不上是理想主义者,但他酷爱自由,感情丰富,爱玩,爱吃,爱旅游,爱交友,爱收藏各种奇岩怪石,文学研究只能说是他多种生活爱好的其中一种,他能在其中获得独有的成就感和乐趣。北大中文系给吴福辉的唁电中称赞他"风清气正,机智有情,流而有节,惠学及仁",我看是恰切的。老吴为人忠厚、和气、低调,体现在他的研究中,极少那种剑拔弩张的批判,也不太在意"意义""价值",但很能见出生活的热情与兴致。他研究"海派",研究"市民通俗文学",都侧重生活样貌和质感,表现出宽容与理解。

还有一点对老吴来说是得天独厚的,那就是他长期在现代文学馆工作。数十年来,他可以接触很多第一手资料,认识和访问过很多文艺界的元老和名家,可谓见多识广,也形成他审美的多样性和生活化。他的文章很多都是随性自在的,自由放达的。如大家都叫好的《插图本中国现代文学发展史》,若没有文学馆资料丰厚和他见多识广的背景,恐怕是写不出来的。他居然以一人之力完成这部巨著,也因为采取了适合他自由个性的那种漫谈式结构,不太考虑什么"中心"或者"价值认同",就如同一位导游领着读者在现代文学"地理"的各个角落漫游和欣赏,多的是史料、趣闻、细节或者逸事,大家从未见过这样散漫而有趣的文学史,这也是吴福辉的成功。

还有一点特别要说说,就是吴福辉大多数著作没有参加过各种官方的立项,不属于项目,也没有资助,他就自己放开手脚去做,是比较自由的。像《沙汀传》和《插图本中国现代文学发展史》,都是做了四五年才完成。我曾写文章批评现今学界艰难而烦躁,是因为多数人被项目和计划牵绊,甚至只能做"命题作文",处于"项目化生存"的状态。有多少题目真是自己有兴趣的?不过是为了"中标"或者某些实际利益而操作罢了。这一点老吴就占了

"便宜",他的研究基本上是"自选动作",而并非计划内的"项目"。这是老吴的"优势",他们这一代很多是退休之后才"自由绽放"的。研究吴福辉以及吴福辉这一代学者,应当考虑这个因素。

下面,我再说说吴福辉的学术贡献,我认为有四个方面很突出,会为后来者所记取的。

吴福辉的第一个贡献,是参与筹建现代文学馆。吴福辉是研究生毕业就被分配去筹建现代文学馆的。那时八字还没有一撇,他们先是在沙滩老北大红楼附近的地震棚上班。我听老吴说过,最初只有四个人,三个老同志,只有吴福辉是"专业人士"。后来经巴金呼吁,胡乔木协调,借了紫竹院边上的万寿寺做筹办的办公室,人员也陆续增加了杨犁、舒乙、刘麟、王超冰、董炳月等(我说的可能不全)。破旧的院落,老吴住在寺院里,整天忙着访问作家,收集、抢救资料。有时我去看他,特别是在夜晚,繁星闪烁,风声尖厉,寺院格外寂寞,老吴却很能静下来,一篇一篇地做他的文章。那是他最忙的时期,又是他的写作高峰期。凭着学问实力,后来老吴担任了副馆长,兼任现代文学研究会副会长、《中国现代文学研究丛刊》编委与副主编,成了现代文学界最活跃的角色。文学馆后来也就搬到朝阳区新址。老吴在文学馆一待就是三十多年。无论文学馆、学会或《中国现代文学研究丛刊》,他都是元老,贡献是巨大的。

我特别要说说他刚去文学馆那几年和杨犁等主编了一本《中国现代作家大辞典》①,选编重点是1949年之前的作家,共有708人,每位作家都有一个小传,附上作品的书目。那时从事现当代文学研究的人几乎人手一册,影响很大。现在年轻的学者未必了解,"文革"后现代文学研究的复兴,其实是从编"作家辞典"开始的。在吴福辉这本辞典之前,已经有过北京语言学院老师编的《中国文学家辞典》,其中也收有很多现代作家。老吴这部辞典是集中在现代作家,非常详尽。这项工作几乎从零开始,难度是很大的,但以"辞典"的形式让一大批被批斗被埋没的作家重新得到评价,这本身就是"拨乱反正"。现在看来只是工具书,其实功莫大焉。

吴福辉的第二个贡献,是"海派文学"研究。"海派"是一个巨大的存在。

---

① 中国现代文学馆编《中国现代作家大辞典》,新世界出版社,1992。

它不是个方向相对一致的文学流派,而是在上海这个大都市特殊环境里产生多种流派样貌而又显示某些共同特色的文学潮流。在1930年代,就有过"京派""海派"之争,注重文学趣味与道德感的沈从文,曾把上海一些作家命名为"海派",认为其特征是"名士才情"与"商业竞买"相结合,甚至把当时左翼的"革命浪漫蒂克"文学也归入"海派"。① 后来还引起一段论争。沈从文是从"京派"的立场观看"海派",有明显的偏颇,但他显然说出了当时存在"海派"的这一事实。可是20世纪五六十年代的文学史对于"海派"根本不提,1980年代最流行的文学史也都没有"海派"的位置。直到1980年代末,严家炎做小说流派研究,第一次给"新感觉派"命名,并以专章论说,"海派"的一部分才成了"出土文物"。而吴福辉审时度势,几乎也就在这个时期开始了他对"海派小说"的专门研究。他的《都市漩流中的海派小说》就是第一部专门研究"海派文学"的著作,在学界已经有很多评论,这里就不展开谈论了。吴福辉的"海派文学"研究不见得最早,却是最为系统和全面的,而且从他开始,"海派文学"这个名词就在文学史论著中"登堂入室"了。

大家未必意识到在"海派文学"方面有更大影响的,是吴福辉为《中国现代文学三十年》所写的相关部分。该书1987年上海文艺版开始给了新感觉派和徐訏、无名氏的小说专门两节论述,并小心翼翼冠名"洋场小说"。到1998年该书做了很大的改动修订,就专门打出"海派小说"的名堂,给予专节论述。其中概述了"海派小说"世俗化与商业化、过度描写都市,以及性爱描写等特点,论及的作家除了新感觉派的施蛰存、刘呐鸥、穆时英,还有张资平、叶灵凤、曾虚白、禾金、黑婴等等。"海派"从此正式在文学史中占有一席地位,而这部分是吴福辉写的。后来有关"海派文学"的研究多起来了,可以说是吴福辉带了这个头,他的"海派文学"研究不但领风气之先,而且至今仍然是这方面研究的一个标杆。

吴福辉的第三个贡献,是市民通俗小说研究。关于这方面研究的大本营应当是苏州大学,范伯群先生是领军的人物,最早呼吁把通俗文学写进文学史。他的《中国近现代通俗文学史》2000年出版。但1997年《中国现代文学三十年》修订时,就曾专门辟出三章来叙述"通俗小说",其中涉及民国

---

① 参见沈从文:《论"海派"》,载《沈从文文集》第12卷,花城出版社,1982,第158页。

旧派小说、鸳鸯蝴蝶派、武侠小说等等。这是第一次把"通俗小说"融入综合性的文学史,并给以一定的文学史地位。这部分工作是吴福辉承担的。2016年该书第三次修订,他又把"通俗小说"的三章重写,易名"市民通俗小说",几乎增加了三分之一篇幅。该书第三次修订(2016版)改动很多,有些章节几乎重写①,其中改得最多的就是老吴写的"市民通俗小说"三章。老吴下了很大功夫,他自己也很看重,还把重写的三章收到他的《石斋语痕二集》中。我知道很多老师在使用这本教材时,大概都不把"通俗小说"纳入教学计划,但作为一本完整的现代文学史,"通俗文学"的有机融入是非常重要的举措。其实这三章是很难写的。通俗文学作品太多,要从中选择,还要加以评论,得下相当大的功夫。

　　吴福辉的第四个贡献,是提出"大文学史观"②,并尝试写成《插图本中国现代文学发展史》。文学史是可以不断重写的,每一历史阶段都可能也应该出现不同写法的文学史。十多年前,有过关于现代文学史写作模式的反思,普遍对以往文学史叙事方式表示不满:那就是常见的从"五四"前后开始,以时间为"经",文体与作家作品为"纬",突出代表性作家的评论的模式。这种叙史方式以教科书功能的考虑为主,有意无意都想写成文学的"正史"。这种"不满"由于受到历史学界的"新历史主义"的启发而引起新的想象,希望在文学批评实践中凸显文学与人生、文学与历史、文学与权力话语等多种关系,由过去围绕单一"中心"的文学作品解构策略,转为多中心或者无中心的历史状态叙述。那时就出现关于文学史写法的多种设想。诸如"文学生态说"(严家炎)、"雅俗双翅论"(范伯群)、"先锋与常态说"(陈思和)、"重绘文学地图"(杨义)、"民国文学"(李怡等),等等。这些想法角度各不相同,也都有他们的合理性,问题是如何落实,操作起来不是那么简单的。于是就有吴福辉的大胆尝试,很包容地提出"大文学史"的概念。他的意思是要消解"主流型"文学史,倡导"合力型"的文学史,把文学史看作文化场域中多元共生的文学变化史。借用王瑶先生的说法,做学问有两种方

---

① 《中国现代文学三十年》2016年重印版,应当是该书的修订第三版,增删补充和改写是很多的。但出于某种原因,未能采用新书号,出版封面上只标明"修订本",容易给读者造成困扰。关于该书版本问题,可参考2016年版的"重印说明"。

② 吴福辉:《石斋语痕二集》,河南大学出版社,2018,第162-166页。

法,一种是以一个观点为主,如同一张唱片转圈子,发出声音;另一种是叙述多个观点,发散型的,如同织毛衣,一针一针地织,再一块一块地连缀起来。吴福辉就采用"织毛衣"的办法,用三四年时间写成了《插图本中国现代文学发展史》。这部文学史让大家耳目一新,因为从未见过如此结构、如此丰富的内容。文学作品的发表、出版、传播、接受,以及作家的生存条件,他们的迁徙、流动,社团流派的活动,等等,全都囊括其中,一条一条叙述,一块一块铺陈,试图构成文学发生的"原生态"。加上丰富的资料罗列,名家逸事的安插,年表、大事记的罗列,特别是大量的插图,构成一种前所未有的阅读效果,有点像逛博物馆。这部文学史是"散点叙事","去中心化",以及有意淡化作家作品的分析,读完以后似乎目迷五色,抓不住要点,自然也有它的偏颇。但这毕竟是大胆的尝试,是一部有鲜明特色的文学史,也可以说是对以往文学史写作的一个实质性的突破。后来吴福辉还与钱理群、陈子善合作,编写过《中国现代文学编年史——以文学广告为中心》,以文学广告为线索,采用编年的书话体来构建文学发展的历史脉络,为文学史的叙述与评价提供了新的角度,虽有趣,却驳杂琐碎,不得要领,未见得达成所谓"全方位的立体的文学全景的效果"①。无论如何,吴福辉"晚年变法",不是坐而论道,也很少在理论上与人交锋,他就实干,以一人之力放手去写,终于写成了《插图本中国现代文学发展史》这部气象万千、非常好看的"大文学史"。此书你也许可以挑出这个那个"不足",却又读得有滋有味,不得不佩服。

吴福辉是个坚实、卓越而低调的学者,他为现代文学研究做出了很大贡献,后来者能从他的著述中获益甚多。他以 82 岁高龄离开这个世界,是在大洋彼岸那个冰雪覆盖的地方辞世的,也还是那么"低调"。据他的家属说,老吴是在睡梦中猝发心脏病过世的,可谓"善终"。对于我们这些老同学来说,这多少也就有点宽慰吧。

(《中国现代文学研究丛刊》2021 年第 4 期)

---

① 参见吴福辉主编《中国现代文学编年史——以文学广告为中心(1928—1937)》,北京大学出版社,2013,第 720 页。吴福辉也提到他自己的疑问:这样的文学史"大"了以后会不会丢失文学史的本性?

含笑对人生　通达见文章
——怀念吴福辉先生

解志熙

草草一纸送老吴

吴福辉先生1月15日晨去世于加拿大。对这突然的噩耗,朋友们其实不无预感。一年半前就传出老吴患病的消息,听说他不得不结束国内的生活,准备赴加拿大与妻、子团聚,养病兼以养老。记得2019年8月中旬我与老吴相遇于开封的河南大学,很吃惊于一向壮实的他那样消瘦。从陪护的小哥吴福广那里得知,老吴得的是肠疾,饮食起居都得细心呵护,所以小哥随侍在侧。老吴自己则不露声色,仍热情洋溢地为中国近代文学第一届暑期青年讲习班做了第一讲:《我与现代文学史六十年》。那讲演显然带有自我总结的意味。同时,老吴也悄悄召集他在河南大学所带诸生聚会于开封,那更显然地带有告别的意思。居停主人关爱和兄临时得到消息,立刻张罗着在河南大学召集了一个"吴福辉先生学术思想研讨会",祝贺吴八十大寿兼以欢送他远行。这个小会虽然只有短短半日,但宾主忆旧、温情满堂、举座尽欢,老吴也兴味不减,笑谈仍旧,像没事人一样。而临别依依,朋友们不免黯然伤怀——别时容易见时难啊。果然,别后不过一年有半,老吴就病逝于异国,只听说是在睡中遽然去世的,没受什么罪,且年过八十,一生稳健有成,生活有趣有味,临老还有妻、子相伴,老吴也算得有福而无憾了。

我是1月15日晨从李今的微信里得知老吴去世消息的。到了午间,王中忱兄与我通话,相互唏嘘中,中忱兄乃嘱我写几句话,略表清华中文系同人之哀忱。于是下午草拟了一副挽联,随手用毛笔写了草稿,扫描传给中忱兄审正。中忱随即转给"清华大学文学创作与研究中心"网站,傍晚就发布出来了。其辞曰——

> 吴福辉先生千古
> 学术无偏至,京海雅俗齐物论,赏鉴最中肯,名著岂止"三十年";
> 生活有趣味,东西南北逍遥游,人情真练达,快意曾经八十载。

这一纸挽联,也不过秀才人情罢了,抄在这里,或可作为下文的引子。顺便也检讨一下——由于匆匆草拟,未及仔细斟酌平仄,更无暇计较工拙,书写则更为潦草,还留着涂抹的痕迹呢。台湾那边的古典文学专家吕正惠先生看到了,16日上午乃发来微信说:"按照传统对联的习惯,下联要以平声字结尾,你的上下联是否可以考虑对调,这样也蛮恰当的。"老吕的意见当然是对的,而我则回函解释说:"一般联语确是下联平声收尾的,只是勉强合平仄,不免以辞害意也。此所以钟记室重自然而不取于声律,乃谓'但令清浊通流,口吻调利,斯为足矣'。此联上说老吴学术,下说老吴生活,似乎比较自然顺当,所以就不再为调平仄而上下换位了。"其实,为了配对"逍遥游",只得勉强"齐物论",也很生硬的,但也不便更改了——想想宽厚的老吴的在天之灵看了,也当会宽容地接纳吧。

人文通达是老吴

吴福辉先生研究现代文学四十多年,恪尽职守、著编等身,贡献之良多、见解之精审,实非常人可及。但老吴是个谦抑的人,直到晚年还迟疑于自己是不是一个现代文学史家。陈子善兄在《文学史家老吴》中回忆道:"三四年前吧,有一次与老吴闲聊,他突然对我说:子善,我们都研究现代文学史,搞了那么多年,可算文学史家了吧。我听了吓一跳,赶快对他说:老吴,文学史家这个光荣称号,于老兄是名副其实,当仁不让……"①对子善兄的首肯,我自然无异词,我想补充的是,与粗知史略、侈谈史观的文学史家不同,老吴是一个特别有文学批评慧眼的文学史家,在他那里,丰厚的学术素养、扎实的文献功夫、开阔的文学史视野,是与他对文学作家作品的敏感卓识融为一

---

① 陈子善:《文学史家老吴》,《南方文坛》2018年第3期。

体的,这才是他的论著的真正难能可贵之处。我甚至要说,老吴是否参编了《中国现代文学三十年》和《中国现代文学编年史——以文学广告为中心》,或是否撰写了《插图本中国现代文学发展史》,那其实都无关紧要,他的真正卓越的贡献在于所写诸多文学史论文和专题著作如《都市漩流中的海派小说》等,从容自如地会通批评家的敏感与文学史家的史识,发掘出众多文学现象和作家作品的独特性,表现出过人的慧眼卓识,这在并世的几代现代文学研究者中罕见其匹。这也正是我在挽联中特意说他"赏鉴最中肯,名著岂止'三十年'"的意思。

这其实是我很久以来对老吴的深刻印象,而最初的印象得自1980年代初拜读老吴发表的几篇论文。说来,1978年老吴考入北大的时候三十九岁,已经人到中年,是个富于生活经验的有心人了,且此前已在中学教学二十年,用心读了不少文学作品,把自己锻炼成一个善于体会文心、很会分析文本的好语文老师,常给一线教师介绍教学经验。进入北大后的老吴更努力补旧纳新,用心收视反听,很快就成为一个优秀的学者和出色的批评家。他从1980年开始在《文学评论》《十月》等刊物上发表论文,一出手就相当成熟有见识,非寻常论者可比。恰好那时钱锺书、沈从文、施蛰存、张爱玲等人的作品重现,我也怀着很大的兴趣读他们的作品,感到新颖异常,可是这些作家作品各自的独特性究竟何在呢?自己实在是心有所感却无能力言说,看并世的著名学者、批评家的论说吧,却都解说得与鲁迅、茅盾、老舍等大名家差不多,实在让我失望。使我茅塞顿开的,正是老吴在《十月》等刊物上发表的文章如《现代病态知识社会的机智讽刺——〈猫〉和钱锺书小说艺术的独特性》《中国心理小说向现实主义的归依——兼评施蛰存的〈春阳〉》,那真是卓尔不群而又中肯切当,令我打心眼儿里佩服,所以至今难忘。

那时的老吴对《儒林外史》以来尤其是《阿Q正传》以降的中国讽刺小说,已有全盘的把握,所以论钱锺书一篇在比较鉴别中,特别中肯地指出其讽刺小说的独特性之所在——

讽刺远非一种风格,钱锺书的讽刺自有其独自的特色。一个博闻强识、才情横溢的学问家,处在抗日战争相持阶段的特殊环境之中,生活在新老知识分子群居终日的大学圈子内,他的贯通上下、古今、中西的文化教养,他的机敏、跃动的个人气质,周密、丰盈的书斋思考,势必给他的讽刺小说的题材、手法、风格带来与众不同的特质。回顾五四以来,在由鲁迅开创的现代讽刺流派里,有冷峭夸张的张天翼、沉郁深厚的沙汀,他们的讽刺是摧毁旧世界的剑与火。老舍独树一帜,成为中国幽默讽刺的代表作家。他用地道、纯净的"京片子"写旧中国社会的灰暗画面,却闪出深切温厚的笑意。讽刺,作为一种社会批判,作为一种喜剧化的否定,在上述作家的讽刺中已经有了不少的艺术积累。但是,讽刺能缺少"智"吗？老舍说过:"机智是将世事人心放在X光线下照透","它是用极聪明的、极锐利的言语,来道出像格言似的东西,使人读了心跳"。长期以来,精巧和机敏,在中国现代讽刺小说当中,只能作为批判锋刃上的润滑油,作为喜的附着物存在。正是钱锺书提高了机智的地位,他的《围城》、《猫》使一种机智讽刺得以确立。这就是钱锺书小说的独特贡献。①

老吴进而又以《猫》和《围城》为例揭示出"对知识分子人性深处弱质的道德探索与批判,这才是钱锺书的特长"②,并通过细致的文本分析,确认钱锺书"最出色的艺术手法:心理讽刺"③,也不忘提点出"钱锺书讽刺语言的独特性",尤其是"比喻的标新立异,力戒陈腐,使人不能不惊叹作者的机巧与博识"。④

见解更为过人的是关于施蛰存小说的专论。那时,施蛰存的爱欲心理分析小说以其出格的新奇,赢得学术界的一片揄扬,但多是莫名其妙的泛泛之论,鲜少分析独到之见。老吴1982年写出的《中国心理小说向现实主义的归依——兼评施蛰存的〈春阳〉》,才是绝妙好文。此文不仅显示出更为开阔的国际性文学视野:"这差不多是带有世界性的文学现象。现代心理学派的新发见,增进了人类对自身的认识(尽管不完全是科学的),遂使得传统小说跨入了现代的门槛(自然还有其他因素)。从爱伦·坡的唯美主义,到

---

① 吴福辉:《春润集》,复旦大学出版社,2012,第2页。
② 吴福辉:《春润集》,复旦大学出版社,2012,第3页。
③ 吴福辉:《春润集》,复旦大学出版社,2012,第5页。
④ 吴福辉:《春润集》,复旦大学出版社,2012,第7页。

詹姆斯的意识流,一经与弗洛伊德主义汇合,即酿成现代派文学的轩然大波,对现实主义文学潮也从一侧加以冲击。"①纵观从鲁迅到施蛰存等中国现代作家对弗洛伊德的接受情况、区分其间的差别,然后对施蛰存小说做出了精准的具体分析。对《将军底头》等爱欲小说,老吴并不像一般论者那样因为新奇乃予以好评,而独具慧眼地指出:"最重要的,是施蛰存在《善女人行品》与《小珍集》里表现出把现代派与现实主义相融和的倾向!"②由此,老吴从施蛰存众多作品中拔萃出了深入揭示乡镇妇女性心理的《春阳》和颇富民族化格调的爱欲升华小说佚作《黄心大师》两篇。关于《春阳》,老吴特别称道其融现代主义的心理分析与现实主义的社会批判于一体的出色成就——

> 这种故事,如果换到作者早期来写,往往会把性爱本身表现得高于一切,并抽掉丰富多样的人与社会关联的背景,使文学降为离奇的心理病例。到了《春阳》,施蛰存在描写性心理时,已经大大渗入了社会变迁的历史内容了。婵阿姨,这个旧式的牺牲了青春的中年财婆,在商业性大都会的生活面前,引起了一场爱情心理的波动。她反抗地想挥霍一次,去爱、去生活一次,最后把自己骗回到银行行员那里,却发现这一切有情有意的构想,不过是一个受雇职员对所有主顾的亲切客套罢了(而且女顾客越是年轻艳丽,接待便越亲切)。她垮了下来,迅速地退回到原先的生活轨道上去。她命定只有去保持产业,在那上面寻找唯一的又随时可以崩溃的精神寄托,这就是《春阳》的本事。它从妇女的角度道出用财产交换生命的可悲。婵阿姨被压抑的性心理,打上了中国半封建社会肌体上二三十年代以来局部资本主义化的印迹。不过,这里的社会变迁是隐的,包含在人物心理变迁之内。十几年里上海的畸形繁荣,与其周围古旧保守的城镇农村的关系的演变,都包含在春阳一日的变化之内。从而表现了作者对封建性的死水微澜与资本化的享乐世界的双重怀疑!这样一个主题,岂不是茅盾、丁玲、张天翼、沙汀等"左

---

① 吴福辉:《春润集》,复旦大学出版社,2012,第18页。
② 吴福辉:《春润集》,复旦大学出版社,2012,第19页。

联"作家从正面展开过,并给予革命性解释的吗?①

老吴也敏锐地指出左翼文学的影响使施蛰存在《黄心大师》里把现代主义推向大众化、民族化:"左翼作家不断提倡大众化、民族化,对他又深有影响。他未入集的《黄心大师》一篇,据说便是试用话本小说文体的一种尝试。摆脱欧化倾向,一直是施蛰存创作的重大课题。他早年多模仿之作,有些小说的题材完全是受外国小说的启迪,甚至是改作。……应当说,后两个集子已经好得多了。施蛰存的创作,是现代派与现实主义、现代化与民族化趋向结合的未完成型。"②文末则水到渠成地提点出现代主义必须现实化和民族化才可望获得成功的文学史经验:

> 鲁迅在《〈木刻纪程〉小引》中曾以博大的胸襟,提出过这样的文学发展的两途:"采用外国的良规,加以发挥,使我们的作品更加丰满是一条路;择取中国的遗产,融和新机,使将来的作品别开生面也是一条路。"施蛰存的心理小说走的正是第一途。关键在于"发挥"。他开初"发挥"得生涩,也是自然的,以后终于不把欧美式的弗洛伊德心理小说写到底,证明着他的进步。《梅雨之夕》中的欧化小说的失败,才导致《善女人行品》中一部分中国的心理分析小说的出现,而《小珍集》的归入现实主义,更预示我们的文学只能在时代的呼唤下,沿着现代化与民族化双双结合的道路走下去。③

这两篇文章都写得具体而深入、精警而从容,充分展示了老吴的学术特色。自从1980年代初读到老吴的这些文章,我就成了他的忠实读者,也从他的论著中受益匪浅。后来看到老吴步步深入到左翼、京派、海派文学以及通俗文学,更进一步旁及当代文学、远及近代文学,真是精进不息、日益发煌,而其为文的具体深入、精警从容,则一以贯之而且更为通脱练达,尤其善于在从容自如的叙论中,随手点染出对人生人性的深切洞察和对文学艺术

---

① 吴福辉:《春润集》,复旦大学出版社,2012,第20页。
② 吴福辉:《春润集》,复旦大学出版社,2012,第23-24页。
③ 吴福辉:《春润集》,复旦大学出版社,2012,第24页。

的敏锐识见,真是让人折服。

当然,我也注意到老吴的学术声名不很高热。这或者因为老吴从不悲壮兮兮地张扬某些作家的刻深思想和高超精神是什么唯一正确的树人救国之正道,也从未煽情兮兮地揄扬某些作家对情感情欲的诗意抒写是什么唯一美好的从文救世之妙道,此所以他的学术感染力就不大会过分高热地吸引学术文青,而反证出他早就超越了热情的学术浪漫主义,故此才能自觉规避极高明之偏至而取道于中正平和——这无疑是更为沉稳也更为成熟的学术风度。其实,作为一个谙熟世态人情的有心人,老吴何尝不懂思想与情感之底细,只是他深知过于高明的思想往往高深难行,连倡导者自己也未必能践行,勉强行之则不免一塌糊涂,而浸渐之甚、强调过分,甚至以为非如此不足以为人,反会沦为不近人情的新道学;更洞明新文人沾沾自喜的情感情欲抒写固然可爱可喜,但未必就唯美在斯以至可以傲骄于人,过分执迷于此,甚至会演变成想入非非的情性神学也说不定。老吴是个实在人,与那种只高看"精神世界"的高知不同,他曾不怕俗气地坦言"我喜欢衣食住行的平常生活",对凡俗的人间生活很有同情的理解,肯认普通劳农市民的求生欲望、食色要求、生活念想,同样值得文学的关怀;当然也深切地理解社会改造、人民革命和建设事业,更需要文学的积极参与。正唯如此,老吴的社会视野和人生眼界宽大而实在,论文学不偏激、不矫情,对各样各派文学都能兼容并赏。尤其令人钦佩的是,老吴具有明敏的艺术感受力和中肯的文学判断力,为文力戒新老教条主义的夸夸其谈,始终保持着深入浅出、平易近人、机智风趣的知性风度,其文章造诣实非同年侪辈所可比,更远非当今话语才子所可望。我愿意老实承认,多年来不断拜读老吴的旧著新作,一直兴味不减,受益良多,深感他至少有数十篇好文章和好几本论著,如《带着枷锁的笑》《都市漩流中的海派小说》《沙汀传》,都堪称卓有见识的现代文学史论著和出类拔萃的当代批评杰作,无疑更有资质传诸久远。就此而言,老吴也不枉此生一回,无愧为文一场了。我因此敢于确信,在公正的中国现代文学研究史和中国当代批评史中,老吴必将占有比现在更为重要、更为显著的一页。

人情因缘记老吴

我对老吴心仪已久而相识甚晚。1980年代后期在北大读书的时候,离老吴比较近了，但几年间也没有见过老吴。直到1989年末即将毕业答辩，导师严家炎先生也约老吴做我论文的"同行评议人"，由此认识了他。他亲切地认我为同门，热情地向我约稿。我便把论汪曾祺一小节改题为《汪曾祺早期小说片论》，交老吴发表在《中国现代文学研究丛刊》1990年第3期上。这是我在《中国现代文学研究丛刊》上发表的第一篇文章，很感谢老吴的提携。毕业后的半年多，我因为在河南大学暂时无课，于是继续留在北大读旧刊物。那时北大的旧刊物集中在靠近西门的"民主楼"里。就在那个二层楼的阅览室里，我常常遇见也来看旧刊的老吴，他正在细读海派文学杂志。记得有一次我正在翻读上海唯美-颓废派的刊物《狮吼》和《金屋》，老吴看到了，问我是何等刊物，我略说一二，老吴惊讶地说："还有唯美-颓废主义的专刊啊?!"正是这个缘故，乃有了老吴后来向我追稿的故事。

　　记得是1995年的下半年吧，《中国现代文学研究丛刊》有意与一些正在申报博士点的学科点合作，集中为各学科点刊出一组论文，以示支持。主持此事的老吴首先想到的就是正在困难中的河南大学学科点，他建议刘增杰先生从中青年学者那里选几篇文章给《中国现代文学研究丛刊》。刘先生乃从我正赶写的专著《美的偏至》中，要去了论上海唯美-颓废派的一节。稍后老吴来函，我始知是要在《中国现代文学研究丛刊》上发表，而我其实不大愿意把这个文章给《中国现代文学研究丛刊》，乃托词说文章太长，怕编辑部为难，所以想换一篇短些的。没想到老吴在1996年1月31日来函，恳切慰留道——

志熙兄：

　　…………

　　我不知道《狮吼》-《金屋》作家群一节不给我们后，你准备给谁，也不知道这一期你另换成什么题目赐稿给我们。我此信的意思是，假如你不认为另换一文是更好的，我倒愿意在编委会上做一次"冲锋"，把你的两万字长稿也"过关斩将"地通过，你看如何？

　　因为你这个题目酝酿已久，我是知道的，相信一定精彩。京、海派的前后期问题是很有说服力的。废名说"上海气"，而"上海气"这个词不就是周作人先用的吗？相信废名是受了周的影响。京海论争，只是将这种对峙进一步扩大而已。我在拙著中,将新海派(所谓更具现代质的,鸳蝴身上的"现代"的东西目前也在受人注目)的第一批作家从张资平、叶灵凤、曾虚白、章克标、邵洵美、曾今可等算起,也是兄的意思。但除了张、叶两人以外,余者我的研究都很潦草,甚至到现在,我也没有读过章克标的《蜃楼》与《恋爱四象》,不知你在哪里读过?因而我对读你的新作,格外地有一份兴趣与期待。

京派的唯美-颓废主义,也是我感觉有兴味的领域。可惜我涉及更少。这方面也希望能听到你的新鲜意见。河大旧书似还可以,而且据说这十几年你们在图书期刊方面也下了大本钱,可敬可敬。

……

福辉

1996年1月31日

其时老吴的《都市漩流中的海派小说》已经出版,并很快成为众所瞩目的学术杰作,老吴也当之无愧地成为海派文学的权威学者。可只因拙文对海派文学研究略有补充,他就自我谦抑而殷切慰留于我,让我非常感动和惭愧,于是仍把文章交给老吴,那就是发表在《中国现代文学研究丛刊》1996年第3期上的《"颓加荡"的耽迷:十里洋场上的艺术狂欢者》,其端绪正源于当年老吴所见我在北大翻读的上海唯美-颓废派刊物。老吴奖掖后学、提携边缘地区学科点的仁心厚谊,于此可见一斑。

稍后,老吴更与河南大学结下了深长的情缘。记得是1997年春季吧,又到了各高校申报博士点的时候。一天早晨突然传来了新政策:国务院学位办宣布,各高校的学科点可以与国内相近的科研机构联合申请。正好那个早晨刘增杰先生、关爱和兄与我就在河大中文系办公室商量申报事宜,临时得知这个新政策,我们立刻想到可以联合中国现代文学馆和吴福辉先生。于是关爱和兄立"逼"着我在系办公室给老吴打电话。电话接通后,我直奔主题,老吴非常爽快地表示同意。事情就这么成了!而据老吴后来的回忆,他当天下午也接到了中国人民大学和京外的另一个高校学科点的邀请,老实说,这两个学校都比河大有名,但老吴还是婉言谢绝了他们的邀请,坚守了对河大学科点的承诺。这既显示出老吴为人的仗义有信,也包含了他对任访秋、刘增杰先生等河大资深学者的尊重及对其学风的信任。

从此,老吴开始了与河大学科点的合作。从1999年到2019年的整整二十年间,老吴一直担任着河大的博士生导师,先后培养了十几名博士生和数名博士后。在这过程中,老吴既以其博雅的学养趣味和通达的学术思想,循循善诱地启发着从学诸子的学术成长,也卓有成效地带动了河大学科点的学术提升。同时,老吴还积极地为河大学生争取利用现代文学馆的资源和条件,热情地为河大学科点的发展壮大建言献策。合作是顺利而且愉快的:每年老吴都要数次来河大"蹲点"一两个月,讲学、开题、答辩,非常认真地履行职责;教学之余,他也乐陶陶地出游河南以至省外各地,赏玩山水名胜,踏访风俗民情,用心拍照写日记……渐渐地,可爱的老吴"反客为主",成了一个毫不见外的河大人以至于开封人——晚年的老吴曾经由衷地肯认,开封是与他生命关系最为密切的四个城市之一。

好像因缘前定,老吴最后与朋友们聚会和告别的地方,就在开封,就在河南大学。那就是前面说过的2019年8月中旬他到河南大学的讲学和聚会。而从此一别,竟成永诀!如今那一切都成为珍贵的念想!作为小师弟,我多年来一直很有兴趣地悄悄学习老吴的学术,也常常很有兴味地从旁观察老吴的为人,渐渐认识到他不仅是一个杰出而且通达的学者,更是一个很有生活兴味而又达观人生之理的人,故此乃能有情地在而从容地去。我能够感觉得到,老吴2019年8月中旬带病来河大聚会,在他其实是有意识地前来辞行的。此所以他那时虽已一身病相,却毫无戚色,显得一如往常健朗和开朗,面对朋友们关切的问疾,他不仅轻描淡写,努力给人其实无事之感,甚至反过来以幽默轻松的笑谈来宽解对方的担心。然后,老吴微笑着走了,留给朋友们的是那永远难忘的亲切笑容!

(《中国现代文学研究丛刊》2021年第4期)

现代文学"凌乱"史

孔庆东

凌乱之文,悼念吴师。

惊闻吴福辉老师今晨在加拿大病逝,心中怅惋不已。吴老师是现代文学专业中待我最好的老师之一,往事历历,涌现目前。特发一篇旧文,悼念吴师。

吴福辉老师的《插图本中国现代文学发展史》,祭灶那天就供在我的案头了,但仿佛王阳明格竹子,读到除夕,也没憋出应该写点什么。褒扬的话,严家炎、钱理群、陈思和诸位老师都写在封底了。灵动活泼、别开生面、表图结合、个人写作、多维视角、立体开放,几乎已是全面的赞誉。硬要鸡蛋里挑骨头讲几句"坏话"吧,挑了半天,还是找不出坏的证据。我想,不如跳出毁誉,就"客观"地从孔某本人的感觉出发,说说此书与其他已有的现代文学史著作的不同吧。

我的感受,一言以蔽之,曰"凌乱"。这个加了引号的凌乱,不是字典上"杂乱无章"那个意思,而要分开来读。"凌"是说视点高,有凌云之态;"乱"是说用意深,故意打乱。

所谓视点高,何以见得?以往的现代文学史著作,或者从毛泽东的《新民主主义论》入手,或者从鸦片战争以后的中国社会形势分析入手,或者从全球现代化的"西风东渐"入手,难道视点还不够高吗?孔某答曰:"是的,不够高。因为那只是旗子举得高,不代表旗手本人站得高也。"视点要高,这不是说到就能做到的,否则谁不会高举一面意识形态伟大旗帜?又何来"限高三米"的笑谈?本人一向主张,学术高度要以学术的深度、广度、宽度、厚度为基础,深广宽厚了,自然就高了。便如荀子《劝学》所谓:"积土成山,风雨兴焉;积水成渊,蛟龙生焉。"吴福辉从事现代文学研究三十多年,参与过多部文学史的写作,又利用长期担任中国现代文学馆"祭酒"的身份之便,积累和掌握了大量的可靠资料,潜心琢磨,立志高远。跟吴老师开过会的同行都知道,他待人谦和如老伙计,做事周到如老书记,对千奇百怪的学术观点,均尽力包容,不存偏见。孔子"入太庙,每事问",吴老师是"入会场,每事问"。他从作家、时段、流派、都市等多个视点进行过大量的"单维"研究,所以才有今日的"高视点"多维成果。好比一位从军三十多年,分别指挥过大量陆海空军作战的将军,早晚有一天可以指挥三军立体的大战役,就看他愿意不愿意而已。

这本文学史著作的视点高,表现在不从单纯的"文学"来看文学,也不从单纯的"文学与社会""文学与政治"的"二饼视角"来看文学,而是以一种全景俯瞰的视点,首先看取现代文学发展的整个人生空间,然后抽取出其中的"文学"来加以论述。全书分四章四十节(相当于一般文学史的四编四十章),第一节居然从中国最早的"报刊一条街"上海望平街开始讲起,这不仅仅是"别开生面",更重要的,是把"文学"从人生的大锅里连汤带汁地捞起来了。围绕着文学,作者注重媒介,注重都会,注重语言,注重其他艺术门类和整个"文化场"。这是钱理群、杨义等先生一直倡导的"大文学史观"的体现,也是对多年来有点泛滥的"文化研究"的一种纠偏。

视点高了,看得就全面、平衡、公允,看得就心平气和。正如书中之言:"在多方的、错综的文学冲突中,我们见到了一个真实的世界。"①这在吴福辉当年出版《且换一种眼光》时,我就觉察到了。但与此相关的问题是,视点高了,就稍微有些"闲适"气象流露出来。叙纠葛少下断语,与对象保持距离,这不能简单地说好或者不好,我更愿意从中国现代文学研究的现状来看待这一隐微的"讯号"。当下的现代文学研究,理论和资料都充足到几乎过剩,但是我们与研究对象之间的关系,却成了一个困扰着学者的话题。或许这种高一点、闲一点,恰好是今天所适宜的吧。

说完"凌"再说"乱"。本人也参与过文学史的写作和策划,也发过和听过"一定要打乱"的高论。世间万物,总是循环在有序无序之间,打乱者,对

---

① 吴福辉:《插图本中国现代文学发展史》,北京大学出版社,2010,第302页。

既有秩序不满也。但著书立说,本身是要有序的。打乱人家的序,你自家的序何在?毛泽东《反对党八股》,恰恰写了八条,他是要打乱一种僵化思维,不是要推崇"杂乱无章"。有些文学史,立意打乱,却没有自己的章法,结果弄成了丫鬟批判夫人,穿的还是夫人的衣服,说的却是丫鬟的话。

吴福辉这本文学史,首先你会发现,目录里没有一个人名。鲁郭茅巴老曹这些如雷贯耳的"大家",一律没有。要找他们,自己看正文去。这就是一"乱"。我称之为真正的"消解大家"。其次,没有清晰整齐的文体和流派沿革脉络,这意味着该部文学史不是"文体史""流派史"的汇总。在钱理群、温儒敏、吴福辉合著的《中国现代文学三十年》1998年修订本中,每个十年都增加了一章通俗文学的论述,那是出自吴福辉的手笔,我当年曾给予高度赞扬。但吴老师这本文学史,将所谓"新文学"与"通俗文学"也一并打乱。我在评价范伯群老师的"双翼齐飞"论时,就认为这是一个阶段性的学术战略,将来我要写一部打乱两翼的文学史,不料想却被七十岁的吴老师提前出锅了。

这部"发展史",不以某种固定文学因素的"发展"为线索,而是以现代文学的"整体发展"为线索,所以晚清就独占了一章和六分之一的篇幅,然后的三章基本上是个新版的"三十年",但绝对是耳目一新的三十年。所以他谈"五四"启蒙,是从话剧开始,以武侠结束的;他讲1930年代,标题是"多元共生"(范伯群老师的关键词),从鲁迅南下开始,以外国文学译介结束;他写到1940年代,从"战争流徙之下文学多中心的形成"开始(这一点继承了《中国现代文学三十年》),以农民和市民的大众文学结束。吴福辉不仅打乱了小说、诗歌、散文、戏剧,而且打乱了解放区、国统区、沦陷区,打乱了士农工商左中右,真正把过去的线性叙述变成了"网状图景"。这种写法假如是一份博士论文开题报告的话,恐怕所有的导师都会以乱七八糟的罪名给枪毙掉的,只有那些堪称"导师之导师"者,才会"乱云飞渡仍从容",透过乱沙见真金。因为吴福辉唯一没有打乱的,是"发展"。随着阅读的展开,你分明听到了现代文学有力的脉动,见证了现代文学鲜活的年轮。我耳边响起王瑶先生1988年在青年学者创新会上的"织毛衣"论:"你看那个女同志织毛衣,你看她上七针、下八针,好像织了个乱七八糟,其实一点不乱,织完了领子是领子、袖子是袖子,漂漂亮亮的一件毛衣。"这部文学史,便是这样的一件漂漂亮亮的毛衣,又像是各声部齐头并进的一首四章交响乐。

古人形容真正的美人,"粗服乱头,不掩国色"。但这部文学史的乱,颇有点随心所欲不逾矩的高境界,所以在我看来,可能不适合一般高校的本科教学,而适合研究生和教师进行专业阅读。特别是作为一部"插图本"著作,那些难得一见的珍贵照片和书影,还有作者精心制作的图表,都对专业人士功德无量。新世纪以来,现代文学研究领域的"全景类著述",除了范伯群老师的大作,我看就要数吴福辉这部了。

这篇书评,初衷是想"客观",但行文至此,发现早已情不自禁流露了偏爱。"乱"字还有一个义项,即乐曲或辞赋的末段。那我最后就抒情两句:希望中国的现代文学研究,以此作为一个"凌乱"的开始。乱曰:重写已死,凌乱当立;岁在虎年,天下大吉。

(《文汇读书周报》2010 年 3 月 5 日)

用心的学术行走
——致敬"石斋"吴福辉先生

李 今

吴老师走了,再读他的书感觉就不一样了。

记得两年前,为庆贺他的八十大寿,《汉语言文学研究》杂志筹划了个专栏向我约稿,真是恰逢其会。十多年前,我就曾应允为他的大著《插图本中国现代文学发展史》写个书评,可调入中国人民大学文学院后,总因忙而一再食言。现在退休了,终于可以借机还账了。实际上,多一篇少一篇书评,对于吴老师是无所谓的,只是我自己想了结一直耿耿于怀的歉疚。1月15日惊悉吴老师在睡梦中仙逝,我于深深哀悼的同时,心底也因此多了一分宽慰。离开中国现代文学馆后,我和吴老师已多年疏于联系了。他去加拿大前曾将未赠予的书补寄过来,我只当是供写书评的参考,现在才又体会出了留念与告别的意绪。

多日来,我一直在慢慢地读吴老师新送的书:《石斋语痕》《石斋语痕二集》。他甚至比过去更活灵活现地浮现在我的面前,越读越发感到吴老师早就开始"俯视""反观"自己,早就开始着手总结自己的学术经验,以"追念延缩年华"的方式,向自己,向他生存过的世间,向我们绵绵絮语,做"临末的倾诉"了。

我虽不是基督徒,却随着年龄的增大,越发意识到每个人来到世上都负有一份使命,只不过是能否觉悟,觉悟得早晚而已。吴老师似乎没有谈过,甚至有些抵触人生圣化的意义,但他却以自己治文学史六十年的业绩,成就了文学史家的天赋大任,昭显了他的灵命。

吴老师在他《都市漩流中的海派小说》新版前言中,曾"盘底"自己一生的学术工作,说他出版的十几本书,不计合著,"大概只有两本书或许可留存几年",所指即该作和他的个人文学史。话中虽透露着谦虚,却也客观而中肯。我在书评《讲述现代中国文学场域的故事——吴福辉〈插图本中国现代文学发展史〉重读》中，也做出过类似的评价："他一生的学术研究似乎都是为推出这部文学史，他个人的生活和志趣似乎也都是在为写这部新型文学史做积累。"①毫无疑问，《插图本中国现代文学发展史》不仅是吴老师个人著述的顶峰，也会在相当一个时期独占个人著现代文学全史的鳌头。而其海派研究则是他通往文学史观念、结构以及叙述观点之全面更新的桥梁。

我的宽慰在于吴老师不仅读到了我写他的书评，并大体认可，尤其对我谈他建构起不同于古代，而专属于现代文学空间场域的文学变迁史的观点表示认同。当我把初稿发给他，请他赐教时，他给我回复微信说"这很符合我的原意，说在要害处"，更赞赏我说他在个人文学史里前所未有地创建起一个强大的市民文学叙述系统的观点，认为我文中的这一节"也是对二节的深化，但写得好"。吴老师的个人文学史的确"以其具有个人性的叙述声音和文化大视野，将文学史看作是文学场域活动的观念，把地域作为承载文学万象的空间性结构，通过对文人在现代社会中分化为三大流派的承续与流变的洞察，重建起一种全新的文学史图景"②。拙评不过出于自己的直觉印象，而重读他的《石斋语痕》《石斋语痕二集》后，才让我从中触摸到了他攀登这一学术高峰的坚韧足迹和艰辛历程。

过去我从未认真对待过吴老师的游历，不过将其看作一种个人嗜好，甚至是喜欢享受生活的表现，而与悬梁刺股、甘坐冷板凳的学者形象相区别。但《石斋语痕》所记录汇集他追随作家足迹的一次次探查活动，其范围之广，所收成效之大，的确不能不让我刮目相看了。

显然，吴老师已把实地踏查践行积累成了他的学问功底，或可说成是现代文学研究的田野调查。与一般学者从书本到书本不同，他反倒像作家，或画家，讲究的是"读万卷书，行万里路"的功夫。他的"回到历史现场"，不仅仅是通常所谓查阅报刊，寻找第一手材料的意思，而真的是回到历史的现场遗址。早在写《沙汀传》时，他就开始下决心，把沙汀一生走过的地方都走上

---

① 李今：《讲述现代中国文学场域的故事——吴福辉〈插图本中国现代文学发展史〉重读》，《汉语言文学研究》2019 年第 4 期。
② 李今：《讲述现代中国文学场域的故事——吴福辉〈插图本中国现代文学发展史〉重读》，《汉语言文学研究》2019 年第 4 期。

一遍,从其偏僻的故乡安县到睢水镇、秀水镇、读书的成都盐道街省一师原址、在上海的居住地闸北德恩里、青岛距野路,加上抗战期间重庆的角角落落,甚至包括"文革"时的昭觉寺,等等,他都一一踏访过,还曾数次进入汶川大山里面去寻访产生《淘金记》《在其香居茶馆里》故事的旧址。几十年下来,他探险般的足迹遍布现代作家的出生地、写作地和活动地。通过遍访胡适的老家绩溪上庄,对比周边歙县、黟县、祁门、休宁、婺源等地,让他震惊起胡适何以能够从如此贫苦农村走向杭州、上海和世界的好奇心;长治乡下赵树理家带花饰栏杆楼房的故居,打破了他对这位文艺新方向旗手贫下中农出身的臆想;在周氏兄弟故居,经过对绍兴新台门、老台门的细致勘察,他才意识到其家族原是多么大的一个官宦之家,体味到鲁迅所说"家道中落"的内涵;丰子恺的缘缘堂虽然早就毁于日机的轰炸,但他却不放弃,终于在浙江石门旧址后修的故居中,找到了被邻居抢下的烧焦的木门,目睹原缘缘堂唯一保存至今的物品,摩挲不止,徘徊不去,让自己的心灵经受一次阵阵袭来的情感震撼。

还有沈从文的凤凰城、汪曾祺的高邮、废名的黄梅、萧红的呼兰河、艾芜的故乡新繁(今成都市新都区)、李劼人的"菱窠"、徐志摩的硖石、冯雪峰的义乌、郭沫若乐山沙湾的祖屋、曹禺的天津故居、梁启超的天津故居与广东新会老家、林语堂漳州坂仔村的教堂、郁达夫的杭州"风雨茅庐"、艾青的乡间奶母"大堰河"的墓地、闻一多的浠水、骆宾基的珲春老区、叶圣陶的甪直,更不用说吴老师对自己出生地和居住地的作家遗址的珍爱了。鲁迅住过的八道湾、砖塔胡同和西三条、景云里的老石库门、拉摩斯公寓、大陆新村,老舍住过的小杨家胡同、丹柿小院,在他的描述中,文学上海是由韩邦庆之上海、曾朴之上海、茅盾之上海、丁玲之上海、沈从文之上海、穆时英之上海、施蛰存之上海、张爱玲之上海多维交织而成的,旧上海的地标式建筑大光明、国泰影院、百乐门舞厅、跑马厅主楼等等,似乎都被他视为了祖传的家宝、炫耀的资本,一次次带着朋友、学生兴高采烈地"游学"不已。

特别值得关注的是,吴老师的现代田野调查不仅仅以个体作家为单位,更以不同的现代作家群体占用一地后所形成的特殊空间为考察对象,在观察其分布、组合及其生活方式的人地关系中,探入不同文化景观的类型。

他的插图本文学史,不以某部作品的诞生作为开端,而以上海著名的报刊书店街望平街的形成作为文化与文学转型的现代标志,其发展则以文学北京和文学上海作为两大"标杆式"的现代文学空间,从而凸显出中国现代文学在都市中发生发展起来的这一性质。更通过梳理追寻作家们在抗战期间的全国性迁徙路线及其群居地,吴老师细致描述了此一时期人文现象的地理分布,在重庆、延安、桂林、昆明、香港等地所形成的不同文化城的文学生态图景。读过吴老师《抗战期间"文协"作家的重庆集聚地》一文的学者,恐怕都不会不惊服于为寻觅中华全国文艺界抗敌协会会址,他所表现出的细密与执着。沿着成立地址武汉追随其西迁的路线到达重庆,他居然还能注意到临时的落脚之地青年会,从位于临江门横街33号——"文协"第一个在渝总会会所,到"文协"作家战地访问团成员聚居地——华裕农场的四合院场部,到"文协"第二个家的处所——干涸了的桃子沟南温泉,到林语堂在北碚蔡锷路24号买下的一幢小楼——"文协"北碚会所,到"文协"最著名的总会地址——张家花园65号,等等,他都曾按图索骥一一"参拜"过,不仅清楚每个会所的来由,甚至摸清了每个房间哪个作家居住过,在特殊时期所形成的共产式日常生活。

我想,现代文学研究者中大概没有谁像吴老师这样探访过这么多的作家遗迹了,难道他不累吗?面对他涉足如此之多的穷乡僻壤、衡门深巷,我不能不感到震撼!简直可以说,他一个人不知不觉中创建了现代文学研究的田野考古学。他的文学考察始终不离开人与地之间所形成的特殊空间关系,通过走访、现场观察、绘图、照相、记录,以及搜集作家的相关创作与回忆文献等,尽可能地去整合复原作家活动的场域,助力进入"现场",让自己像作家对故乡人物场景一样,达到"透骨般的熟稔"。

实际上,实地踏查不仅仅是吴老师独特的工作与研究方式,更出于他自觉的学术追求。他以为,"研究文学史,原是一件需贴近已逝的事物去触摸故人灵魂的工作"①,作家的故居和重要活动场所,正是解读现代文学经典、理解作家创作的"一处处指路灯",从中能够看出作家的倾向与个性,是"凝固的活化石",可以使我们实实在在了解到那个文学时代的人情关节。正是通过全面而细致地踏查现代作家的活动场域,在吴老师心目中不仅形成了

---

① 吴福辉:《石斋语痕》,河南大学出版社,2014,第39页。

中国现代文学生长与分布的文化地图,凝固成他个人文学史大的"板块"与承续"线索",更发散为他对作家生活环境、生活方式、交际往来等行为的沉浸式体验,生成为生动而亲切的絮语散文般的文学史叙述语调,从而打破了文学史写作的"教科书面孔"。我在书评中全凭直觉说他的个人文学史放弃了扮演权威的角色,"就像一个展览的解说员或一个旅游胜地的导游那样去讲述"。虽说这个比喻会被现实中那些只会背诵的解说员和导游形象所降低,但读过《石斋语痕》后,我却得到了证实。吴老师具有"杂陈""万象"于"博物馆"的文学史观,他是"存了然于心的学养,行举重若轻的风范,极贯通之能事,向读者如数家珍地指点、讲述这段文学发展史山水流脉的生态图景"①,他的文学史所以能发出亲切、温情而生动的个人声音,不能不归功于他的实地考察和体验。最典型的例子,就是收入《石斋语痕二集》中的他将张爱玲的旧上海与自己的"童年上海"相对照写出的系列散文《旧时上海文化地图:"看张"读书笔记》之一、之二、之三,他特别在《自序》中谈到这几篇所以"写得好些"的文章,是因为"毕竟每一寸记忆都是回肠百结的呀"。将学术与自己的生活道路,以及实地考察相结合而生出"笔端带着感情的文字",是他最赞赏,也最想追求的一种论述文的风格。

吴老师学术人生的独特与卓越当然不仅于此,解志熙在挽联中特别赞其"鉴赏最中肯"。虽说受限于文学史体式所要求的大视野与概况流脉的框架勾勒,吴老师的个人文学史未能尽展此端之才华,但他在《石斋语痕》中却大显身手。细读他这些"学余随笔",时时会被他一语中的、犀利透辟的警句所击中。如他在讲读张爱玲晚期作品的提要里,评点《雷峰塔》《易经》《小团圆》三部作品是"一个天才作家写作高峰已过的'困兽犹斗'",表现出"一种从童年积淀而来的文字报复力量"。②《小团圆》给他"印象最深的是作者的弑母情结",透出张爱玲的"残忍"。③ 他评价萧红的小说"理念的隐退带来的是文学直觉的充分还原,复沓的文句充满诗意和回溯之美"。④ 他说

---

① 李今:《讲述现代中国文学场域的故事——吴福辉〈插图本中国现代文学发展史〉重读》,《汉语言文学研究》2019年第4期。
② 吴福辉:《石斋语痕》,河南大学出版社,2014,第86—87页。
③ 吴福辉:《石斋语痕》,河南大学出版社,2014,第89页。
④ 吴福辉:《石斋语痕》,河南大学出版社,2014,第238页。

朱自清的名篇《桨声灯影里的秦淮河》"会显出一点点矫情","或者称作情绪的浪费,是年轻的标记"。① 他一眼洞察莫言成名作《透明的红萝卜》中那个让人惊叹的"小黑孩""仿佛是眉间尺和黑衣人的复合体"。② 读了新发现的丁玲关于《在医院中》所做的检讨,他针对其立场问题说"所谓'立场'只是部分老干部、老党员的利益角度,往往被夸大为全党全民的立场",判定丁玲"检讨了也没有解决问题。人类在经过解释了的马列主义思想指导下所进行的社会主义实验,解决不好公有制下人保持自由、独立的问题……这就从根本上使得人的解放成为一件遥远的事情"③等,从中我们可以体味出吴老师品评作家作品的精准、恰适、透彻的感受力、思想力与表达力。

可以看出,吴老师还是相当看重自己的这些学术散文的,虽然他谦称其为"边角余料""瓮牖剩墨",但还是欣然接受了"微型文学史片断"的判定。这种品评鉴赏能力,是与他在集子中一再谈及的语文材料积累的功底分不开的,即"经过不知疲倦的阅读,让普天之下的优秀文字来触动、陶染我们,以打造出一副语文的好身手","获取正确语感,体悟美丽文心",④而且认为如果进入大学之前,你还未经过持久的阅读获得初步的这种感知,即可说你还未入语文(包含文学)之门,并提出本科生四年内应读四十个作家的作品,硕士研究生要基本读完作家作品的基数,认为阅读的盘子大了,自然能建立起作家作品和文学史之间的内在理路关系。这是吴老师提出的阅读标准,也是对其学术人生经验的又一总结。他一直以"文青"和二十多年在中学从事语文教育的经历、对古今中外文学名著的广泛涉猎为自己从事文学研究的底气。记得我曾惊叹,怎么说起哪位作家哪篇作品,不管大小,是否是代表作,他都门儿清时,吴老师郑重地告诉我,他读研究生时把现代作家作品一本本地读了一遍,直到现在每天仍会有一定时间读文学作品,而且天天做笔记。

吴老师中肯透辟、精审入微的"语感"和"文笔"除了长期积累涵泳的功夫,不能不提的是,他所秉持的客观中正的学术态度。虽说,一般都认为吴

---

① 吴福辉:《石斋语痕》,河南大学出版社,2014,第248页。
② 吴福辉:《石斋语痕》,河南大学出版社,2014,第243页。
③ 吴福辉:《石斋语痕》,河南大学出版社,2014,第22-23页。
④ 吴福辉:《石斋语痕二集》,河南大学出版社,2018,第53页。

老师通达人情世故，但他的学术著述虽轻灵圆通，并不失严肃与纯粹的气度，他的知人论世并不随方就圆。严家炎先生虽是他的导师，评其主编的《二十世纪中国文学史》，吴老师在肯定"学术锐气内含很深"的同时，又说"本书并不以全新的文学史叙述结构、视角、图景为自己的鲜明特色，它的文学史构架是偏于稳定的，积淀式的，持续生长型的"①，不扬不抑，分寸适度。樊骏先生是他最尊敬的学者之一，即使写悼念文章，缅怀其给《中国现代文学研究丛刊》"带来品格精魂"，也并无夸饰，他描述樊骏先生"平时穿戴也普普通通，只从行文的语气和穿着的干净劲儿上，能透出那么一点不凡"，还幽默地说"这就是改造过的'贵族'剩下的'残余势力'了"②，刻画得真是惟妙惟肖，入木三分。他评说李欧梵其书其人，更力透纸背地指出，所谓"老上海殖民色彩里面的'世界主义'"，"是源于李欧梵本人的'世界人'的文化立场"，李欧梵对《申报》副刊"自由谈"批评空间的讨论，"没有从'公民社会'进一步讲到中国的市民社会，这往往是他的局限"，说李欧梵采取了"横跨，或横站"这样一种"我们这代人文学者面对世界最聪明的姿态"，是"一个文学和文化的'漫游者'"，能引人们"进入20世纪中国现代都市文化的领域，靠的是文本、历史与诗相互结合贯通的学术方式"，甚至调侃李欧梵"开辟了狐狸式的研究格局"。③

吴老师的品鉴虽不属振聋发聩的宏论，但往往能将大家共同感受到而未说出的意思画龙点睛说出来。他"读万卷书，行万里路"的治学方式，追求的是梁启超所谓"优游涵饮，使自得之"的境界。他处世的人情练达与其论学的平正中肯，是他自觉遵循王瑶先生"做人宜外圆内方"教诲的学行，也是他所喜好的"石性石德"，既坚实又圆润的"精魂"之显征。在他"石斋"学术的人生之旅中，吴老师的处世姿态放得很低，甚至低于谦和。他虽一直担纲《中国现代文学研究丛刊》主编，却如他所说："王瑶先生、严家炎与樊骏构成刊物长期的铁三角"，"我配合着一起工作了四分之一世纪"。④ 对于我们这些下属，他有时竟会以央求的语调哄我们做事。他坦承，像钱锺书、杨绛

---

① 吴福辉：《石斋语痕》，河南大学出版社，2014，第259页。
② 吴福辉：《石斋语痕》，河南大学出版社，2014，第323页。
③ 吴福辉：《石斋语痕》，河南大学出版社，2014，第328-329页。
④ 吴福辉：《石斋语痕》，河南大学出版社，2014，第323页。

夫妇,还有萧乾、文洁若夫妇都是"为学术而生的人",属于"尖端的例子","都不是我们所能轻易学的,甚至不可能也不必要照猫画虎地去学",但坚守了他们自主地、愉悦地做学问之"普遍的法则"。①

吴老师到加拿大后,仍在继续他的写作,我还收到他新写的两篇文章。早在2014年最初出版的时候,他就说:"夕阳的年纪,总还存留着中年后期的生命感觉。但这种感觉会不会被某种突然降临的力量所打断,也是不可测的。"②吴老师一定不会预想到他走得这样轻松,在睡梦中就羽化了,这是多么美好的人生终结,同样让人艳羡!也不知吴老师的这类短文是否积存得又可以出一本《石斋语痕三集》了。

吴老师走了,我的微信里还存有他发给我的信息,最后一条停留在2020年5月27日上午11时14分,他告诉我写了一篇在鞍山看电影的短文,临末却说:"我在加还好,但人不老是不行的,对吧?"人的无奈谁能超脱呢?我只能以遥远的祝福安慰他。但我现在可以说,"石斋"之建树亦足可告慰其主人在天之灵!只要是研读中国现代文学的人,谁能不读吴老师的文学史呢?他的精魂附体于文字,会长久和我们在一起。

(《现代中文学刊》2021年第2期)

---

① 吴福辉:《石斋语痕》,河南大学出版社,2014,第274-275页。
② 吴福辉:《石斋语痕》,河南大学出版社,2014,《自序》第3页。

"吃螃蟹和吃蜘蛛"的吴福辉先生

吴周文

忽然在朋友圈里看到吴福辉先生仙逝,我惊愕。待平静之后,关于他的一些记忆,便在脑里"过电影"似的穿越闪回,五味杂陈。人老了,用冰心老人的话说,随时可以"抽身便走"。孔子活了73岁,孟子活了84岁,人们习惯把73岁和84岁作为耄耋之年的两个节点,或者说两个"坎儿",过了这两个"坎儿",就能活得更长寿。我为福辉先生惋惜,82岁的他没等到闯孟子关,也算是命定的天数。

我与福辉先生的初见,是在20世纪90年代初期在江阴举办的刘半农学术讨论会上。会议期间,当会议的策划者、刘半农研究专家徐瑞岳教授将他介绍给我的时候,他露出浅浅的笑意,稍稍颔首,让我感觉他是一位很自恃又很自信的人,尤其是他的眼神,让我感到他在专注看我,又好像旁及他人。那时,他参与撰写的《中国现代文学三十年》已经出版,这也许给了他足够自信的底气。不过,这次见面,让我的一个误解消除了。原以为新时期之初攻读硕士学位的都是年轻人,总以为钱理群、吴福辉年龄会比我小,而实际上他俩都比我年长了两岁。

后来,在南京大学博士学位论文答辩会上又与福辉先生相见。我对一篇博士论文发表了一个意见,即关于1920年代朱自清、俞平伯等人创作中的"新古典主义"可以深入地展开论述,因为存在着一个名为"我们"(O·M)的流派。在福辉先生发表意见时,他仅用一两句话,表示了与我相左的意见。其实在答辩会上,答辩委员之间没有必要展开彼此不同意见的争论,我也就没有再回他的话,会后我也没有与他再进行学术观点的交流。但是,我觉得福辉先生有着独立见解的自信,他觉得有必要说出自己的观点,这并非对人的轻慢,而是一种发自他内心做学问的满满的自信。没有自信,跟在别人后面人云亦云,是做不成大学问的,责疑与逆向思维才是治学的逻辑起点。因此,我对福辉先生的这种自信,还是非常欣赏的。

于是,便有了福辉先生数次来扬州的故事,有时是他一人来,有时带上夫人或孩子。他对扬州有着他的钟情,因为扬州是最宜于文人学士休闲的地方。历史上来过扬州的,有骆宾王、李颀、王昌龄、孟浩然、崔颢、李白、高适、韦应物、顾况、戴叔伦、王建、刘禹锡、白居易、张祜、姚合、李商隐、杜牧、温庭筠、杜荀鹤、罗隐、韦庄、欧阳修、苏轼、蒲松龄、曹雪芹等等。他们来扬州除了休闲,就是寻诗与寻梦。这里是他们生发灵感的地方,可以找到"吃螃蟹和吃蜘蛛"(黄修己语)的灵感。我想,福辉先生也跟古代先贤一样,来扬州是找写作灵感的。当代从事中国现当代文学研究、文学评论的学者以及作家,先后来扬州的也很多,如贾植芳、钱谷融、范伯群、潘旭澜、林非、张炯、严家炎、谢冕、赵园、叶子铭、许志英、包忠文、莫言、贾平凹、陈建功等等。而在他们中间,福辉先生是来扬州次数比较多的一位。也许,是他的祖师爷朱自清先生是"扬州人"的缘故。他的导师王瑶先生,当年也是朱自清先生的研究生。1988 年,扬州师院举办朱自清先生学术研讨会,知王瑶先生没有来过扬州,我作为会议的策划者便通过在京的汪晖征求他的意向,他甚为高兴。后会务组给王瑶先生发了"以论文与会"的通知,没把先生当"特邀代表"对待,这个疏忽使先生产生了误会而恼怒,回一句"写不动论文了"而作罢。没来朱自清先生的故乡,成为王瑶先生一生的遗憾。是不是可以这么去想:福辉先生对扬州情有独钟,是帮老师完成夙愿,也是福辉先生寻找朱、王传承的文脉之"根"。朱自清先生撰有《中国新文学研究纲要》,是中国现代文学最早的学科奠基之作,开启了王哲甫(《中国新文学运动史》)、伍启元(《中国新文化运动概观》)、王丰园(《中国新文学运动述评》)、吴文祺(《新文学概要》)、李何林(《近二十年中国文艺思潮论》)、任访秋(《中国现代文学史》)等人的现代文学史研究;王瑶先生传承朱自清先生,撰写了《中国新文学史稿》,是新中国成立之后现代文学史研究的开山之作,开启了蔡仪(《中国新文学史讲话》)、丁易(《中国现代文学史略》)、张毕来(《新文学史纲》)、刘绶松(《中国新文学史初稿》)、严家炎(唐弢、严家炎主编《中国现代文学史》)、黄修己(《中国现代文学简史》)等人的文学史研究;福辉先生独立完成的《插图本中国现代文学发展史》,是 21 世纪现代文学史研究开拓创新的扛鼎工程。三代朱门师徒是近百年来中国新文学史研究每一个时段的开山者,他们在历史上撑起了中国现代文学史研究的文脉。所以我说福辉先生到扬州寻师祖之"根",是有我的理由的。

王瑶先生有三位高足:钱理群、吴福辉和温儒敏。我认识王瑶先生是读了他的《中国新文学史稿》。我认识其三位高足,是读了钱理群、温儒敏、吴福辉共同撰写的《中国现代文学三十年》(第一版署名是四人,还有王超冰;修订本署名为三人)。三位高足传承了王瑶先生研究中国现代文学史的文脉,成为有全国影响的现代文学史家。他们三人各有千秋,很难区别三者研究成就的高下。《中国现代文学三十年》作为大学中文系教材数十年,他们与《中国现代文学三十年》共名。于是,三十多年来王门弟子中的"三驾马车"驰骋学界,成为中国现代文学学科里的权威和骄傲。

我们完全有理由说,《中国现代文学三十年》这部教材与其说是教材,不如说是一本充满学术性的专著。它基本改变了传统文学史社会学思维的模式,诉求以"改造国民性灵魂"的人性考察,来审视三十年的文学运动与作家作品,这一独特的文学史观,使这部教材带有许多"创新"的品质。正如黄修己在《中国新文学史编纂史》中所说,《中国现代文学三十年》给文学史的编纂带来了"新的气息、新的思路",是"吃螃蟹和吃蜘蛛"的实验之作。根据温儒敏《坚实而睿智的文学史家吴福辉》(2021年1月18日《中华读书报》)一文记载,修订本的《中国现代文学三十年》"重印54次,近150万册",这个数据确实是中国现代文学史教材发行史上一件引以为荣的事情。我估猜,作为高校教材,很难再找出一本发行量近150万册的现代文学史教材来了。

可以说,以《中国现代文学三十年》为起点,福辉先生开始了他"吃螃蟹和吃蜘蛛"的学术研究之路。

福辉先生的学术著作很多,除《中国现代文学三十年》之外,还著有传记《沙汀传》,评论集《带着枷锁的笑》《且换一种眼光》《深化中的变异》,文学史专著《都市漩流中的海派小说》,学术散文《京海晚眺》,评论《中国现代讽刺小说的初步成熟》《乡村中国的文学形态》等。其中,最能代表他的学术研究高度的是《插图本中国现代文学发展史》,这也是几百部中国现代文学史中不可多得的个人撰写的一部文学史。这里,我将一些著名学者的评论罗列如下：

陈思和认为《插图本中国现代文学发展史》是"迄今已经出版的诸多文学史中最有特色的一部"。吴福辉这部文学史的写作"在多元共生的时代突出了个人化的写作特征，作者在吸取了近些年新文学研究、通俗文学研究等成果的基础上，加上自己的理解与判断，试图从多维视角立体地描述现代中国文学的发生与发展，显示了可贵的学术品格与史家眼光，文笔与叙述方式也颇为新颖"。

温儒敏认为："吴福辉的写作框架结构也很特别，他从上海望平街写起，有点像章回小说，试图营造一种大文学史，不光写作家作品，也写文学生态、文学传播、读者的反应，以及文学在整个社会所起的功能，他以网状的结构代替线性结构，用一种野史的写法，虽不如一般的文学史严谨，但恰恰是一种风格。"

杨义认为："自己对于中国文学地图、中国文化地图的理解，不如《插图本中国现代文学发展史》，地图的概念就是展开空间，在时间的概念上强化空间维度，在边缘的地方强化活力，在材料的解读上强化深度。而在这些方面，《插图本中国现代文学发展史》形成了自己独特的创造。"

陈子善认为："《插图本中国现代文学发展史》坚持把文学作品的发表、传播和接受，文学流派和风尚的酝酿、发生和演变作为讨论的主线，又尝试把现代文学的复杂进程与现代出版、教育和学术思想的发展相勾连，对作家的心态、生存条件、迁徙流动和写作生活方式等也给予必要的关注，还把文学与电影等的互动也引入文学史论述，总之，力图形成并呈现老吴所向往的具有多维视角的'合力型'的'大文学史'叙述。"

孔庆东的《沉痛悼念吴福辉老师》一文中说："吴福辉这本文学史，首先你会发现，目录里没有一个人名。鲁郭茅巴老曹这些如雷贯耳的'大家'，一律没有。要找他们，自己看正文去。这就是一'乱'。我称之为真正的'消解大家'。其次，没有清晰整齐的文体和流派沿革脉络，这意味着该部文学史不是'文体史''流派史'的汇总……吴老师这本文学史，将所谓'新文学'与'通俗文学'也一并打乱。我在评价范伯群老师的'双翼齐飞'论时，就认为这是一个阶段性的学术战略，将来我要写一部打乱两翼的文学史，不料想却被七十岁的吴老师提前出锅了。"①

我不必再多花笔墨对"大文学史观"的《插图本中国现代文学发展史》进行评论,因为"眼前有景道不得,崔颢题诗在上头",上述五位学者已经将它的不同凡响描述得十分清楚了。总之,《插图本中国现代文学发展史》充分表现了敢为天下先的勇气、胆识和学养功底,告诉我们什么是高视角,什么是多维度,什么是大文化场里"文学"的全景扫描,什么是大家气象。福辉先生在现代文学史研究中的探险精神,尤其值得称道。

《插图本中国现代文学发展史》之后,福辉先生又给了我们一次探险的惊喜,这就是他的《中国现代文学编年史——以文学广告为中心(1928—1937)》(北京大学出版社2013年5月初版,丛书按时段划分为三卷,吴福辉主编其中一卷,其他两卷主编为钱理群、陈子善)。参与编撰的陈子善先生说:"这部三卷本的大书是老钱和老吴的创意,我跟随。老钱总主编,三人分工为老钱又分编新文学第一个十年,老吴次之,我殿后。我才力不逮,所编的第三个十年,如无老钱最后鼎力相助,难以按时定稿完成。但老吴的第二个十年却编得十分滋润,连连出彩。"②在《文学史家老吴》一文中,陈子善先生对福辉先生的著述部分评价说:"老吴这一卷就内容特别丰富,通过文学广告也即以'文学广告为中心'并采用'编年体'和'书话体'的形式来重新阐述文学史的编著初衷也就完成得颇为出色。"③

应该说,《中国现代文学编年史——以文学广告为中心(1928—1937)》是福辉先生继《插图本中国现代文学发展史》之后,又一个重要的完成。他在《前言》中强调以文学广告为中心来阐释文学史是一个新的实验途径,可以"把刊物、书店、作品、流派的研究,同作家、编者、读者、出版家、教育家的叙述结合,将现代文学从内部到外部,在文学的生产、流通、传播、评介、教育各方面加以打通,把这段时间的文学面貌揭示得异常细致、生动,更是别样的文学史所无法达到的"。文学史的研究不光是积淀、梳理原始资料,在占有资料之后,最重要的是寻找"创新"的研究途径与研究方法。做死学问容易,做活学问则很难。视角、选题、途径、方法等方面的"创新",这些都是做

---

① 孔庆东:《现代文学"凌乱"史》,《文汇读书周报》2010年3月5日。
② 陈子善:《文学史家老吴》,《南方文坛》2018年第3期。
③ 陈子善:《文学史家老吴》,《南方文坛》2018年第3期。

活学问的路径。而在这一方面，福辉先生"吃螃蟹和吃蜘蛛"，敢为天下先，为文学史的编撰积累了可贵的"创新"经验，为我们树立了治学的榜样。

我最后一次在扬州见到福辉先生，记不得具体时间了。我去宾馆看望他的时候，只见他和儿子正在房间里整理从古玩市场"淘"回来的"古玩"，喜欢得像一个顽皮孩子似的，鼓鼓囊囊地装进一个很大的旅行包里，那种满载而归的欢喜溢于言表。年老了，人都喜欢怀旧。玩"古玩"就是怀旧。怀旧的人往往是懂得感恩的至情者；至情者数典不忘祖，他才会根深叶茂，才可能成为有所作为的大学者，因为他懂得对祖先留给我们的文化传统的传承与弘扬。福辉先生说，他老祖在常州。接待过福辉先生的常州工学院的陆克寒教授在福辉先生仙逝之后回忆说："吴先生说他老家门头上有匾额——'延陵吴氏'。常州古称延陵，乃季札封邑，先生寻祖而来，我陪先生寻访丹阳季子庙、江阴季子墓——已是十年前的旧事，历历在目！"福辉先生祖籍是浙江的镇海，即今之宁波镇海区。他晚年的时候，还多次回过宁波，著名文化学者朱惠民先生告诉我，福辉先生很喜欢老家，每次回老家，总要寻找"舌尖上的宁波"的感觉，自然主要的是寻找家乡中国现代文学先贤的足迹。正是这个原因，朱惠民先生便也成了福辉先生的好朋友。

2015年底，福辉先生忽然给我打电话说《博览群书》杂志拟作一个"关注白马湖文派"的专栏，约我为朱惠民先生的《白马湖文派短长书》写一篇评论。这是福辉先生为宣传家乡的地方文化、为宣传家乡的"白马湖文派"而在幕后所做的一件大好事。朱惠民先生研究"白马湖文派"数十年，出版著述多部，但没有引起学界的足够重视。我在肯定朱先生研究成果的基础上，进一步撰写并发表了《O·M社的钩沉及朱自清意义的重新发现》（与张王飞合作）的论文，刊于2016年第6期《中国现代文学研究丛刊》。我们认定，"白马湖文派"中有一个同人结社的散文社团"O·M社"的存在，而主要根据是朱自清、俞平伯、叶圣陶、刘延陵、顾颉刚等办的同人书刊《我们的七月》与《我们的六月》，以及"白马湖文派"的相关佐证资料。鉴于我对朱自清散文有一些研究，出版过《朱自清散文艺术论》及相关的一些论文，故而福辉先生邀我为"关注白马湖文派"专栏写文章。文章的题目是《点赞〈白马湖文派短长书〉》，我写好后发给他，由他转给《博览群书》杂志，于2016年第2期刊出。我原以为，他会将自己为朱惠民先生作的《序》一起发表，可他没有,而是由他另约了陈啸、朱惠民先生的文章。他不露声色地躲在幕后,默默地做了这一切。有些人学问做大了,架子变大,脾气见长,可福辉先生仍然是谦谦君子。他不是放大自我,而是时时处处在缩小自己。

鲁迅在《今春的两种感想》一文中说过:"第一次吃螃蟹的人是很可佩服的,不是勇士谁敢去吃它呢?螃蟹有人吃,蜘蛛一定也有人吃过,不过不好吃,所以后人不吃了。"[①]蜘蛛中还有毒蜘蛛,很多人更不敢吃。然而,福辉先生有"吃螃蟹和吃蜘蛛"的勇气与胆量。唯其如此,他才能创造出《插图本中国现代文学发展史》这样的拳头产品;唯其如此,他才能成为修中国现代文学史的大家;唯其如此,我相信他的名字将会永远写在中国现代文学史的编纂史上。

我书架上有福辉先生赠送的《插图本中国现代文学发展史》,每每看见它,我就会产生一个激灵,伴以愧对望尘之感,因为迄今为止,它是编撰中国现代文学史的一个标杆。

(《传记文学》2021年第2期)

[①] 鲁迅:《鲁迅全集》第7卷,人民文学出版社,2005,第410页。

怀吴福辉,兼怀王富仁

杨鼎川

前天(2021年1月15日)去城里治牙,十点坐上地铁。在行进中读到微信朋友圈杨早转发的一篇吴福辉怀念老友王富仁的文字《生命也因质朴而美丽——怀富仁》,感觉甚好,当即在朋友圈转发,说"怀友佳文,知人之论"。还给一个打赏。钱数不多,表示我的欣赏。

十点半,坐在牙科诊所候诊室,又看到杨早发来最新信息,称:"在一个群里看到,子善老师报告诸位一个不幸的消息:吴福辉先生今晨在加拿大突然逝世,享年八十二岁。医生诊断心脏病突发。他前一天还与学生微信聊天。"陈子善老师的消息可能来自吴福辉的儿子,他们在加拿大一起居住。他的儿子微信称:"今天早上我爸在家中突然去世,医生诊断心脏病发作。"

不敢相信。半小时前不是还在读他怀念王富仁的文章吗?不是还给他"打赏"吗?怎么他自己也像他说王富仁那样"不留地址便突然远行"呢!一时间,竟有些神思恍惚。进到牙科手术室,躺在手术椅上,身上覆盖了厚厚的遮光罩,在黑暗中听到牙钻钻进牙床的吱吱声,脑子里叠次出现见到吴福辉的场景。

1981年春夏,我因为研究生论文去京沪搜集资料。到北京先找了乐黛云、黄侯兴两位先生。听说我的研究对象茅盾的纪念馆在圆通寺,过去看看,见到刚从北大毕业不久在那里工作的吴福辉。谈了些什么不记得了,但肯定与硕士论文写作有关,因为他很慷慨地送给我一本他的硕士论文打印本。那时四川闹水灾,在去成都的火车上读吴福辉的论文,题目是《中国现代讽刺小说的初步成熟——试论"左联"青年作家和京派作家的讽刺艺术》。火车走走停停开了两三日,我也读了两三日。当时的感觉是,好像脑子某一处忽然开窍了。吴福辉的知识积淀特别是学术视野,使我惊讶之余,也感惭愧。论文中有不少原创的东西,有一些我感觉可称为真知灼见。关于四川作家沙汀小说的分析尤见功力。他分析国民党代理县长洗脸的文字,使我开始明白什么是文本细读。吴福辉这篇论文对我有深远的影响。

我后来去佛山的大学任教,前后近二十年。吴福辉有没有去过佛山,记不太清楚。我老伴记得是去过的,在学校报告厅作过演讲。1994年至1995年我到北大谢冕、洪子诚两位先生处访学,好几次去万寿寺的中国现代文学馆。吴福辉当时是副馆长兼《中国现代文学研究丛刊》实际负责人。通过他,我得以复印了初版的汪曾祺的第一本小说集《邂逅集》。那年寒假携回佛山,据此写出《论汪曾祺40年代小说的两种调子》。后来投到《中国现代文学研究丛刊》,给发了。这是我在《中国现代文学研究丛刊》发表的第一篇论文。过了一些时候,吴福辉特意写信告诉我,论文发表后他问了一些学者,反响还不错。

那段时间我正为睡眠呼吸障碍所困挠,夜里睡不安稳,常做很辛苦的梦,感觉就要窒息。请教大夫,说可能是睡眠呼吸暂停综合征,建议手术。当时适逢北大校医院拟外请专家来校为患者手术,我去验过血,交了手术费,等待排期。在现代文学馆见到吴福辉,说起这事。他很认真地告诉我,他做过这样的手术,还是名家执刀,在协和医院。手术过程极为痛苦,太难受了。他说劝过老钱(钱理群)不要手术,用进口呼吸机比较可取。现在也这样劝我。我信了他的话。后来在医院确诊此症,主任医师也不主张手术,建议使用呼吸机。二十多年来,我先后买过好几台呼吸机,每夜必用,一直感觉很好,甚至觉得是呼吸机救了我的命,否则早死了。吴福辉身体向来很好,人又魁梧高大,就是1990年代初因睡眠呼吸障碍诱发心脏病,半夜去医院抢救,这才有后来的手术。不知道这回的心脏病最后一次发作是否与此有关。如果是,可能有点大意了。嗟乎,福辉兄!你的建议让我受益匪浅,我却只能在蜀地无奈接受你在异域遭遇不幸的噩耗!

还有一次是王富仁在汕头大学召集学术研讨会,第一天大多数参会者还没赶到。我和吴福辉晚饭后在校园散步,我听他讲他的家世过往、他周围的朋友等等,平和的讲述中透出的那种真诚,让你绝不怀疑他的每一句话的真实性。当时的感觉,这不是一个"学术大咖",而是一个即之也温的人,望之并不俨然,听其言也并不"厉",像是你的一个兄长。你完全可以信赖于他。

　　我感觉吴福辉是一个性情中人,这从他怀王富仁的文字看得出。他哭王是真的哭,是真的"悲从中来",不是假惺惺做戏。他说"富仁是我们这些人中最接近大师高度的学者",这是真的,但也只有吴福辉会讲这样也许得罪人的话。

　　吴福辉的文字表述我喜欢,是一种既符合汉语规范又不失灵动机智的语言,读起来特别舒服,"顺畅与轻松",令人"畅美欢悦"(杨早《吴福辉"暗算"现代文学史》)。比较而言,王富仁以思辨见长,他那种洋洋洒洒数十万言,高屋建瓴式的气势和雄辩,在学界并不多见。他首发于《文学评论》的《〈呐喊〉〈彷徨〉综述》,让无数学人振聋发聩为之心折。

　　现在说说我对王富仁的印象,那就是低调、谦逊与"不讲究",这与吴福辉的印象是一致的。

　　1994—1995年在北大访学期间,我与同访访友沈奇、文海去北师大看王富仁,他请我们去学生饭堂旁边的餐厅吃饭。人很多,挤在一张小桌子上喝酒。说到"半路出家"的某些困窘(王富仁与我均是外语系本科,后转治中国现代文学),王富仁说,你得这么想:既然咱们半路出家,要是话说错了,说得不到位,也没啥,咱半路出家嘛,不能同科班出身的比;可万一说对了呢,那不是咱进步了吗?是不是这个理儿?

　　吴福辉说王富仁"质朴","诚朴是他骨子里的东西,不是附着物",的确如此。我请他去我供职的学校作一次学术讲座,他爽快答应,对接待规格、报酬什么的完全不在乎。清楚记得,两小时讲下来,没有拿我递过去的瓶装水,而是掏出烟来,点上,深吸一口,瞬时香烟短了一大截。一支抽完,立即续上第二支。此时才腾出嘴答复学生的问题。后来我用我的二手富康车拉他去四会市走走。一辆小车塞进五个大男人,王富仁被挤在后排中间,请他坐到副驾驶座他也不肯。就这么挤着跑了两天。只要允许抽烟,吃什么都行。一路和陪同的三位老师谈笑风生,滔滔不绝。这是一个非常本色的王富仁,像基层干部,又像工人、农民,唯独不像大学名教授。

　　吴福辉,王富仁,这两个待人以诚,像是兄长的人,如今都离我而去。他们一个比我大七岁,一个比我大五岁,当他们面我是以"兄"呼之的。但自退休以后,远离学界,在西南一隅隐居,再没有与他们联系,连他们的情况都不太知道了,就是逐渐"相忘于江湖"了吧。但我心里,是没有忘记他们的。现在因为吴福辉悼王富仁的文章和吴福辉突然离世的消息,竟在前天几乎同一时间读到和听到,就将记忆深处的一些小事搜寻出来,写了以上的文字,寄托我对他们的哀思。

(公众号"早就说过"2021年1月17日)

与吴福辉老师的交往

李光荣

1月15日12时许,我在微信群里看到陈子善老师首发的"吴福辉先生在加拿大突然去世,医生诊断为心脏病突发"这条消息,不禁一阵痛楚:我心目中那个健朗挺拔的吴老师竟突然倒下了!渐渐地,与他交往的一件件往事从记忆深处浮现出来。

我和吴老师初识于1987年。那年7月,我所供职的云南蒙自师专派我去中国现代文学馆参加"中国现代文学暑期讲习班"学习。当我走进设在万寿寺的文学馆,却得知讲习班取消了。由于我提前离开单位到昆明参加高考阅卷,而后直上北京,没接到讲习班停办的通知。我一下蒙了,回去怎么向单位交代呢?尊敬的杨犁馆长为了不让我空手而归,特许我参观文学馆馆藏图书并借阅,还请吴福辉老师帮助联系田本相、钱理群、王富仁等先生,使我得以请教几位学界翘楚。此间,我几次和吴老师交谈,并与他订交。

之后,我给他写信。他对我提的问题给予认真答复,信中充满热情和鼓励,字写得一丝不苟。之后又写过几封,所谈基本上都是学术问题。而他每信都回,所问必答。这样,我遇到大的问题,如选题、角度等也会征求他的意见,申报国家项目和改变结题形式都向他报告。考虑到他很忙,写信总是断断续续,却持续了二十余年。

但我似乎没寄文章给他看过,即使他后来担任《中国现代文学研究丛刊》主编,也没寄过文章给他。因为我知道他们这一代学者崇敬学术,并维护学术的纯洁性,不愿在学术中掺杂个人因素,或许这一点也增强了他对我的信任。但我知道他对我所做研究是关心的。2009年,经解志熙兄编辑的汪曾祺初期佚文即将在《中国现代文学研究丛刊》发表,到最后他还和我通电话核实佚文中的两个细节,希望文章不留瑕疵。2015年,在一次闲谈中我说"曾投《中国现代文学研究丛刊》一文,一年了还没消息",没想到他记在心上,过不久他专门来电话告诉询问结果。前一次他是主编,后一次他已退休。这样的关怀令人感动!

在我崇敬的几位前辈学者中,和吴老师见面是较多的,尤其是2002年我当选为中国现代文学研究会理事以后。一方面学会每两年开一次会,另一方面我曾多次去文学馆查资料。但我每次都不多聊,怕影响他的工作。而他每次见面都如老友重逢。记得有一次我在文学馆电脑上查书目,但对电脑应用不熟,他从旁边走过,见我就走过来,帮助我解决了问题。

2005年8月,我参加中国社会科学院文学研究所主办的纪念抗战胜利六十周年国际学术研讨会。行前,我侄儿从家乡送来几箱鸡枞,真是及时。我们立即全家投入,清洗干净,做成油鸡枞,带去会间送给他和钱理群老师。钱老师没到会,我托吴老师转交。第二天相遇,他问:"怎么牌子都没有,哪儿产的?"我答:"比哪儿产的都好。我亲手做的。"他放心了,接着与我聊起了鸡枞。他说:"鸡枞挺贵的。我们同学在云南驻京办请王瑶老师和师母吃饭,一罐鸡枞炖鸡就五百八十元呢。"我得意于他的识货,说:"当然,一大箱才做得那么一瓶油鸡枞呢。自己做的纯粹、干净。这东西不是随时能吃到的。你们有口福,刚好我来开会前家里送来。"这是我唯一的一次送两位老师东西。

我与吴老师的交往中有一件遗憾的事,即在香山学术会议上,他提到一个信息:师母(王瑶先生夫人)想明年回昆明一趟,同学将全体陪同。我意识到这是极佳的学术活动机会,开学后便向学院提出:利用王门弟子来昆明的时机组织一次小型学术会,邀约昆明的大学以及地市上的几所学院联办,把全省现当代文学教师集中在一起,请钱理群、吴福辉、赵园、凌宇、黄子平、陈平原等王门研究生讲课,与他们自由交谈几日。大家听后都很高兴,认为这将是云南文化史上的盛举,在全国现当代文学史上也将是一件大事。于是,我们开始具体筹划。另一方面,我告诉吴老师,学术会议没问题,请他组织好队伍,确定具体时间。

事有不谐。正在这时,我接到了西南民族大学的调令,要我在当年年底前报到。学术盛会随之搁浅。我深感有负于吴老师!写信去表示道歉,他却反过来安慰我:会议办不成,咱俩都卸下了负担。他的胸怀真够宽广的。

越十年,我到北方出差,朋友来电话说吴福辉老师来成都了,晚上与他聚聚。当晚我是赶不上了,但第二天我办完事立即返回。吴老师想到藏区去看看,我和一个朋友便陪他去康定。没想到从二郎山到康定的道路在全线扩修,三个小时的路走了七个多小时,天黑才到。我担心吴老师的身体受不了,没想到第二天他比我还精神。我们直奔高原湖泊木格措。路上时阴时晴、时雾时雨,沿谷而上,到木格措则豁然开朗,时有阳光,湖水蓝胜晴空,透亮静谧,三面环山倒影在湖里,清晰可见。可惜西山被火烧成黑黄的森林堵住一片视野,煞了风景。吴老师很高兴,举起相机不停拍摄。沿湖向西走了一段,雪风习习,有些寒冽。到近水处,他抄起清凉的湖水洗洗手。有当地人来邀骑马八里看雪山,吴老师兴致勃勃欲往,我考虑到安全问题,便劝阻了他。下山时沿溪欣赏风景,道路高高低低、曲曲折折。无论上山下山,吴老师都健步当先,我们只能跟随其后。年轻人都觉得有些累,他则一路不停地拍摄美景。

回到康定,他走进一家奇石店,欲购石头,但价格昂贵,他挑出一块巴掌大的紫石,左看右看,终于找出一点瑕疵,仍然砍不下价。我看他爱不释手,抢先买下让他作纪念。返回路上,他大谈天南地北的石头,以及自己收藏的奇石。我才知道他不仅熟谙以中国现代文学为中心的人文知识,还具有广泛的自然知识。

路途劳累,到了安顺场,吴老师饭也不想吃。住进旅店不久,他上吐下泻,来势凶猛。我以为是上午在半山等景区交通车时,被山风吹感冒了。当时我没考虑到平原上的人不耐高寒山区冷热突变的天气而做出应对,才致此。经店主指点,我夜叩小镇医生家门,买来感冒药让他吃下。睡一觉,第二天他精神恢复如初。回成都的路上,他依然谈笑风生。我们都佩服这位七十六岁的老人,身体的自我修复能力如此强大,说他活过百岁没问题。

那天是中秋节。我爱人特意带上云南的火腿月饼和煮花生,在晚宴前享用,吴老师赞不绝口。他说这个中秋节过得很愉快。当问及上山见到雪山没,他说:"李老师不让去。"他的康定之行不尽兴啊,我说:"那下次我们再去吧。"可是,现在没有下次了……

2021 年 1 月 18 日写于成都

(上海《文汇报》2021 年 2 月 10 日)

怀念吴福辉老师

倪文尖

那天,早上醒来,依习惯看手机。看到一个现当代文学研究的群里,子善老师报告一个不幸的消息:吴福辉先生今晨在加拿大突然逝世,享年82岁。

太突然了!怎么可能?心存一丝侥幸,赶紧去问。子善老师的回复却是证实了。

不久,收到李楠兄微信:"倪老师,早上接到吴老师儿子信,'今天早上我爸在家突然去世,医生诊断为心脏病发作'。前天还在跟吴老师微信聊天。仿佛晴天霹雳!难以置信!"

唉,心里堵得慌。起床了,人也呆呆的。

做不了什么,只能在朋友圈表达沉痛的缅怀之情:

> 第一次见吴老师,是1992年,万寿寺。我拿着晓明老师的信去访学,吴老师客气得惊人,太温暖!当即签名送我《中国现代文学三十年》等一摞书。
>
> 后来见得挺多,却记不得最后一次见面的情形了。以为总还会再见。
>
> 印象深刻的有,陪吴老师走淮海路,为了买他心仪的白裤子;陪吴老师去北外滩,访他小时候的旧居;2006年吴老师来上海,特地来看骨折卧床的我……
>
> 福辉老师与我的微信通信定格在11月7日:
>
> 子善老师讲到您呢:"我还没来得及告诉吴先生,他小时候老家那儿要拆掉了。"

看到子善近影,很亲切但也不免感慨:大家都老了!我在上海住过三个地方,静安寺今北京西路,迪斯威路今溧阳路,东余杭路春阳里。子善说要拆的,定是东余杭路。看不到了!

唯一的安慰是,吴老师走得突然,没遭罪吧。

手足无措,就开始找起福辉老师题签送我的书来。家里的书乱得不能再乱,但还好,凭着有效虽也是有限的记忆,先是那本1987年版的《中国现代文学三十年》出来了,吴老师送我的是1991年10月第2次印刷的版本。接着,是他在上海亲手送我的最后一本书:《春润集》。这两本书,从"倪文尖同志雅正"变成了"文尖老友存之",而时间是从"1992年6月"走到了"2012年11月"。最记得放在哪里,却搬了半天书才露脸的:先是《都市漩流中的海派小说》,该书是我读博期间用力最勤、收获最大的著作(几乎不用"之一",吴老师的题签还提醒我回想起来,这书是烦劳他寄了第二次才收到的);后是《插图本中国现代文学发展史》,这书应该也是吴老师寄过来的,我一直准备认真读而终于没来得及仔细读。颇有意味的是,这两本书,吴老师在扉页上写的都是"倪文尖存正"。大气的、熟悉的这五个字看着我,我看着它们,有些发愣,也若有所思,心里堵得更慌,就发狠试图找齐《带着枷锁的笑》《且换一种眼光》《深化中的变异》《游走双城》……但是这些书,有的应该是放在学校做教学之用,有的估计是借给学生写论文参考而不知所踪了,反正,很难再有新的收获。当后来看到那本《梁遇春散文全编》,其实就在手边,其实前些天还正在用,却找了半天才想起来还有这本。我知道,我是心里乱得糊涂了,再找也无济于事,于是,又给子善老师发了条微信:"陈老师,学刊做一期纪念专栏吧,我想写一篇回忆兼谈老吴学术的文章,一早上很难过。"

那天,是1月15日。

生死无情,时间更无情。现在,福辉老师"五七"都过了。按我们家乡的传统说法,老吴是彻底地到了另一个世界,与我们完全地阴阳两隔了。这一个多月里,我重新阅读了老师的一些著述,感觉有了点新的体会。可是,看过一些悼念文章后,更是发现,自己的那点体会,其实,相识或不相识的师友们已经谈得相当到位。而且,吴老师热情相待、倾心扶持的后辈可谓数不胜数,他们对福辉老师为人、为学的理解,尤其是对吴老晚年生活的了解,都超过我许多,也让我获益良多。我几乎都要后悔那天情之所至,主动要求写这篇文章了。

更后悔的是,福辉老师的集大成之作《插图本中国现代文学发展史》,我竟然延宕拖拉,没有及时读,错过了跟老师汇报心得、交流思想的机会。事实上,吴老师自己也非常看重这本书,他在《自序》中介绍"这部书的完成,真可谓一波三折"时,就开宗明义地说过"试想此书假若早几年写出,或许它只是一种陈旧的文学史加插图、加地图的东西,一种非驴非马、非旧非新、或形新而实旧的东西而已。而现在的此书,当然没有什么了不得的,正文之外的插图、表格也不是什么不重要,却色色样样都归结到一部含了新观念的,说得大胆一些,是身上可能包孕着一点未来因素的文学史上面去了"①。谦逊之中,期待知音的意思也溢于言表,而且吴老师或许还私下给了我信号。前年5月24日,他主动发来王德威的该书英译本序。我却茫然不觉,没有及时回复。唉!真不知自己当时因为什么而忙昏了头。直到去年3月11日,我才给吴老师转去了当天看到的李今大作《讲述现代中国文学场域的故事——吴福辉〈插图本中国现代文学发展史〉重读》,以作为某种迟到的回应。况且那时正值新冠疫情猖獗,我去信的重心是在"吴老师健康长寿啊!非常时期,您多保重!"因此,老师的回复也主要是"很久没通音讯了,我人在加拿大儿子这里,人老了,干不成什么事了,也不知何时能去上海见见大家。疫情终会过去,希望相识者都平安康健!"这段话,这个月我读了多次,为了努力想象吴老师那时是一种什么样的状态、什么样的心情。一向开朗达观的吴老师,终究还是开朗达观的,可惜啊,我当时只想到这一点,却没有太关注老吴"人老了,干不成什么事了"的叹息,我更不敢想,假如我主动地谈起他对中国现代文学发展史的描画,他是否就会像我记忆中的吴老师那样再次高谈阔论、神采飞扬。

这真是一部非福辉老师不能写出来的文学史。该书勒口上的作者简介写道:"吴福辉(1939—　　　),浙江镇海县(今宁波市江北区)人。生于江南上海,长于关外辽宁。"这是吴老师开讲自己的标配。在吴老师去年6月发

---

① 吴福辉:《插图本中国现代文学发展史》,北京大学出版社,2010,第3页。

我,我将其与悲悼文字同时转发朋友圈的《百年翩跹》一文中,他更详尽、清晰而深情地梳理了他们家族的百年迁徙史:"据家谱说,我们的根子是在延陵(丹阳常州之间),以后辗转至浙江四明之地等等","宁波就不一样了,它是我能见到祖屋的故乡呵。宁波的创业中坚是我曾祖父","曾祖父在眼见上海越发崛起的关键时刻(约上世纪二十年代),毅然决定了五个儿子的去向:三阿爷一家留守,二阿爷、小阿爷转移无锡,我阿爷和四阿爷奔赴上海","待我在黄浦江畔出生,家族的这次'大转移'已然完成。我从小的感觉,宁波人融入上海求得立足,就像从这个市区搬到那个市区那么熟习、自然","1949年底,上海解放才半年,父亲即应东北人民政府重工业部的招考,录取后编入第18会计招聘团,携全家转赴辽宁","我们家已经扎根在鞍山、沈阳,五代人构成大大小小十几个家庭;一部分后代能听懂上海话,满口讲的都已是东北话;我母亲所做的拿手宁波菜、上海菜,被有的小辈继承。吃食与穿戴两项糅入的南北习惯,成了我们这个具有多元文化因素的家族特色","1978年我考上恢复高考之后的首届研究生,来到北京。毕业后留京工作,开始了家族部分成员向又一个地域的转移","我这里又分出新的一脉,下一代和下两代的儿孙不断有考上北京学校而留京者,北京支脉有了雏形"。这之后,吴老师在文中很有自我意识地总结道:"在做上世纪三十年代中国现代文学史研究的过程中,发现了、挖掘了海派文学,触动了我对甬沪两地固有的'情结',调动起童年的生活记忆,写出了最早的海派小说研究专著。我从学术专业上仿佛踏上了一条回归之路。"①

这也是我这个月想得最多的关键问题之一,是吴老师一家和他个人在中国走南闯北的经历——而且吴老师喜欢旅游在圈内是出了名的。1998年的山西行中,我有幸和他一起登五台山、观壶口瀑布,更目睹他是如何一个兴致勃勃、熟知掌故和风土人情的最佳游伴。最近,又看吴老师河南大学的学生们回忆,他后来走遍了河南,也一直在很努力地走遍全国——使福辉老师对中国之大有特别深刻的感悟,国内各区域之间,各不相同,又各美其美。也正是这样一种空间感觉和空间意识,才可能使中国现代文学的发展在吴老师的思想中,将空间性的问题埋在时间性之下,而在他的笔下创生了

---

① 吴福辉:《百年翩跹》,《文汇报》2020年6月9日第12版。

"新的历史叙述空间,把过去线性的视点转化为立体的、开放的、网状的文学图景"。

当然,吴老师一生的履历中,最具有决定性的还是一头一尾。"一尾"是他以 39 岁"高龄"赴京求学,拜在王瑶先生门下,开始现代文学研究之路,也开始做一个北京学人,做一个"北京人"。"一头"则是他后来越来越自觉,也一直乐于强调的,"在上海受小学教育",长到 12 岁才离开上海。对此,吴老师写了不少散文进行感性回忆,也在一些论文里加以理性回顾。在我看来,相当完整的上海童年生活以及由此形成的童年记忆,实在是吴老师一生的"底子"(张爱玲的一大关键词)。虽然那是一个风雨飘摇的年代,他们吴家的"中产市民家庭的地位"也时有失落之虞,但是,作为上海根本底色的市民生活和市民文化,还是奠定了吴老师的"三观",尤其是趣味,无论在日常生活中,还是在精神气质和文学审美上,吴老师都"到底是上海人"。这在他的老同学赵园老师那里,20 世纪 70 年代末就有感觉了,而在吴老师早年的学术工作里,反而是潜伏在他对"讽刺文学"的津津乐道和对沙汀小说的深入剖析中。也是难怪,在 1980 年代早中期,虽也不是没有汪曾祺的作品、陆文夫的《美食家》等显得另类的文学,但当年的时代精神和文化风尚,显然还没有准备好一个合适的阐释框架来予以接受和安置,以至于阿城的《棋王》出世了,大家都还在一起或认真或忽悠地谈"道家"论"文化"。等到 1987 年,用我很多年来习惯了的一个说法,是随着大众、欲望和市场的崛起,以"新写实小说"风行文坛特别是王朔的作品风行全国为标志,世俗生活和市民文化的逻辑才终于"上得了台面"。1989 年,吴老师果然领风气之先地,也责无旁贷地连发两文——《为海派文学正名》和《大陆文学的京海冲突构造》。这两篇著名论文,对于吴老师个人来说,是不仅发展出了学术代表作《都市漩流中的海派小说》,也在事实上构成了他独到的现代文学史观念与图景的滥觞,而对我们这个学科来说,则开启了一个研究海派和上海文学的潮流。

我的硕士论文写的是作家钱锺书,但与风行一时的"钱学"文章多少不同,我希望是把钱锺书的文学创作放在 20 世纪中国乃至更具体的 40 年代上海的历史语境里进行解读,所以,吴老师的大局观和接地气我是非常喜欢的,而万寿寺初次见面他待我这个后学又是那样大气、和气、爽气,这让我对他既绝对佩服，又感到无比亲切，甚至还隐隐有点得意，因为吴老师渐渐地很把我看作他的忘年交了。记得，我在入了钱（谷融先生）门而又被安排在上海文化发展基金会工作的一年间，吴老师跟我有不少书信往复。当时，我的具体岗位是《每周文艺节目》报的记者和编辑，吴老师对这份工作的兴趣甚至超过了我自己。印象中，他说："你这是踩在了上海开始恢复都市小报传统的好节点，你是中国大陆新一轮小报热的先驱者啊，好好干！你应该专心做好记者，借此深入接触社会、认识上海，在读博之前有这么一年，有这么一份好差事，要是我还求之不得呢。"我也感觉到了，吴老师这么说，不只是为了劝我调整心态安心工作，他的那种兴奋感也的确是真实的。所以多年之后，吴老师和他的学生们投入那么大的热情进行小报研究，在我看来一点也不吃惊。让我多少有点吃惊的是，当我越来越投入小报的工作，一度以巨大热情搞了个野心勃勃的改版设想，并汇报给吴老师之后，他在回信里竟然说："假如这样的设想有可能实现，假如你愿意有滋有味地去落实自己的设想，那么，你不再读博也是一种很好的选择。"我是一个纠结的人，好在我的设想当然没有可行性，因此，1993年秋季我又按计划回校继续读书了。

现在，我在这个学校已经超过35年，从本科、硕士到博士，从当学生变成做老师，我的年龄，也已经超过我初次见到吴老师时他的年龄。一般都会说，也应该说，我作为"文革"中出生，在改革开放年代接受了正规完整的中学教育而后读大学、进入学术圈的一代人中的一员，总是比福辉老师以及他们的老师一辈要幸运得多，像吴老师在辽宁做了19年中学教员，像钱谷融先生在大学当了38年讲师，而我们，只要自己努力，时代、社会给了多少好机会让我们成长发达啊。可是，为什么新世纪以来我会时或想起吴老师那封信里的话，以至玄想自己的人生假如是另外一种选择。有的时候，我的回答是，那是因为我缺乏吴老师及他们那一代人那种坚忍不拔的意志，更缺乏他们那种刻苦勤奋的毅力，而且既缺乏他们那样的才华又很可能是眼高手低；还有的时候，我的回答又是，那是因为我还是想向吴老师们学习，无论做或者不做什么事，都得是发自本心的热爱，都得是出自公心的使命感，无论做或者不做什么学问，也都得是从自己的生活和生命里长出来的。当然，我并没有将自己今日之所是（所非）归因到吴老师或者谁那儿的意思，每个有选择可能的人，其实最终都活成了自己心底愿意、自己也舒服的样子，虽然恐怕他并不愿意承认自己也固然有不那么舒服的时候。而且吴老师的优势和魅力,有许多是我想学也学不了的,不必说魁梧的身躯、超强的行政能力,也不必说广博的学识、广大的朋友圈,单是吴老师的那种潇洒,潇洒地做人,潇洒地做事,潇洒地做学问,就是我不能望其项背的。

  比如这篇文章,我竟然写得如此之难,如此之纠结,不就是为了表达对吴老师的怀念之情吗?我对自己说,可另一个我又会说,怎么可以写得如此没有新意,这对得起吴老师吗?如此艰难地纠结之中写到了这里,我倒像是忽然明白了,就像当年吴老师说只要你乐意怎么都是对的一样,此刻远在天国的吴老师,还是会以他习惯的爽声大笑劝我潇洒一点:可以啦,文尖,赶紧打下句号不就成了吗?这又不是那年在淮海路……

  此文不足以怀念我心中的吴老师。

(《现代中文学刊》2021 年第 2 期)

知遇之恩:散忆吴福辉先生

北 塔

初次相遇

敬爱的吴福辉老师于今年1月15日在加拿大仙逝,学界很多他的朋友和晚辈无不痛惋。我一直想写点怀念他老人家的文字,但由于写作翻译任务重和某个内在的特殊原因,竟然拖了下来。最近,我因为要写论文而去现代文学馆库房查找茅盾先生收藏的外文书刊资料,意外看到吴老师捐赠给馆里的8000册书就码放在那些书刊旁边的书架上。睹书思人,我决定尽快动笔写作悼文。

我最早是文学馆的读者。我到北京的第一份工作是在北京理工大学外国语学院做教书匠,业余坚持文学创作研究与翻译,时不时去向博学鸿儒请教。有一次,我骑自行车去紫竹桥边昌运宫拜访翻译家江枫先生。当我沿着刚刚开通不久的西三环路往回走的时候,发现紫竹桥东北角有一处古建筑群。与昌运宫的高楼相比,此处显得低矮,从桥上望下去,尤其如此。但是,从两侧齐胸高的朱红墙壁,尤其是虎皮底座来看,它尽显不凡气势。我不由自主刹车探头望去,见红漆大门的一侧竖挂着一块白底黑字的大牌子,上书"中国现代文学馆"。我进去,碰到工作人员,一位姓孙的先生。他话虽不多,但简要介绍说,这处建筑叫"万寿寺",建于明万历年间,为明清两代皇家寺院,曾被慈禧太后用作行宫,现在是全国重点文物保护单位。文学馆是暂时寄居在此。他们主要收藏现代文学资料,专业人士可以借阅。

我在理工大学教的虽然是英文,但我的研究还是以中文为主,尤其是中国现代文学。我查阅资料一般是到附近的国家图书馆。但那时候的国图还残留着皇史宬的盛气,不以读者为中心,借阅手续复杂,复印费用畸高。我每去一次都懊恼后悔。而文学馆因为去借阅的人很少,所以基本上是一对一的服务,质量当然很高。记得当时负责借阅服务的是任海登先生,他允许我自己到光线暗淡的库房里找尘封的书刊。因此,从那之后,我时不时去文学馆借阅资料。

有一次,我在文学馆看到一幅讲座海报,主讲人是吴福辉,讲题是海派小说。万寿寺的后院有万寿阁,阁后的大禅堂,曾为住持讲经说法之地。文学馆继承这一传统,开展周末免费讲座活动,历来都向社会开放,显现了非常强的服务大众的理念。那是一个下午,我记好时间,早早地去了。会议室很小,人也不多,三教九流。吴老师并没有因此而减低讲学的兴致,相反,他兴高采烈,神采飞扬。他是文学地理学的开山鼻祖,这方面的功夫真是无出其右者。他对于穆时英、刘呐鸥等人的新感觉派小说中人物的活动路线和场景娓娓道来,比如,主人公从哪栋建筑出发,经过哪几条马路,到达的是什么样的场所,包括哪些建筑、场所,街道原来和现在的名字、样子,他都能说得清清楚楚,而且没有讲稿,没有幻灯片。这固然是因为他生长于上海,熟悉上海,但能如此说全道清的上海本邦学者恐怕寥寥无几,哪怕几十年在上海的也未必能,更何况吴老师其实早年就离开上海,到东北和北京工作生活了。

吴老师是典型的南北结合体。首先,他南人北相。高大挺拔,声音洪亮。他讲课甚至讲话,如"关西大汉执铁板唱'大江东去'"(俞文豹《吹剑续录》中描写的豪放派词中的苏东坡形象)。同时,他还有南方人的细腻、周到、整洁与文雅。鞋子沾上一丁点泥巴,他会立即用纸擦掉。我不止一次亲眼见过。其次,他的口音南腔北调,既有吴音又有东北腔,既软糯又硬朗,既婉转又铿锵。再次,他的文章风格既大开大合,又细致流丽。最后,他的为人处世既洒脱豁达,又温良恭俭。这是我最心仪的性格和风格。

人生伯乐

那次讲座结束之后,我趋前向吴老师请教。他虽然已经讲了一个半小时,但一点都不显疲态,更没有对我这样的无名小卒的一丝厌烦,极为耐心地回答我的提问。而后,他又兴致勃勃地跟我聊了一会儿。也许因为我的家乡苏州吴江毗邻上海,我呢,对上海及其作为现代文学发生场域的情况还有所了解,我俩聊得比较投机。其间我聊到了一点自己当时的苦恼:教学任务重,读写时间少。

从此,只要我去文学馆,只要吴老师正好在,我就会跟他聊两句。

有一次,吴老师把我送到大门口,说想看看我写的文章。他强调说是文章不是诗。我们约定了下次我去拜访他的时间,因为他不是每天都到万寿寺上班。

我按照约定的时间去了吴老师的办公室,很小很简朴甚至简陋的一个平房房间,到处都堆着书。我呈上我的学位论文和另一篇新文章。他让我坐在一个简单的沙发上。他说他有别的客人来,不能陪我多聊。我依稀记得,那位别的客人是我的另一位恩师吴思敬老师,我之前就认识,但我不好意思打扰两位吴老师谈事,所以,吴思敬老师莅临不多一会儿,我跟他寒暄了一下,就告退了。

没过多久,吴老师来电话,再次让我去见他。他说,他看了我的文章,感觉不错。接着他又说,文学馆新馆快要建成了,要新招一批员工,包括专业人员,问我是否考虑调过去。馆里会充分考虑我的专业兴趣,给我相对宽裕的时间做学术和搞创作。我惊喜若狂。惊的是吴老师与我非亲非故,却如此厚待我,如此同情并支持我的志趣,如此为我的前途着想。在当今社会,这种义举甚至有点让我觉得匪夷所思。要知道,像他这样的前辈学者,肯定有很多弟子,其中不乏秀拔者,他怎么会把绣球抛到我头上呢?喜的是,如果我调入文学馆,尽管在物质待遇甚至所谓社会评价上,馆员不如教师,但我可以从繁重甚至烦琐的教学工作中解脱出来,有更多的时间,在更专业的环境里,做我钟爱的文学,这是我一生所求啊。

憾事两桩

在我与吴老师的交往和共事过程中,有不少的遗憾。责任都在我。

其中最大的有两个。

第一个是我没能成为吴老师的及门弟子。吴老师曾在河南大学招收博士生。照理说,我是近水楼台。我也问过他。他说,河大要求博士生至少有一半也就是一年半的时间在学校里脱产学习。而这一点,无论是从单位的制度还是我个人的生活而言,都办不到。我只好放弃。但其实还有一种可能:那就是我干脆从文学馆辞职,到开封去做吴老师的全日制学生。但我当时畏首畏尾,怕毕业后回京有困难和麻烦(我居然曾做过一个回不了北京的噩梦)。我在学术上又比较懒散——更喜欢搞创作——对于创作者而言,能阅读古今中外的好书并能从中吸收营养就行。吴老师也宽宏地理解我的顾虑。所以,我终究没有能做吴老师的嫡传弟子。

第二个是我没有能走吴老师指出的学术道路。我曾帮助我老家苏州吴江区文联策划并举办"费孝通与文学"专题学术研讨会。我请吴老师给我们做主宾。他慨然应允,还提前认真写了篇文章,题目是《费孝通与我》,里面讲到费孝通作为社会学家的文学思维和他自己作为文学专家的社会学旨趣。我陪他南下,会议结束之后,也陪他看了一些当地的名胜,比如大运河、垂虹桥、费孝通纪念馆等。他一路上精神抖擞,跟我们聊了很多。其中有一个学术话题,就是中国现代文学中的市镇场景(他的原话,与"乡镇背景"有所不同)。他说,许多现代作家,比如茅盾、郁达夫、叶圣陶、艾芜、沙汀、吴组缃等都来自市镇,尤其是江南市镇,那些市镇的历史地理文化、风土人情到底对这些作家的思想人格和作品产生哪些影响,值得做综合深入研究。我连连称诺,附和说美国的市镇文学也很发达,从马克·吐温到福克纳,很多作家都出生于市镇,大写市镇社会。吴老师说,你来自江南市镇,就做这方面的研究嘛,可以从比较文学的角度进行。由于种种原因,主要是我个人的,这方面至今我的研究还是空白。我曾计划做一场市镇文学的专题研讨会,也没成。至于文学地理学,我更没去做。

总之,从20世纪90年代后期开始,无论是在我进文学馆之前,在我和吴老师共事期间,还是在他退休之后,他都对我栽培、关心、护佑,在各方面对我寄予厚望。比如,他希望我研究与管理双肩挑,但我能力有限,抱负单一,最多只能从事一点专业工作。比如,他希望我能更多地工于学术研究,但我至今还是一只文学三脚猫——创作、研究和翻译三方面都乏善可陈。真是愧对吴老师!愧煞我也!

(《北京晚报》2021年6月3日第22版)

夫子循循然善诱人
——我眼中的吴福辉先生

李世琦

今天(1月15日)早饭后,我像往常一样,照例发了一个朋友圈:"读书抗疫 黑塞论中国人、中国文化"。随后开始浏览各地动态,赫然发现"吴福辉先生去世"的消息,顿如晴天霹雳,一下愣在那里,因为1月9日,我刚收到他的微信:"惊闻贵市疫情又起,望兄遇难成祥!"再次去看,确实是这样。吴先生移居加拿大之前,在微信上和我道别,我曾说以后会面不易,他几时再回北京,我赶去和他见面。谁知就此而成永诀,令人有锥心之痛!我不禁想起那句"不知明天和意外哪个先到"的话,今天再次上演。

一

说起我和吴老师的结识,还得从《倾听灵魂》说起。2006年夏,我的第一本集子由大象出版社推出,朋友们提出应该搞一个出版研讨会。地点定在北大,随即确定了十多位发言嘉宾。当时,挚友李荣胜任中国现代文学馆常务副馆长,与吴老师是同事,我对吴老师仰慕已久,委托他代我请吴老师来捧场,他告我吴老师已应允。我那时还不认识吴老师,有点喜出望外。我随即打电话给吴老师,请他第一个发言,他谦让了一下答应了。发言时,吴老师以其儒雅的风度、渊博的学识娓娓而谈,给与会者留下了深刻的印象。我注意到他在我的集子上有许多批注、画线,显然他做了认真的准备。这是我和吴老师交往的开始。

那次会后,我打电话向吴老师致谢,并谈起我拜读他赠我的《游走双城》的收获,他说那就请你写篇书评吧。我把文稿写好后,先请他审阅,他说:"你的评论不应该让我看,怎么评价是你的权利。"在我的坚持下,他还是就技术问题提了意见,对文章表示了肯定。从研讨会初识,到写这篇书评,吴老师这位长我19岁且成名已久的著名学者，和我这样的无名后辈相处时的平易近人，让我大感意外，所谓良师益友，想必就是如此吧！

那之后，我称他"吴老师"，他叫我"世琦"。我们的交往日益密切，一方面通话的次数越来越多，且每次通话的时间越来越长，所谈的内容越来越深入；另一方面我去北京出差的机会比较多，几乎每次进京都要见他一次，在他家附近的小馆子小酌畅谈，或者相约去看看展览和话剧。这些年来，吴老师新出或再版的著作都会赠我，如《中国现代文学三十年》《中国现代文学编年史——以文学广告为中心（1928—1937）》《插图本中国现代文学发展史》，以及其编选的《萧红作品集》《沙汀作品集》《施蛰存作品新编》等，其中重要的几部我都写了书评，分别收在《批评的风骨》《涵泳经典》中。2010年，我的《批评的风骨》出版时，我也请吴老师作了序。友谊记录在彼此的作品里，淡雅却隽永，文人交往的雅趣，莫过于此。

记得有一次在吴老师的书房，他发现送我的书封底有折痕，便收了回去，调换了一本更好的，说："你是个爱书的人，一定要送你一本没毛病的。"我道谢之余不禁内心感叹：知我者，吴老师也！

二

随着交往的深入，我们都创造一起出行的机会，以便更深入地交流。回忆起来，吴老师创造的机会有乐山郭沫若研讨会、芜湖张恨水研讨会、考察南阳武当山之行，我创造的机会有黄梅禅文化高端论坛、考察三星堆之行、考察邯郸名胜古迹之行。我们共同出行的特点是都有很强的学术性，与通常的游山玩水大异其趣，于游览中及时、随意交流，以文会友的宗旨一以贯之，彼此都很放松、舒适。尤其在三星堆时出则并排而坐，住则同室而居，朝夕相处，无话不谈，其乐无穷！那时，谍战剧《潜伏》正在热播，吴老师非常喜欢，郑重向我推荐，我随着看了几集，也喜欢上了这部剧。他的追剧让我看到了著名学者热爱生活的另一面，他的生活是丰富多彩的。同时，我也看到吴老师严谨、勤奋的一面，那几天他白天游览考察、作讲座，比他年轻近20岁的我都感觉疲惫，他天天晚上坚持写日记，实在太疲劳，他第二天一定会按时间补上。他能够成为著作等身的大学者确实不是偶然的。

三

随着交往的深入，吴老师开始对我说起他的经历，使我对他有了进一步的了解。

他老家是浙江宁波，他出生于上海，青年时期迁居辽宁鞍山，师范毕业后开始任中学老师。改革开放后，人到中年，与钱理群等一同成为王瑶的弟子，硕士毕业后落户北京。这样的经历造成了他的"南人北相""南人北性"。他的身高大约1.80米，自幼热爱体育运动，体魄健美，长身玉立，气质儒雅，应该说是位美男子。即使在晚年，他一直喜欢穿牛仔裤，给人们的印象要比实际年龄年轻10岁左右。他的性格则融汇南北之长，有南人的细致、北人的豪爽。对于学术界的是是非非，他心里很明白，但很少见他疾言厉色。对于他当选、连任中国现代文学研究会常务副会长，他说自己是一个各方都可以接受的人物。

在待人接物方面，可以看出他处世的细致。大约十年前，在乐山郭沫若研讨会结束后，自贡师范学院邀请他去讲学，我陪他同去，主人在安排住房时征询他的意见，他先问我的意见，为了减少主人的费用，我说合住一间，他再回答主人合住。实际上在路途中，我们已经沟通过，通过这一无关宏旨的细节，可以看出吴老师处世的圆融。在第二天的讲座中，他给本科生、研究生讲基本功训练时，讲到他的父亲对他的影响。他的父亲是一位职业会计，为了记好账目，经过反复练习，把从0到9的数字写得非常工整、优美，他虽然硬笔字写得好，但写数字始终写不过父亲，以此提醒年轻人一定要打好基本功。

说到游历，吴老师也表现出其学者特色。他每次出行前，都会先做准备。他手里有一本文物出版社出版的《中国文物旅游图册》，每次出行前都要研究目的地周边的文物遗存情况，久而久之，游览了许多冷门但很有价值的景点，有的连当地人都不太知道。譬如那次自贡之行，路途中就游览了荣县大佛，到自贡后考察了自贡盐井、山陕会馆，还趁便参观了宜宾五粮液酒厂，收获颇丰。经吴老师推荐，我再到北京出差时，专门到沙滩文物出版社门市部购买了该书。后来，每次出行前，我也照葫芦画瓢，果然事半功倍，其乐陶陶！后来，我们去河南内乡县衙考察时，我建议顺道游览附近的宝天曼，景色清幽，游客甚少，印象很深，吴老师很高兴，说："这地方很好，我原来不知道，你怎么知道？"我笑言："这是跟您学来的。"

再如吴老师家族的本源，族中前辈说出自春秋吴季子，郡望在常州、丹阳之间的延陵，曾祖时迁居宁波镇海。后来吴老师利用出差的机会，通过踏勘、走访，搞清了家族在宁波的迁徙轨迹、在常州的祖居地，为撰写家族历史做出了贡献，为当地文史资料提供了趣闻。甚至在到访宝岛时，他亲自走访延陵堂，和歌星吴倩莲认了同宗，成为两岸文艺界交流的佳话。把家族史做成了学术，可见吴老师才情之一斑。当我后来去常州看到延陵路，看到浮雕《季子挂剑》，很快想起了吴老师，不禁会心一笑。

四

吴老师移居加拿大后，就我们的联系看，他的精神状态和健康状况比较一般，但他有自己的写作计划。开始因为图书没有开箱，只能写作短文。他生前最后一篇文章应该是2020年6月9日发表于《文汇报》副刊《笔会》的《百年翻跌》，写的仍然是家族旧事。文章旨在通过家族变迁以小见大，折射时代风云。他在文章一开头即开宗明义："居住在东南沿海一带辛苦讨生活的百姓，自古就与广大内陆的'安土重迁'传统不同，他们喜迁移，或曰在大潮之下不拒漂泊和转徙。现在我们已经可以看得分明，这是一股多么巨大的历史动力。"此类回忆百年风云的文章难免涉及敏感事件、敏感内容，不容易通过审稿，即使是吴老师这样的大家也是如此。吴老师在与我私下交流时流露出厌烦的情绪，我建议不管能否发表，先写出来，积累一个时期考虑出书，图书比单篇文章容易通过，他接受了。遗憾的是这个系列刚开了头，就成了结尾。

吴老师是学者兼作家，在认识他之前，最早引起我注意的是他的随笔，刚柔相济，文质并美，可见其学识的渊博、文笔的纯熟，我很喜欢读。在他众多的读者中，一部分人未必读过他的学术专著，却肯定读过他的随笔。我既喜欢他专著的博大精深，又喜欢他随笔的曲径通幽。

听说吴老师是在睡梦中安然离世的，享年82岁。这样的岁数，这样的告别方式都是可以接受的。但以他原来的身体基础，我一直以为他可以寿至百岁的。人生总有不完美之处，这是不以人的意志为转移的，古来如此，无可奈何!

　　最后以三联泣挽吴老师,聊寄哀思:

　　　　功德圆满,著作等身君遽去;
　　　　良友顿失,知音难觅我哭公。

　　　　立德立言数百万字,成就载现代文学史;
　　　　育桃育李六十春秋,遗爱在高等教育中。

　　　　异国异乡,叮嘱声声犹在耳;
　　　　同道同心,云天飘飘失范型。

(《藏书报》2021 年 2 月 1 日第 7 版)

饱满的生命和学术：
吴福辉先生及其海派文学研究

李 楠

2021年1月15日清晨，噩耗从冰天雪地的加拿大卡尔加里传来：我的恩师吴福辉先生突然病逝。用"晴天霹雳"形容听到此消息时的感受实不为过，因为之前不久还在跟老师微信联络，听老师兴致勃勃地介绍他的新居，规划即将开始的域外新生活。看到镜头中老师一如既往的开朗和阳光，由衷地佩服老师惊人的适应能力和不服老的乐观精神，哪里会想到这竟然是最后一面！如果按照民间说法，82岁倒也算高寿，而且老师是在睡梦中悄然离去的，不曾遭受病痛折磨，实乃福报不浅。但是，对于深爱老师的家人和亲朋好友，内心的悲伤必将长存，难以释怀。毕竟老师走得太突然，令人猝不及防，没有任何心理准备。老师最终选择那个遥远而陌生的卡尔加里作为长眠之地，致使这么多热爱他的亲戚、朋友、同事和学生们失去了为他送行和日后看望他的机会，不免留下遗憾。也许，依老师豁达的性格，即使远离故土，也不会感到冷清和寂寞，但愿如此，望老师安息。

一

记得老师病逝那天，同事们告诉我："各个微信群里都在感叹'吴老师好人啊！'能够在身后被学术界同事一致评价为'好人'者，其实并不多。"如今社会急功近利，名和利的"成功"几乎成为考量人价值的唯一标杆，为追逐"成功"而不惜突破道德底线者不在少数。因此，当下社会成功人士常有，"好人"却不常有，尤其在身后被业内同行集体称赞为"好人"者更是微乎其微。此生有幸成为德高望重的"好人"吴老师的学生，心中的自豪感不言而喻。我想，老师之所以能够在生前身后赢得尊重，原因在于他那宽厚仁慈、豁达通透的人格魅力。实事求是地讲，在做老师的学生这20年间，从未听老师议论过牵涉人事的是非短长。老师对于他认可的人或事儿,往往不吝赞誉。而对于他不认可的,轻轻带过,不予置评。老师常教导我们:"做学问和做人一样,要宽大。"宽大和厚道成就了老师的好性情和好人缘儿,凡是认识老师的人都会说:"吴老师平易近人,没有一点儿架子,温和又温暖。"即使遭逢势利小人,老师也从不计较,甚至以德报怨。用老师的话说:"我专注于现代文学研究,不会让那些无聊的人和事儿来打扰我,影响我的情绪,转移我的注意力。"老师视现代文学研究为生命,所有不利于做学问的因素都会被他轻易化解或者忽略不计。孙郁老师是吴老师相识多年的朋友,其评价一语中的,他说,吴老师是"超然中看文坛风雨,独思里觅人间诗魂","精神通达,笔趣温润"。是的,老师为人处世像他的文章一样,通透晓畅、温润平和,不纠结、不愤激,既宽大包容,又坚守底线。即使批评,也是同情的批评,绝非赶尽杀绝、不留余地。这就是老师赢得"好人吴老师"赞誉的原因所在。跟老师相知相交40多年的同窗好友温儒敏老师和赵园老师分别称赞他是"坚实而睿智"[1]"大度""有兄长范儿"[2]。可见,老师留给学术界同人的印象是老大哥一般的存在,宽厚仁慈,大度大气,有担当,但不缺乏智慧。

老师的宽厚仁慈、大度大气还在于他常怀同情弱者之心。老师长期负责《中国现代文学研究丛刊》,发现和帮助了不少优秀的青年学者或身处边缘的大学教师。老师曾经说过:"位高权重者往往不会体谅小人物的生存不易。即使他们也经历过艰难的爬坡阶段,但是,一旦掌握了权力,很少有人会记起小人物的困境。稍有不合自己的心意,就会动用权力,毫不留情地施行打压。他们的一句话、一个轻轻的举动,压在小人物身上,就是足以致命的大山。压得人几十年甚至一辈子难以翻身。"虽然老师也曾经属于所谓"位高权重"者,但是,非常难得的是,老师能够设身处地为弱势群体考虑,理解小人物的处境,从来不曾横加责备和埋怨,更不会落井下石。

很少有人知道老师除了学者身份,还是一位厅局级领导干部。可是,老师完全没有掌控权力的欲望,他从不把自己当作领导,不摆架子,不要威风,不欺负弱势小人物,不利用手中的权力谋取个人利益,更不会拉帮结派经营

---

[1] 温儒敏:《坚实而睿智的文学史家吴福辉》,《中华读书报》2021年1月20日第3版。
[2] 赵园:《悼吴福辉兄》,《中华读书报》2021年1月27日第7版。

江湖势力。学术界从来没有人把"吴老师"和"厅局级领导干部"联系起来,这是因为老师始终保持着纯粹的学者本色。老师常常自豪地说:"我的同学、同事、朋友们对我的评价是'老吴不像个当官的,完全没有官气和官派'。"在官本位的中国,有官职却无官架子、又同情弱势群体的官员少之又少,只有那些拥有悲悯之心、本质良善的人才会如此,老师就是这极少数中的一位。

总之,老师的人格魅力有目共睹,单是看那来自四面八方的唁电和悼念文章即可窥见一斑,大家一边惋惜老师的突然离世,一边追忆过往的点点滴滴,万般不舍之情跃然纸上。凡是跟老师交往过的同事、同学、朋友和学生,都是由衷地敬佩老师出色的学术成就和端方、温厚的人品美德,还有那积极的生活态度,以及出色的行政管理能力。

有些悼念文章讲到老师喜欢文化旅游、美食、收藏、下棋。我的学生读了这些文章之后,不解地问我:"吴老师这么'爱玩儿',为什么学问做得那么好?老人家莫非是天才?"老师是一位能够从生活中发现美的人,但说不上"爱玩儿"。老师一生的追求是为现代文学研究贡献出更好的成果,永远在为下一本著作辛勤耕耘着,其实,老师非常用功,有那么多优秀的学术成果做证。但是,老师并不认为学者必须足不出户、日日待在书斋里才算是勤奋努力。他所身体力行的理念是,在完成阶段性工作任务之后,应该多出去走走,去亲近大自然,了解社会生活,发现和享受生活的乐趣,开阔视野,丰富人生阅历。文学研究关乎人生,只有将学术和现实人生联系起来,才能做出有温度、有诗意、有价值的成果。当然,如果没有老师那样的天赋和才干,无法兼顾学问、行政事务、家庭生活和业余爱好,也就不可能像老师那样把平凡的日子过成诗歌。

老师读书、写作、处理行政事务的效率奇高,是一位时间管理高手。老师身兼数职,担任中国现代文学馆副馆长、负责《中国现代文学研究丛刊》和学会工作、指导博士生、讲课、兼任各种评审委员、参与社会活动等,如此繁杂的工作,丝毫没有影响老师做学问的质和量。而反过来看,做学问也没有耽搁其他工作。面对各种工作任务,老师永远能够做到举重若轻,游刃有余,从容淡定,有条不紊。这是老师的天赋,也是长期磨炼的结果。老师在一些回忆性散文中讲过,他是家中的长子,下面有四个妹妹和一个弟弟,从小就帮助母亲料理家务、带孩子。经常是一边帮妈妈撑毛线,一边管理弟弟妹妹;一边剥毛豆,一边照看灶台上烧饭的锅。小小年纪协助母亲把一个八口之家管理得井井有条。老师小学毕业之际,和母亲、弟弟妹妹们一起,跟随父亲告别了上海,响应祖国号召去支援东北,搬家到了鞍山。在这座北方钢都,老师读中学,读师范,做中学教师和中学教务主任,直到1978年考入北京大学。老师谈起在鞍山的中学教书经历时,除了语文教学方法和读书写作,对于如何做好班主任,颇有心得体会。老师认为,只要方法得当,不需要花费很多精力和时间,一样能把班级管理得井然有序。老师说,一般人的想法是,中学班主任最辛苦,起早贪黑,一刻不敢放松。他做班主任时,告诉学生的最重要的事情却是"非工作时间,不准去打扰老师。老师要读书、写作、备课、做家务,不可能把所有时间都奉献给班级"。虽然没有每时每刻紧盯着班级,老师却能做到最好,每一个最差的班级经老师调教,均能奇迹般逆袭为优秀班集体。不得不佩服老师的管理才能,颇有四两拨千斤之风范。时间过去半个多世纪了,老师当年教过的中学生早已步入暮年,他们每每回忆起那段岁月,依然对老师钦佩不已。记得老师不止一次说过:"我能够同时做几件事情,得益于小时候的家务劳动和做过中学教师的经历。在学者中,像我这样既能做事情,又能做学问的人,并不太多。有些学术表现很优秀的学者一次只能做一件事儿,任务一多就乱了阵脚。一来二去,逐渐产生畏惧情绪,于是,干脆放弃所有事务性工作,专心读书、写作。"可见,家庭成长环境和日后的历练不仅造就了老师宽厚、豁达的好性格,也培养了老师出色的才干。老师从来不曾抱怨过事务性工作和家务劳动侵占了他做学问的时间和精力,原因是,他擅长合理分配时间和精力,应付裕如,做学问和做事情两不误,不会落入手忙脚乱的境地。

今天,老师已经远行。回望老师的一生,追忆老师走过的路、做过的事,敬意和感佩充溢于心。老师一生中的前40年,从上海到东北,经历了从都市繁华坠入关外荒原的落差,遭逢各种政治运动,虽然没有遇上大的灾难,但也并非顺风顺水。天生乐观豁达的老师无论面对怎样的困境,总能在风雨中找到安身立命的角落,时刻不忘埋藏在心底的文学梦。即使在"读书无用论"横扫天下之时,他也不曾放松读书和写作,从未虚度光阴。终于在39周岁时,迎来了"科学的春天",跻身学术界,做上了准备半生的现代文学研究工作。由于前半生的磨炼和积累,加上老师的天赋和勤奋,在后40年的学术生涯中,无论是做学问,还是办杂志、做领导,都有杰出的表现,为中国现代文学研究和现代文学学科建设做出了重要贡献。有同学说,老师的一生没有一刻是碌碌无为,很圆满,很有成就。是的,如果说,性格决定命运是事实,那么老师事业上的成就与他心胸开阔、善良淳厚、乐观开朗有直接关系。老师自我要求高,但从不苛责别人,总能设身处地为他人着想,一生没有敌人,避免了陷入人事斗争的旋涡而影响学术研究。老师具有老上海人的专业精神,认真对待学术事业,无论外界环境如何变化,都不曾忘记孜孜以求钻研业务,力求在学术上日日精进,这是不变的奋斗目标。老师从小受父母影响,热爱生活,注重生活品质,但不追求奢华,在做学问和爱生活之间找到平衡点,把文学之美和生活之美结合在一起。老师虽然在陪伴家人、旅游、收藏、下棋上花费了时间,但并没有影响到做学问,反而有助于加深对学术问题的理解和认识。老师认为,文学是人学,生活也是艺术,做文学和文化研究离不开生活。老师认真对待生命和事业,不虚度、不彷徨,一步一个脚印,不追求完美,但尽力为之,把生活和学术之路走得越来越开阔。

二

老师这一代学者有一个共同的特点,那就是学术研究所关注的议题与生命经验密切相关,因此,他们的研究鲜活而充满生机,饱含着感情、责任和担当。老师曾经谆谆教导我们:"要融入你的研究对象。"在谈起为何钟情于海派文学研究时,老师说:"跟着父母家人离开上海的时候我年仅11岁,上海对于我却有着浸透骨血一般的余痕,并种下了我日后研究'文学上海'、研究'海派文学'的根子。"①1995年,第一部海派文学研究的奠基之作《都市漩流中的海派小说》出版时,老师在后记中深情地写道:"海派研究对于我,就如同踏上一次返乡的路途,这是圆我的一个残缺的梦","我谨以此书献给我的出生地。虽然出生地并非我的故乡,而且她可能早已辨识不出我的模样,无法接纳我(我也背离了她),但我们之间还是存着一份先天的亲情。这是人与土地的一种深深的维系","我的土地既不是黄土地,也不是红土地,

---

① 吴福辉:《石斋语痕》,河南大学出版社,2014,第29页。

甚或大漠荒原,却是水门汀！我的童年回忆便是雨后洁净如洗的方格子人行道,以及酷暑天滚烫的,柔软的柏油路面"。① 童年和少年的上海记忆成为老师一生的"乡愁",也是老师研究海派文学取之不尽的灵感和内在动力。

1981 年,当海派文学尚未被看好时,老师在没有任何依傍的情况下,独立认定《春阳》是施蛰存先生的代表作之一,给予充分肯定。那篇发在《十月》上的《中国心理小说向现实主义的归依——兼评施蛰存的〈春阳〉》一文,引起了学界的关注。1986 年,老师在《日本文学》上发表《中国新感觉派的沉浮和日本文学》,为新感觉派追根溯源。1989 年,老师在经历京派文学研究之后,对海派文学有了更为成熟的理解和认识。8 月,在《文艺报》发表《为海派文学正名》,旗帜鲜明地指认海派文学是中国城市现代化的产物,具有"现代质素",不可简单归入等而下之文学而了之。10 月,力作《大陆文学的京海冲突构造》发表于《上海文学》,此文荣获年度上海文学奖。1994 年在《文学评论》发表《老中国土地上的新兴神话——海派小说都市主题研究》,论述海派小说的文化风貌。1995 年,《都市漩流中的海派小说》问世,此书首次对海派文学进行定义,系统梳理海派文学发生发展的历史过程,归纳和分析海派作家和作品的审美特征,介绍海派文学期刊。熟悉海派文学的另一位海派文学研究大家陈子善老师曾给予高度评价:"福辉兄埋头旧书刊,爬梳剔抉,抉微发幽,发掘了多少'海派'作家和作品。……尽管这些作家的小说成就有高有低,文坛影响有大有小,但他们如何各自在人的主题尤其'现代人性'的文学表现上进行开掘、如何各自在小说文体先锋性上进行实验、如何各自在大众趣味和开放姿态的结合上进行探索,福辉兄对此都作了细致而又独到的分析,给予了不同程度的肯定。"②至此,曾经被长期遮蔽的海派文学终于得以整体呈现,中国现代文学研究增添了新的生长点,京派、海派文学研究的热潮来临。

《都市漩流中的海派小说》奠定了老师作为海派文学研究重要开拓者的学术地位,至今仍被"当作海派文学的入门书来读"③,除了合著的《中国现代文学三十年》,也是老师所有著作中收到书评最多的一本。此书每十年再

---

① 吴福辉:《都市漩流中的海派小说》,湖南教育出版社,1995,第 347 页。
② 陈子善:《吴福辉的"海派文学研究"》,《博览群书》2010 年第 11 期。
③ 吴福辉:《石斋语痕二集》,河南大学出版社,2018,第 184 页。

版一次,先后由三家出版社出版。此书出版之后,老师没有停下脚步,而是作为又一个起点,继续有关海派文学和文化的探索。1997年和1998年出版的论文集《京海晚眺》和《游走双城》,仍是关乎"京"和"海"的思考。在合著的《中国现代文学三十年》的上海初版和北京修订本中,老师第一次将叶灵凤、穆时英、张爱玲、徐訏、无名氏等人归入海派来叙述。之后,老师将先锋杂志、通俗画报及小报纳入视野,把镜头延伸至晚清小说、鸳鸯蝴蝶派小说,力图在一个更大的视野里重新审视海派,将海派研究引向深入。1998至2003年间,老师编辑出版了《予且代表作》《张爱玲代表作》《施蛰存短篇小说集》《施蛰存作品新编》等海派作家作品资料。除此之外,先后发表了与海派相关联的理论文章数篇,其中有影响力的包括《中国自由主义文学的评价》(1998年6月,发表于香港中文大学中国现代文学研讨会)、《中国左翼文学、京海派文学及其在当下的意义》(1999年8月,发表于韩国第十九届中国学国际学术会议)、《海派的文化位置及与中国现代通俗文学之关系》(2000年12月,发表于韩国第六届中国现代文学学会国际学术会议)、《阴影下的学步:晚清小说中的上海》(载《报告文学》2003年第1期)、《多棱镜下有关现代上海的想象——都市文学笔记》[载《湖北大学学报》(哲学社会科学版)2003年第4期]、《海派文学与现代媒体:先锋杂志、通俗画刊及小报》(2003年11月,发表于台湾中正大学"文学传媒与文化视域"研讨会)、《关于都市、都市文化和都市文学》(载《上海师范大学学报》2007年第2期)等。

老师经过对海派文学、都市文化、现代媒体、晚清文学和通俗文学之关系的考辨,对于现有的中国现代文学史有了更为深刻的认识。2006年发表在《中国现代文学研究丛刊》第1期的《"五四"白话之前的多元准备》,是对当时学术界存在的要求重新规定现代文学史起点的声音所做出的回应。2007年7月至2008年3月,老师在《文艺争鸣》发表系列文章,参与又一轮的"重写文学史"讨论。这四篇文章分别是《寻找多个起点,何妨返回转折点——现代文学史质疑之一》《消除对市民文学的漠视与贬斥——现代文学史质疑之二》《"主流型"的文学史写作是否走到了尽头?——现代文学史质疑之三》《为真正的教材型文学史一辩——现代文学史质疑之四》。距离这些文章的发表时间,已经过去13年,今日读来仍然深受启发,不失为探讨文学史写作的重要参考文献。至于具体内容,在此暂不赘述,单是看题目,想必能够明白老师的核心观点。

作为创造了文学史奇迹的《中国现代文学三十年》的作者之一,老师对于文学史的观念和书写策略有深入的了解。在谈到海派文学研究带给"文学史"写作的影响时,老师有切身的体会:"海派文学的研究视野一旦打开,我们就能清楚地看到非主流文学和主流文学相向而行的文化态势。更多的非主流作家和主流强势的左翼作家一样,得到了注目。现代文学史上一时间独尊现实主义,而忽视甚至排斥现代主义(一整打的形形色色现代派)的流弊,提到我们受到的外国文学影响单单指向 19 世纪的欧美,而不愿同样看到 20 世纪欧美的偏见,都由此发生微妙的转变。其他如文学与电影等艺术的关联、与通俗文学、与大众化的联系,也都相继引起注意。商业化的文学再不是单纯的罪恶之渊薮。海派研究牵一发而动全身,在一个方面带动了文学研究的整体变动。"①可以说,是因为受到海派文学研究的启发,老师有了更多更新的文学史写作思路,中国现代文学史的结构在老师的脑海中变得更为开放和立体化。2010 年 1 月,北京大学出版社隆重推出《插图本中国现代文学发展史》,这是老师以一己之力完成的一部大书,也是一次文学史写作的大胆探索,是老师进入海派文学研究之后,十几年积累的围绕文学史思考的结果。

"插图本"因其结构新颖和资料翔实,甫一面世,即好评如潮,钱理群老师称赞此著"是集大成,又是新的开拓"。此书体现了老师所倡导的"合力型"文学史新见,消解了以一种理念统摄全局的"主流型"文学史认知和书写模式,把过去线性的视点转化为空间的、开放的、网状的文学景观。而且,"不仅仅有文学视角,也有广阔的文化视角——出版文化、教育文化、政治文化、市民文化、乡土文化,等等;文学视角与文化视角紧密交织在一起","图像、图表、地图、文字、数字等联袂互动,构成一个立体化的文学史叙述模式,真实而全面地反映出现代文学的历史复杂性"。② 总之,这是一本全新面貌的中国现代文学史,其创新性、丰富性、流动性和多元性赢得了海内外同行

---

① 吴福辉:《石斋语痕二集》,河南大学出版社,2018,第 184 页。
② 秦弓:《走进历史的深处——评〈中国现代文学发展史〉(插图本)》,《文艺争鸣》2010 年第 7 期。

的高度评价,目前已被翻译成英文、韩文、俄文、越南文、哈萨克斯坦文、吉尔吉斯文等6种文字,未来将会陆续被翻译成更多种文字,在更多个国家出版。英文版由英国剑桥大学出版社出版,哈佛大学王德威教授为之作序。平心而论,《插图本中国现代文学发展史》之所以能够从数以百计种中国现代文学史著作中脱颖而出,受到海内外同行的重视,原因在于它打破了早已僵化的传统文学史写作模式,将文学看作充满了文本内外因素的文化生产场域和生态场域,视现代文学的发展为各种话语、媒介领域、政治立场之间持续相互作用的过程。这种文化研究关照下的文学史写作思路其来有自,可以追溯到1995年老师出版的《都市漩流中的海派小说》,该书正是从产生了海派的大马路(南京路)开始论述,在都市中观察海派文学,不是单纯地围绕文本论述,而是将文化环境、媒体运作、读者市场等多种因素纳入视野。正如陈子善老师所言:"可以毫不夸张地说,老吴的海派文学研究在海内外现代文学研究界处于领先地位,也是他的现代文学史研究必要的准备、补充和深化。"[1]

以上是对老师的海派文学研究的简单回顾,老师的海派文学研究动因来自生命体验和对民国时期上海文化的切身感受。海派文学研究带给了老师对文学史的再认识,从与钱老师、温老师合著的《中国现代文学三十年》,到老师独立写作的《插图本中国现代文学发展史》,中间因为经历了海派文学研究,两部文学史的面貌全然不同。如果说前者是传统文学史写作模式的典范,那么后者则是开放式文学史的成功尝试,就目前海内外的评价来看,二者都是中国现代文学史写作历史上的美丽的收获。老师一生著述丰厚,且不论其他成果,单是《中国现代文学三十年》(合著)、《都市漩流中的海派小说》和《插图本中国现代文学发展史》这三本书,已经是了不起的成就,担得起学界送给老师的称号——"文学史专家""海派文学研究开拓者""海派文学研究专家",的确如此,名副其实。

三

如今,海派研究已是一门显学,自1990年代以来,在中国现代文学研究

---

[1] 陈子善:《文学史家老吴》,《南方文坛》2018年第3期。

领域,有关海派文学和文化研究的学术成果层出不穷,蔚为大观。当然,对于"海派文学"的定义也是见仁见智,丰富多样,不同人有不同的理解和定义,其中以吴老师给出的海派文学的解释接受度最高。老师早在1989年发表《为海派文学正名》这篇文章时,已经有了自己的界定:"所谓海派文学,第一,它应当最多地'转运'新的外来的文化。而在20世纪之初,它特别是把上一世纪末与本世纪初之交的世界最近代的文学,吸摄进来,在文学上具有某种前卫的先锋性质。第二,迎合读书市场,是现代商业文化的产物。第三,它是站在现代都市工业文明的立场上来看待中国的现实生活与文化的。第四,所以,它是新文学,而非充满遗老遗少气味的旧文学。这四个方面合在一起,就是海派的现代质。符合这样品格的海派,只能在20年代末期以后发生。那就是叶灵凤、刘呐鸥、穆时英、张爱玲、苏青、予且诸人。"①虽然他们的文学流品,有高下之分,但都具备了上述定义的海派属性,是海派文学。显然,海派文学不是晚清小说,也不是以鸳鸯蝴蝶派为主体的通俗文学,是"五四"以后成长起来的、接受过新式教育的现代都市儿女所创作的文学,具有现代都市的性格、习惯和情绪,保持开放的文化态度。

老师定义下的海派文学不包括晚清小说和通俗文学,仿佛跟早已约定俗成的"海派文学"有所出入。为此,老师在不止一篇文章中对海派文学和通俗文学的区隔与关联做过详细而精到的分析,明确指出:"鸳鸯蝴蝶派文学同海派文学,不是源与流的关系。就像民国旧文学不能自然过渡为新文学,鸳鸯蝴蝶派也不能自然延伸出海派来。"②原因是,"鸳鸯蝴蝶派的小说不肯与明清小说作彻底的决裂","而五四小说是彻底移植西洋小说的结果",海派文学属于"五四"和"五四"之后的新文艺范畴,所以,海派文学不包括通俗文学。这样的观点也许会引起质疑,因为通俗文学中有一些作品在艺术技巧上有对西方小说的模仿和搬用,而且,通俗文学所表达的某些主题看起来也有"现代性"。那是因为民国时期社会风俗接受了西方文化的影响,而通俗文学描述的主要内容就是社会风俗。社会风俗是通俗文学和西

---

① 吴福辉:《都市漩流中的海派小说》,湖南教育出版社,1995,《导言 为海派文学正名》第3-4页。
② 吴福辉:《多棱镜下》,人民文学出版社,2010,第18页。

方文化发生关系的中间环节。① 至于通俗文学作家模仿和搬用西方小说艺术形式,的确是事实,但与海派文学的移植不同,仅流于表面而未接受其内在的精神。

老师在区分海派文学和通俗文学时,所依据的另一个重要事实是,这两种文学形态发生的都市空间不同。上海既有华界又有租界,二者的文化氛围不同,华界和华洋过渡地区是鸳鸯蝴蝶派赖以生存之地,以二三十年代的南京路和霞飞路(今淮海路)为代表的租界中心则是海派文学的诞生地。不同的生存环境和生活方式,带给它们对都市文化的感知是不同的。海派文学"注重和张扬个性,领会都市的声光影色,感受物质进化带来的精神困惑与重压,进而提出人对自我的质疑,等等。鸳鸯蝴蝶派的现代感觉大大落伍,慢了不是一个两个节拍,它们是不能混同的"②。

老师从中国都市文化的特殊性出发辨析通俗文学和海派文学之差异,其意义在于,由此看清了通俗文学和海派文学不同的出身、审美趣味、读者接受群体、生产方式和市场机制,进而建立了不同的价值评判体系,为那个长期悬而未决的如何评价通俗文学和通俗文学如何进入现代文学史的问题,提供了有价值的思考路向。当然,这也是以五四新文学为主线的现代文学史观的体现。

以上是老师对于海派文学的界定,除此之外,老师研究海派文学的其他显著特征包括:从生命经验出发,将个人的认知和感悟融入研究对象;从海派文化的历史变迁切入,在都市空间中审视海派文学,从而发现"京海冲突结构"是中国现代文学和文化发展变化的内在动因。

前面已经讲过,研究海派文学对老师而言,是一次返乡的旅程,是童年和少年生活的回忆。老师无论是解读海派文学作品、搭建论述框架,还是升华主题,都会情不自禁地把自己的人生经历和感悟带入其中。比如,老师小时候在上海的家多次搬迁,随着父亲薪水的变化,从"上只角"逐次下降,直到落入"下只角"。在这个搬迁过程中,老师见识了上海不同区域市民的不同生活面貌,了解到中国都市文化空间和市民社会形态是多元的、分层的现

---

① 张赣生:《民国通俗小说论稿》,重庆出版社,1991,第5页。
② 吴福辉:《多棱镜下》,人民文学出版社,2010,第20页。

实。① 由此提出,考察都市文化,自上而下或是自下而上,观察点不同,得出的结论是不同的。这是有关研究方法的重要提示。再比如,老师分析张爱玲作品时,对照自己的上海经验,发现"张爱玲谈吃不灵光",不了解上海普通市民餐桌上本土性和开放性兼具、"海纳百川"的特征,有以偏概全之嫌。谈吃不灵光的张爱玲却是一位名副其实的服装专家,对穿衣着装的理解颇为到位,张爱玲的审美眼光不俗。② 另外,老师认为张爱玲擅长写婚事,能够把一场婚礼牵涉男女二人、两家以及姻亲们在钱财、门户地位、人与人的关系的种种变动,写得深长微妙。联系中国人的婚事和婚礼内含有价值观、时代感、社会风俗等丰富内容,老师看到了张爱玲的社会批评性并不弱。③ 类似的例子,还有很多,不再一一列举。总之,老师这种将生命体验融入研究对象的解读,少了不少隔膜,多了许多真切,有实感、有温度,增加了历史感,提升了说服力,不失为一种有情的学术书写。

同样是拜人生经历所赐,老师年纪很轻时就深切感受到了中国南北、城乡之间所存在的巨大差异。对这种差异的观察和思考,构成了海派文学研究的重要理论依据,被老师称作"京海冲突结构"。老师说:"'京海冲突构造'的概念,来源于长期对中国经济文化不平衡性的感受,是自少年时期冷丁离开繁华沪地到了严寒东北市镇就一直隐隐环绕我灵魂的实际生活体验,在强烈接触了京海派文学之后自然提升出来了。"④老师开始海派文学研究的切入点是上海近现代都市文化形成和变迁的历史过程,这是海派文学赖以生存的文化环境。而这个文化环境本身则充满着可以用"京海冲突构造"来概括的新与旧、传统与现代、中与西、南与北、城市与乡村、沿海与内陆等几对矛盾,它们相互交织、融合、纠结、共存,构成了近现代上海这座中国都市的文化底子,经由海派文学呈现出来。因此,认识到这个层面,就可以顺理成章地理解海派文学的精神特征,也明白了为什么是张爱玲代表了海派文学的最高成就。接着,老师由海派继续推进:"京海冲突结构"不仅限于京派文学和海派文学,它"包含了中国基本的文化冲突的内容,如传统与

---

① 吴福辉:《多棱镜下》,人民文学出版社,2010,第69页。
② 吴福辉:《石斋语痕二集》,河南大学出版社,2018,第72-75页。
③ 吴福辉:《石斋语痕二集》,河南大学出版社,2018,第79页。
④ 吴福辉:《春润集》,复旦大学出版社,2012,第59页。

现代、西方与东方、革新与保守、都市与乡村、正变与歧变,等等"①。这是中国社会发展不平衡的现实,也是中国文化的特征。至此,"京海冲突结构"作为一个事实、一个观察视角、一种研究方法,获得了提升,从京派、海派文学研究扩大至中国现当代文学。这就是发现"京海冲突结构"的价值和意义。

综上所述,老师的海派文学研究所彰显的特征集中体现在三个方面:一、研究对象锁定在20世纪20年代至40年代上海的部分文学和作家;二、把个体生命经验带入研究对象,学术研究因此而变得鲜活、生动,富有触手可及的质感和人文气息;三、引入"京海冲突结构",揭示"中西杂糅、新旧交错"是中国都市文化的本质,由此发现海派文学的精神特征,并将海派文学研究生发开去,扩大至中国现代文学和文化,从而升华了海派文学研究的价值和意义。"发端于上一世纪末、本世纪初的中国大陆的京海冲突,并由此提出的文化重造的命题,是中国几代文学家为之感奋,并有其历史正确性的。海派存在的价值,正是由它来提醒我们,现代文明在中国只能经过京海冲突的曲折历程,才能逐渐建立。"②

通过梳理老师的海派文学研究成果,分析研究特征,看到了老师寄托其中的文化重建的思考和期待。老师在《都市漩流中的海派小说》中的结束语令人感动,抄录如下,与诸位老师和同学共勉:"我不认为现在有必要去消解海派和京派。相反,或许倒应该继续独立地发展中国的区域文化,使它们不断检验自己文化的现代品质,加强引进,加强渗透,激发内部的矛盾冲突,包括由海派的存在而挑起的各种冲突。只有这样,中国文化、中国文学的现代'重造',庶几有望。如果一代人两代人做不到,至少我们应当肩起沉重的闸门,放21世纪的后代到光明的地方去吧?!"③老师写下这段话的时间是1994年,27年前了,今天读来仍然发人深省。21世纪来到了第二个十年,老师已经离去,留下的问题将长久存在,值得我们去思考、去努力。

时间过得飞快,转眼间,老师病逝已是两个月前的事了。两个月中,我重新拿起老师的书,从头至尾认真阅读、仔细品味,思索老师走过的道路,领会老师的学术思想。老师这一代学者,与生俱来就有知识分子的责任和担

---

① 吴福辉:《春润集》,复旦大学出版社,2012,第60页。
② 吴福辉:《都市漩流中的海派小说》,湖南教育出版社,1995,第318页。
③ 吴福辉:《都市漩流中的海派小说》,湖南教育出版社,1995,第320页。

当,对他们而言,做学问是在寻找个人关于人类、国家、民族、文化的思考的答案,寄托着理想、梦想和情感,与生命经验紧密结合,跟当下单纯为适应管理体制的"做项目"完全不同。他们各自因人生经历和审美追求不同,关注的具体问题不同,有的关注国民性改造,有的关注知识分子问题,有的关注传统文化的命运,等等。吴老师所关注的是中国文化的建设和重建。老师的海派文学研究表面上看是乡愁,其实是对中国文化的深度思考。老师期冀透过研究中国都市文化的历史,发现当下的问题,找到未来的出路。老师留给我们的那本颇具海派色彩的《插图本中国现代文学发展史》仿佛是一个隐喻,它所展示的文学史面貌是开放的、立体的、多元的,文化原本就该是这样,只有如此,才能永远保持勃勃生机。

老师走了,这是事实,每个人终究将离开这个世界,早或晚而已。我们常说,生命的价值不在于长度而在于宽度。但是,对于人文学者来说,长度跟宽度一样重要,因为做学问需要积累。老师在这世上待了八十一年零一个月,留下了美好的声誉和学术论著,可以说,是圆满的。至于太多学界同行遗憾老师的突然离去,那是出于对老师的热爱,好人总是被希望活得更久一些,老师是好人,也是好学者。老师拥有一颗宽厚仁慈的悲悯之心,温暖对待世界,对待世界中的家人、同事、同学、朋友和学生。老师坦然面对现实,从不计较个人的挫折和苦难,永远保持着乐观但不盲目的进取精神。老师的生命样态像他的文字一样,饱满、充实、温润、生动。老师走了,再也听不到他那爽朗的笑声了,如果想寻找老师的影子,那就认真地读老师的书吧,那是老师留给世界最好的礼物。

(《现代中文学刊》2021年第2期)

宽和笃雅的吴福辉先生
——记我与吴馆长的五次接触

王 雪

第一次看到先生,是在中国现代文学馆的图书大库,那时我正参与筹备文学馆C座的文学史展览,为搜集图片、内文、图书封面等资料经常进出大库,库管员时为大门口王师傅的女儿贤英。犹记得大库的窗子很大,透进来和煦明媚的阳光,阳光里一位英气十足的老者正在桌上翻书。王贤英虽比我年纪小,却是"前辈",比我早工作很多年,老者称她"小王",小王称老者为"吴馆长",二人如祖孙般,亲切地说些话。偶尔,"吴馆长"也会来食堂吃午饭,他个子真高,背个大单肩包,自己端着饭盘,盛好后坐在饭桌前大嚼,很洒脱的样子。问过"小王"才知道,此人竟然就是大名鼎鼎的吴福辉。孤陋的我之前只知道他是《中国现代文学三十年》的作者,还不知他半辈子都在文学馆工作。吴馆长那时是为了写作《插图本中国现代文学发展史》查找资料和搜集图片,在大库伏案好一段时间,向"小王"了解了不少当时馆藏图书管理的情况。后来,听说他提出自己捐的图书直接进入大库,而不是进入文库(图书大库借阅手续相对简单,更方便读者;图书文库保存条件更好,借阅相对麻烦),我猜这个行动是吴馆长在那时候"田野调查"基础上做出的选择。他身上扑面而来的是大学者气,没有什么"官味儿",这是当时最深刻的感受。

第二次见到先生,是梁海春副馆长负责文学馆工作的时候。当时举办文学展览苦于没有专业人员指导,梁馆长出面请吴馆长出山。吴馆长就真的来了,带着那厚厚的一叠展览脚本,开宗明义表示自己只提出这一遍意见,其后怎么修改、设计、布置,他不再发言,然后开始一页一页过,一条一条提意见,我一项一项记录,心里的敬佩就甭提了!一上午的改稿会结束,吴馆长拿出了几本《石斋语痕》题字送给在座的几位,我也有幸得到一本,时间是 2015 年 3 月 31 日,上面还钤了"石斋语痕"的印章。怀着崇敬的心情请求和吴馆长合影,他爽快答应。这天中午大家一起在食堂用餐,问起他带博士研究生论文选题的情形,他说"反正跟我读,写什么都自由,但写海派就容易成功",然后爽朗地大笑。

  第三次见先生是有一年的春节,我跟计蕾主任去华威北里小区看望老作家,出来后在院子里竟然撞上了吴馆长。呼呼的北风里吴馆长一个人显得有点落寞,并且忧心忡忡的样子。他跟计主任说自己正在整理藏书,挑出一批文学馆馆藏里已经有的,捐给辽宁鞍山的母校,同时还在整理书信。书信太多了,他要一一甄选,将没有价值的、不适合公开的都挑出去,这个工作量真大。计主任说:"您别这么忙活了,这也不是着急的事,慢慢干,不行我派个人帮您整理。"吴馆长未置可否。最后看来,他还是亲力亲为地做完了所有的甄选工作。

  第四次见先生就是和同事一起去他家里拉书了。我们装备整齐,穿上工作服,戴上帽子、手套、口罩,拉着无数的纸箱,挥舞着裁纸刀割胶带,在吴馆长家里大干起来,把他几个屋子里的图书"扫荡"一空。这天是 2019 年 4 月 15 日,我还在朋友圈里记述:"今天到吴福辉老师家打包他捐赠的第二批书,共 37 箱。吴老师再见仍是那样高大,声音洪亮,气色不错,只是清减了许多。他就要远赴加拿大一享天伦了,石斋会想念它的主人吗?"想来这是吴馆长做完肠胃手术后不久。我们在屋里搬书时,他就在书房里向计主任一一交代那些宝贝——书信,吴老师整理了一份详细的目录,还有一些情况说明,都写在一张白白的纸上,他跟计主任逐封核对,直到我们装箱完毕。

  我在书架上发现了一本全新的《中国现代作家大辞典》,这本由吴馆长任副主编的辞典出版于 1992 年,早就绝版了,其内容非常准确,编排极其合理,当时征集部所有同事共用计主任珍藏的一本,都快翻烂了。见我面露想要之色,吴馆长立即从最顶层取出一本,题词赠送。我还在他的书桌上看到很多小石头和非常多的兔子摆件,问起来,吴老师谈兴很浓,说自己受李準的影响看石,后来就自己访石、问石,往卧室和书房摆了很多石头,于是居所就叫石斋了。至于兔子摆件,那是因为他属兔,晚辈们就送他一些,他很喜欢。吴馆长说着高兴,又送了我一本新版的《都市漩流中的海派小说》。这天我的收获太多了,后征得计主任同意,回送了吴馆长一只老北京的兔儿爷,聊表寸心。

　　第五次见先生则是四个月后,吴馆长去加拿大前终于和我们商定了拍摄传记片的时间。那大概是8月底的一个周末,正是炎炎夏日,吴馆长没让我们跑到他家,而是自己来到文学馆参加拍摄,访谈人是他的女弟子尹诗。共拍摄了两天,我从头听到尾,仿佛享受了两场高端学术讲座。吴馆长逻辑清晰,声音洪亮,话语极有感染力,充满感情。我深深记得他说的两点:一是人群中总会有一小撮人喜欢文学,要做文艺青年、文艺中年和文艺老年,文学是边缘化了,但不会消失,这个时候正适合坐冷板凳,静待文学热起来;二是现代文学馆一直存在搞行政和搞研究两支队伍,这不是一天两天了,做领导的应当一碗水端平,用心调和。

　　第二天访谈间隙,吴馆长摘下眼镜休息时,我坐在旁边突然发现他眼镜的一条镜腿翘起来了。常戴眼镜的人多少会知道,这样不平很容易导致眼睛疼和头疼,我一时手痒难耐,拿起来左右掰弄,希望能调整好。谁知吴老师的眼镜年久,材质也和我们戴的不同,我刚一用力镜腿就"啪"的一声断了!当时我就傻眼了,瞅向吴馆长。他没有丝毫愠色,叮嘱快找胶布缠上,糊弄完拍摄再说。倒是计主任给我打圆场:"硕士、博士都不算什么,现在正式授予你大力士学位。"吴馆长也笑得很开心。

　　那天我一直过意不去,拍摄完成后,借着送吴馆长回家的便当,拉着他去了潘家园眼镜城,在一家相熟档口给吴馆长重新配了一副他们那最好的眼镜。吴馆长非常配合地坐在那里验光、测瞳距,一瞬间,有种亲切的情意涌上心头。吴馆长告诉我因为朱珩青老师还在睡午觉,他就不招呼我上楼喝茶了,然后坚持把我送到天桥旁挥手告别。这幅画面就一直留在记忆中,仿佛还在昨天。

　　后来为了辅助完成《中国现代文学馆与我走过的路——吴福辉先生访谈录》的编辑,我将文学馆所藏吴馆长写作的书都借出来拍摄,借此机会,遍读了这些书,其中《带着枷锁的笑》、《京派小说选》和《沙汀传》给我留下了深刻的印象。吴馆长的学问是带着深情的,带着人间烟火气的,风格是爽快的、明朗的、津津有味的,尤其是《京派小说选》的那篇序言《乡村中国的文学形态》,深入浅出、鞭辟入里,读得我大气都不敢出,太精彩了。

　　就在吴馆长去世前一天,我们开组织生活会,小组里很多是来馆工作二十多年的同事,不知为什么突然就聊起了吴馆长,大家谈论起他退休那一段时间的事情。第二天,唁电就如雪片般飞来。北京大学中文系说吴馆长"风清气正,机智有情,流而有节,惠学及仁";清华大学中文系挽联称吴馆长"生活有趣味","人情真练达","学术无偏至,京海雅俗齐物论,赏鉴最中肯,名著岂止'三十年'";中国人民大学文学院现当代文学教研室的唁电中说吴馆长"精神通达,笔趣温润,文通京海血脉,书解南人北人。其文美,其思广,其人真。超然中看文坛风雨,独思里觅人间诗魂"……这些中肯的言语,再加上宫立老师的敦促鼓励,使我不揣浅陋,记录下自己有幸与吴馆长的五次接触。

(《名作欣赏》2021 年第 2 期)

论吴福辉的"大文学史观"
——谈《插图本中国现代文学发展史》

杨 伟

吴福辉是我国著名文学史家,对现代文学发展有重要贡献。1980年代中叶,他步入现代文学研究学界,对张天翼、沙汀等的讽刺小说格外有兴趣,显示了他对文学接受"现象"的特别关注。后来因为参加北大的现代小说史研究项目,分配给他的是1930年代小说史,这是他转向"研究的契机。这个多卷本小说史的集体项目后来无疾而终,只出了陈平原的一本晚清小说史,其他都未能完成。但吴福辉也大有斩获,借此在1930年代文学海派小说"特别是通俗小说方面下了很大功夫,先后出版了《带着枷锁的笑》《沙汀传》《都市漩流中的海派小说》等一批专著,成为"海派小说"研究的标杆性的学者。这一段研究可以见到吴福辉的研究有意瞩目边缘,想由历来所"公认"的文学史"中心"往外拓展。这大概是后来他形成"大文学史观"的一种酝酿。

还有,吴福辉参与写作《中国现代文学三十年》(与钱理群、温儒敏合作,最初还有王超冰),对他的学术历练以及"大文学史观"的形成,亦有直接的关系。《中国现代文学三十年》初版成书于1987年,吴福辉负责20世纪三四十年代小说部分,他率先把"洋场小说"(徐订、无名氏等)写进文学史。1997年《中国现代文学三十年》修订,改由北京大学出版社出版,专门列出"海派小说"的专节,以及三个十年都安排一章"通俗小说"。到2016年第三次修订时,一般人可能不太注意,其中三章"通俗小说"易名为"市民通俗小说",所收作家作品数量以及评论的篇幅都增加了。而这部分的写作,主要是吴福辉完成的。至此,吴福辉对于以"海派小说"为核心的现代通俗小说研究,已经形成他自己独有的格局。就在《中国现代文学三十年》第三次修订完成前后,吴福辉雄心勃勃开始了他的《插图本中国现代文学发展史》的写作。紧接着,又和钱理群、陈子善合作编写了《中国现代文学编年史——以文学广告为中心》。他的"大文学史观",就是在这两本书的写作过程中提出的。这是吴福辉对现代文学研究的一大贡献。

　　吴福辉从事现代文学研究,特别是"海派"与通俗小说的研究三十多年,到2010年前后提出"大文学史观",并尝试这方面的写作,是水到渠成的。而他"大文学史观"的形成,又跟近十多年来关于现代文学性质与边界问题的讨论密切相关。可以稍微简略回顾一下,现代文学史作为一个学科的建立,标志事件是1950年代初王瑶的《中国新文学史稿》的产生与争论。毛泽东《新民主主义论》关于"五四"以及新民主主义文化的论述,成为权威的指导思想,20世纪五六十年代甚至80年代前期,现代文学史的研究都是在毛泽东这一思想指导下,围绕革命文学这个主流和"中心"进行的。到20世纪90年代思想解放运动推动,有过"重写文学史"的讨论,以及钱理群等人提出"二十世纪中国文学"史述的想法,其"中心"略有调整或者偏移,但基本的文学史写作范式与王瑶那一代学者的写法并无根本差别。随着学科的发展、学院化研究的普及,学者们对过去那种教科书式比较单一的叙史模式越来越不满足,这就出现了最近十多年关于现代文学性质、边界与范式的讨论。这场旷日持久的讨论提出过多种理论设想,试图改变以往以教科书为主的文学史模式。比如严家炎提出"生态说",并把现代文学的起始提前到晚清(这一点可能受海外学者王德威"没有晚清,何来'五四'"的影响),并且领衔编写了三卷本《二十世纪中国文学史》(包括当代)。苏州大学的范伯群也提出过"雅俗文学双翼论",出版了学界非常看好的《中国现代通俗文学史》,但也只写了通俗的"一翼",并没有把通俗文学融进综合文学史。此外,陈思和提出的文学发展"先锋与常态"的更替,杨义提出的要包揽中国所有民族文学的"重绘文学地图",李怡等提出的"民国文学史",等等,都有关于重构现代文学史的新的设想。问题是这些设想都还停留于理论探究与倡导的阶段,即使是严家炎和范伯群的两种文学史,也未能真正体现他们各自的理论设想。在这种情形下,吴福辉提出了"大文学史"这个概念,他不但有"言",还有"行",是实干,以一人之力写出了"插图本"这本巨著。他的"大文学史观"也伴随着此书的问世而发出响亮的声音。我们终于也就看到了一种试图突破以往教科书范式的"大文学史"了。这个观点和这本大书到底怎么样？有何得失？非常值得研究和讨论。

吴福辉倡导"大文学史"，基本点就是拓展视野，淡化"中心"，照顾方方面面的文学流派和潮流，重视过去被忽略的边缘部分，消解"主流型"文学史。他反对"主流型"文学史，要写一种范围广大的"合力型"文学史。他说："我看我们一个世纪的文学史，都是从纷纭复杂的历史现象中提炼出一个'主流'现象来，然后将其突出（实际也是孤立），认为它就可以支配全体，解释全体。"①他认为这并不合理，因为历史是复杂的，文学发展每一阶段除了主流，还有支流，甚至某些"支流"的影响未见得比"主流"要小，所以写作的视野必须拓展，看到多元、多潮流、多面向"合力"的文学发展状况。他甚至为此提出一个有意思的说法，就是所谓"复眼说"，认为文学史家要眼观四路、耳听八方，即"多元，是现代文学史的本来形状。多视点，是指文学史不会有百分之百的原生态，因都是人'看'的；我们不妨长一双'复眼'，使得我们的所见尽量接近文学史的本真状。多潮流，是一种操作，即承认每个文学时代都有它的主流，而且可以承担有几个流，可以承担主流的互相转换、转切，为多元的叙述找到一种切实可行的方法"②。也就是说，他强调文学史写作应有主流文学的内容，也应有其他文学形态的多元共生。

吴福辉这样解释"大文学史观"的概念意义："所谓'大文学史观'，是我们打破了近百年来一直遵守的文学史书写的'苏式'、'欧美式'模式之后，学术界提出的新概念。那就是在文学史现象的多元多面表达基础上，于文学内部，要对文学的发生、阅读、接受、传播、交流以至于经典化的过程，加以叙述；于文学外部，要统揽影响了文学的各种因素，给予足够的关注。"③也就是说，吴福辉的"大文学史观"综合了文学的内外部因素，尤其是照顾到不同时期各类不同读者群对于作品的接受和需求。他承认自己提出"大文学史观"，是承接了十多年来学界对现代文学史反思的成果，是在严家炎、范伯群、陈思和、杨义等人观点之上进行的再思考和尝试："比如我从严家炎先生

---

① 吴福辉：《"主流型"的文学史写作是否走到了尽头？——现代文学史质疑之三》，《文艺争鸣》2008年第1期。
② 吴福辉：《"主流型"的文学史写作是否走到了尽头？——现代文学史质疑之三》，《文艺争鸣》2008年第1期。
③ 吴福辉：《"大文学史"观念下的写作》，《现代中文学刊》2013年第6期。

的'文学生态'里面想到文学史不能无视人的生态,不能不写作家的心态以及与心态直接相关的文化物质环境。范伯群先生的'双翼'论很有警醒作用,我虽然不同意让通俗文学与先锋文学平行地进入文学史,却受到启发,考虑如何将通俗文学整合进市民文学,而市民文学到海派浮出,就具有了先锋、通俗的双重性质,不那么截然分明了。这也是陈思和把'先锋''常态'作为两种互动的文学态势提出的原因。我可以抓住文学史上典范的先锋文学来解剖,也要将大众化的常态线索紧紧把握住,把农民大众文学和市民大众文学扩大来书写。而杨义的大文学版图说,启示我建立新的历史叙述空间,把过去线性的视点转化为立体的、开放的、网状的文学图景。"① 吴福辉以上这段话很重要,可以看到他是如何吸收多年来学界讨论与实践的成果的,他的"大文学史观"带有某种理论综合性,是对一二十年来现代文学学科理论的探究与综合。这种综合无疑是一大贡献。

问题是如何把无穷无尽的争论和探究落实下来,不再坐而论道。吴福辉的功劳甚至主要不在于"大文学史"概念的提出,而在于将其"落地",在于其勇敢的尝试。吴福辉顺势而行,找到了一种实施"大文学史"写作的可行方式。这非常重要,是从他所师从的王瑶先生那里得到的启示。王瑶先生打了个形象的比喻,说文章有两种写法:一种是"织毛衣"式的,就是平列的铺排,一点,两点,三点,一方面,又一方面,再一方面,很有条理,很全面,但看不出观点之间的内在联系,整篇文章是散的;另一种是"留声机"式的,有一根针,一个核心,一个"纲",所有的观点都围绕它转,这就是所谓"纲举目张",所谓"提纲挈领"。吴福辉就采用"织毛衣"的办法,打破传统的围绕某一个"中心"转轴的叙史模式,把每一阶段不同的文学流派、作家、作品都罗织其中,同时还照顾到政治、文化、经济、出版、传播、消费等多种元素,研究的内容大大拓展了,在以往文学史中被忽略或者连研究者本人都没有接触过的作家作品以及一些文学生产与消费的元素,都写进去了。他尽量避免"织毛衣"方法的弱点,比如缺少观点之间的联系。

吴福辉是如何用"织毛衣"的方法完成《插图本中国现代文学发展史》的写作的呢?这个问题很值得专门研究。这里大致说说。该书由四部分组

---

① 吴福辉:《插图本中国现代文学发展史》,北京大学出版社,2010年,第4页。

成,即"孕育新机",晚清时期新文学的孕育;"五四"启蒙,五四运动影响下的新文学;"多元共生",1930年代左翼文学、京派文学、海派文学、通俗文学等多元共生;抗日战争、国共内战时期,延安、重庆、桂林、昆明、上海、港台文学,以及农民与市民文学。这个文学史的图景显然是前所未有的阔大,照顾到了"多元共生",希望呈现开阔、繁复、立体的网状文学地图,尽可能接近文学历史的"原生态"。

吴福辉想通过这本书来尝试实践"大文学史观",的确有许多大胆而出彩的描述。比如一开始就写上海望平街的报刊出版,讨论报刊如何促进职业作家的兴起,又如何促进现代市民小说的写作热潮,如何围绕报刊形成不同的文学社团、流派。这种写法大大增加了历史的"现场感",而且抓住了文学历史脉动的源头与节奏,照顾到促进和制约文学生产的诸多因素,把文学史写"活"了。

即使是重点作家作品的评介,吴福辉也有他的"绝活"。比如写《阿Q正传》,不光有对阿Q形象、艺术特色以及鲁迅精神等方面的研究(以前这些方面的学界研究已经汗牛充栋),他还把重点放到还原《阿Q正传》的传播接受、读者的即时反应上,并加进许多"辅料",如阿Q的绘画、剧照、中外版本、改编本的附表,等等。那么这就不限于对《阿Q正传》的文学评价了,整个《阿Q正传》的评论史、消费史都呈现出来了。

体现吴福辉"大文学史观"的,还有其对现代文学与艺术市场的联系,以及文学与外来思潮影响的格外关注。"插图本"在研究鸳鸯蝴蝶派、新感觉派和左翼文学时,用大量资料和相当的篇幅讨论这些文学如何改编为电影,争取电影这个新兴市场和读者,反过来,电影的推广又如何促进这些文学内容与形式的变异,进一步扩大了社会影响。有创意的是,"插图本"为此还专门设计了一些重点年份(如1903年、1921年、1936年、1948年)的"大事记",列出表格,来看这些文学流派与作家作品在社会上的传播与影响的数据。吴福辉把社会学与统计学的手段适当引入文学史,靠数据和个案说话,更能看清楚现代文学作品的"生产力"和"消费"等情况。至于各种外国文学作品译介的情况,以及实际的发行、出版等情况,也不是做一般性的叙述,而是列出数据。这些也是以往文学史写作所缺少的。

"插图本"试图通过多角度、多层次,用"织毛衣"的方法制造一种"散点透视"效果,让读者从文学与政治、经济、文化、艺术等多种关系中去观察和了解复杂多样的文学图景,似乎要写一个现代文学的"清明上河图"长卷,不能不说这是相当有气魄的。

"插图本"不仅从上海望平街写起,把现代文学的起点大大提前,而且主要的篇幅和用力是写海派文学与通俗小说。他写到鲁迅南下到上海,文学研究会作家的活动中心在上海,后期创造社与鲁迅等人的论战依托于上海,林语堂在上海办《论语》《人间世》《宇宙风》等杂志,张恨水的《啼笑因缘》在上海《新闻报》上连载,茅盾的《子夜》《霜叶红似二月花》《虹》《锻炼》写上海,巴金的《家》在上海连载,上海的"立达""开明"派,京派与海派之争,新感觉派所写的上海市民等内容。他还指出了1930年代上海的重要性,包括为作家们提供生存的物质条件,有利于青年作家的平等竞争,为青年提供中西现代文化,加强作家们的民族性,保护民族文学。

由此可见,吴福辉的"大文学史"写作十分重视"文学上海"。但他也还照顾到了其他地区。他自己也声明要重视文学的"地域性"。他对京派文学也是比较关注的,在叙说海派时,经常都会拿京派来比较。吴福辉"织毛衣"的方法是一条一条写,但设计哪些条目,重点是什么,还是有全局考虑的。他不但注意到"地域性",还注意到"流动性"。尤其是在论及抗战文学时,文学家的"流动"及其创作风尚的改变,也就成了"插图本"用力的另外一个方面。他论及作家们受战争影响而迁徙到延安、重庆、上海、桂林、昆明等地,形成各种新的文学"地域形态",扩大了文学史叙事的空间。这种新的文学史叙述,使得"单个的文学中心的模式被打破,文人在前后方的各地聚集,书写样式和出版方式也适应着动荡不安的现实做出改变,而最内在的改变便是在非和平的严酷战争环境下,人们对于生命的重新体验、沉潜和表达"①。

为什么"插图本"出版后一片叫好?除了上述几方面原因,还有就是资料的丰富,非常有趣,有料,好读。有许多第一手资料,是很多研究者也未必见闻过的,而吴福辉把它搬进文学史中去了,叫人大开眼界。读"插图本",如同跟着吴福辉参观现代文学馆,他是掌握那么多文学史逸闻趣事而又善

---

① 吴福辉:《插图本中国现代文学发展史》,北京大学出版社,2010,第332页。

于幽默解说的讲解员。可以说，吴福辉提出"大文学史观"，写了"插图本"这一巨作，是得天独厚的，因为他本人长期任职中国现代文学馆，是文学馆丰富的馆藏为这部"大文学史"提供了足够的支持。

吴福辉写完《插图本中国现代文学发展史》，又主编以广告为中心的《中国现代文学编年史——以文学广告为中心（1928—1937）》。这部文学史的设想，与"大文学史观"是相通的，它也是一部颇具特色的文学史。"以文学广告为中心"可能是一个好主意，可以借此还原一些历史影像，而且书话的方式也很新鲜，可惜角度偏窄，限制了文学史往"大"往"深"的拓展，而且比较堆砌和琐碎，恐怕未能实现编者们原来写作的"雄心"，也未能超过"插图本"的水平。

吴福辉的"大文学史观"和他的《插图本中国现代文学发展史》，是最近十多年来现代文学的一大收获，对以后的文学史写作也会产生影响。但我们不能满足于称赞和欣赏吴福辉这方面的成就，也要思考一下他的文学史观与写作实践所可能引发的问题。吴福辉着眼于扩大现代文学史的书写范围，增加文学史的内容层次，让文学史更"大"更"活"。但这种文学史在"好看"的同时，可能少了必要的筛选，结果越写越厚，竟然有 70 多万字。现代文学不过 30 多年的历史，真的有那么多东西值得花力气去研究？还有，因为"摊子"铺得大了，史料堆砌多了，"中心"淡化了，重点作家作品的艺术评价必然就少了。吴福辉是艺术感觉很棒的学者，可惜在"插图本"中没有把整个优势发挥出来。整个"插图本"有点显得丰富而琐碎，甚至抓不到头绪。有人可能会说，这样去"中心"、去"权威"挺好的，但文学史的功能是多样的，现在流行的多种教科书式的文学史，所担负的"功能"自然主要是选择、提炼与价值判断，是重点作家作品的分析鉴赏。对于大多数读者来说，这也是必要的。"插图本"当作教材或者一般文学史读本，普通读者显然会不适应，也真的不得要领。其实，吴福辉自己也意识到这个问题，他是有意为之，希望走偏一点，达到突破。这样来理解，吴福辉这本带有实验性的"大文学史"，还是要给予高度评价的。最起码这是目前最富于新意和创造性的现代文学史。这就很了不起了。

（《中国现代文学研究丛刊》2021 年第 4 期）

理想作者与他的"生命之痕"
——一个前编辑眼中的吴福辉老师

孟庆澍

认识吴福辉老师,已有十几年。因为中国现代文学馆与河南大学合办中国现当代文学博士点,吴老师在河大担任博士生导师,每年都会来开封参加开题、答辩,有招生计划的时候还会来参加面试,所以2004年我博士毕业回河大工作,就很自然地认识了吴老师。但那时我是一个青年教师,吴老师是大名鼎鼎的学界前辈,权威教材里走出来的人物,所以虽然认识了,但除了有时候迎来送往、陪同吃饭,并无更多的交往。记得曾经和吴老师一起去山西参加赵树理学术会议,几天时间里知道了吴老师喜欢旅游和搜集地图。但除此之外,便没有什么私人交往。真正和吴老师熟悉起来,是在我进入《汉语言文学研究》季刊,担任兼职编辑之后。从创刊开始,吴老师便是这份刊物的重要作者,而巧合的是,我在刊物工作的经历,也正好与吴老师为刊物写稿的时间相始终。编辑和作者之间是纯粹的工作关系,但通过这十年的交往,我得以走近、认识一位著名学者的学术生活,这不能不说是一份珍贵而难得的机缘。

一、一个年轻编辑的"理想作者"

2010年,在学校的支持下,《中学语文园地》更名为《汉语言文学研究》,从一个教辅类刊物正式改版为学术期刊。编辑部人手不足,我就担任了兼职编辑,负责近现当代文学方面的编务工作。刊物初创,最需要的就是稿源。大家都被发动起来,四处找名家约稿。吴福辉老师是河大博导、学界耆宿,自然是编辑部力邀的对象。因此在改版后的第一期上,就有他的论文《1930年代文学与新兴电影艺术的交互作用》。为了继续支持刚刚起步的刊物,吴老师又与编辑部约定,从第三期开始,开设"石斋语痕"专栏,每期发

表一篇学术札记。谁也没想到,这个不起眼的小栏目竟然坚持了八年之久,而《汉语言文学研究》也成为吴老师晚年发文最多、交往时间最长、结缘最深的一个刊物。

在我这样一个半路出家的编辑看来,吴老师实在是一个难得的"理想作者"。首先,他是一个很适合开专栏的作者。写专栏,由于有时间限制,到期必须交稿,因此对不少人来说,既是一个机会,也是不小的负担。但对吴老师来说,这并不是什么难事。我们刊物是季刊,节奏不快。但我想即使是半月刊,对他来说也能轻松胜任。正如吴老师自己所说,从青年时代开始,他便在地方报刊投稿涂鸦,写教育随笔;从事学术工作之后,长期大量的阅读与思考,又使他积累了无数素材,只是需要一个合适的理由,将其中的一段集中写出来即可。对他来说,这样的学术札记其实是"学人文化休息的副产品",并不费力。对于吴老师几乎不用催稿,他已经和编辑部形成了默契:每一期稿件,由编辑告知吴老师截止日期,然后吴老师安排时间写出,按时发给编辑,同时,每年年终会和编辑部确认一次,看下一年这个栏目还开不开。虽然吴老师是学界名家,各种稿约不断,但只要是交稿时间快到了,吴老师一定是先写专栏稿,保证按期交稿。八年之中,只有提前交稿,而从无拖延。即使他卧病在床难以写新稿的时候,也总是想尽各种办法,从存稿中修订、整理出像样的文章,从未耽误过刊期,堪称是模范的专栏作者。

其次,虽然吴老师写专栏堪称轻捷,但他并不轻视这种栏目。他对这个栏目,对自己的文字,都有着十二分的重视。在文章形式上,吴老师有意识地探索新的文体,拒绝摆出"专门散文家的架子",务求文章写法的灵活多样。除了常见的学术短论,还包括材料阐释、笔记批注、实地考证、读书札记、答读者问、名作重评等多种形式,甚至还包括为作家写的网页词[1]。这种网页词从学术角度来说并没有太多创新,但吴老师看重的是学者有时也需要写写这种"向大众传播学术的新文体"[2]。在文字表达的细节上,吴老师也十分讲究。可能和他做过多年的中学语文教师有关,他的文章行文流畅,遣词造句准确灵活而富有文学性,读起来是一种享受,编辑起来也很省

---

[1] 所谓"网页词",是指吴老师为某作家网页所写的普及性的介绍文字。
[2] 吴福辉:《石斋语痕》,河南大学出版社,2014,第102页。

力气。比较起来,有些青年学者的稿子在语言上就问题多多,难以卒读。如果要用的话,需要编辑从头到脚进行深度加工,几乎每句话都要重新修改的情况也是有的。以至于我形成了一种印象(也许是片面的印象):前辈学者大多重视语言表述的雅洁准确,在文字表达上问题较多、不能过关的还真是年轻学者居多。此外,吴老师还有一个好习惯,就是稿子发出之后,还会再读一两遍,这样往往还能发现一些问题。在我们的往来邮件里,经常有他发现多出或缺少了一个标点符号,又专门来信提醒我注意的例子。也有时候是他突然有了新的灵感,于是在稿件里添加一段附记,重新发给我,并嘱咐一定要按修订稿发排。这样的习惯也多见于师长辈,同辈或更年轻的作者中不能说绝无仅有,但着实不多见。吴老师对专栏的重视,还表现在他非常注意读者对自己文章的反应。他绝不因为这些都是几千字的、难登大雅之堂的小文章便敷衍了事,而是像教师重视课堂互动一样,重视文章发表后的效果。他专门给编辑部写信,希望编辑部将收集到的读者反馈告诉他,如哪篇较好或哪篇不尽如人意,以便他改进。在我看来,这绝非他的客套之辞,而是源自一个老"文学青年"对写作的发自内心的热爱。

当然,这样一位高标准的"理想作者"和不那么理想的编辑之间,也并非毫无龃龉。我和吴老师之间便有过一次小小的误会。那是在 2014 年,第三期"石斋语痕"稿件是《谈〈雷雨〉蘩漪出场提示语的修改》。我收到稿子之后,觉得题目有些啰唆,而且标题里的"出场提示语"对于不熟悉戏剧的读者来说也比较费解,就自作主张将题目改为《谈〈雷雨〉的一处修改》。没想到吴老师看到刊物之后,在寄来第四期稿件的同时,严正地提出了抗议,认为编辑在修改他的文章之前,应该征求他的意见,更何况是改了题目。他并且很认真地提出,如果还要继续合作,就不应该再发生类似现象。这是我和吴老师的交往中第一次受到他的批评。我当时的反应,一方面确实意识到自己有些鲁莽,在进行题目的修改时应该和作者进行沟通,征求作者的意见;另一方面内心仍然认为自己的修改没有错,改后的题目肯定是更简洁清楚的。但今天重新来看,我就发现了自己存在的一个很致命的问题,也就是当一个人做了几年编辑,见到各种类型的稿件,有了些经验之后,很容易会产生一种错觉和误判。因为在编辑过程中,总是需要对稿子进行修订(包括语言规范、注释格式等等),并且这种修订也经常会延伸到文章的修辞、段落、结构等实质性的部分,而在文章发表之后,很少有作者会对编辑的这种修改(有时候甚至是幅度很大的修改)公开表示反对。因此,编辑往往会产生错觉,即自己的修改总是正确的,自己总是要比作者高明的。而事实上,这只是经过不平等的权力关系所扭曲之后的一种虚假知识关系。编辑可以修改,作者对修改不表示异议,并不意味着修改就一定是准确的。现在看来,吴老师原来的标题并无语法错误,而且有其表意清晰明确的优点。我的改动虽不能算错,但其实是没有必要的。而以"简洁、精练"为名义,将改动强加于作者,不正是潜意识中对权力的一种滥用吗？学术刊物对投稿者往往都有一句提醒:本刊有权对稿件进行必要的修改与删节。但这种权力也应该慎用。不仅对著名作者如此,对普通作者、青年作者也应该如此。

　　后来,吴老师出版随笔集《石斋语痕》,在收入这篇文章时,仍然使用原来的标题。这也可以见出,吴老师对我的改动并不以为然。但他并没有因为这次"妄改"而怪罪于我,本质上,他对于年轻人是宽厚而包容的。我们年复一年地约定,下一年继续开设这个栏目；而吴老师的文章也一期又一期地按时出现在刊物的最后几页。无论是吴老师还是我,一度都已经习惯了它的存在,视其为理所当然,而忘记了万物有始必有终。2018 年 3 月 1 日,吴老师发来电邮,一下子寄来三篇专栏文章,嘱我慢慢刊发,应够大半年之用。殊不知此时刊物人事已经发生了很大变化,我因为工作调动,不再担任刊物副主编、编辑部主任,新的刊物领导已经走马上任。学校领导层也发生了变动,新的主管领导对刊物提出了进入 CSSCI(中文社会科学引文索引)的要求,并认为"石斋语痕"栏目与刊物的整体风格不协调,从 2018 年开始不再开设这个栏目。无奈之下,我只好写信与吴老师沟通,将情况向他汇报。好在吴老师通情达理,同意停开专栏,而他发来的三篇文章不能用了,他似乎也并没有感到不快。从此之后,吴老师便再也没有在《汉语言文学研究》上刊登过只言片语。

　　这一年秋,我曾到吴老师北京家中看望他,那时我已不再是他的编辑,而他也不再是我的作者。他被肠疾所困扰,病容憔悴,身体明显不如从前。不久之后,吴老师便远赴加拿大定居。而我也一度以为他于刊物、于我都缘尽于此了。直到 2019 年第四期《汉语言文学研究》发表了"吴福辉现代文学研究"笔谈,吴老师不是以作者身份,而是以研究对象的身份回到了刊物,重新成为刊物的一部分。说到这组笔谈,必须感谢当时还在北大念书的李浴洋。他听王德威先生说起为吴老师的《插图本中国现代文学发展史》英文版写了一篇序言,就想起 2019 年是吴老师八十寿辰,如果能在国内发表这篇序言,应该很有意义,遂请王德威先生授权,邀请季剑青老师翻译,并说如果有刊物愿意为吴老师八十大寿做专题,此文可以贡献出来,成为其中的一部分。在随后的一封信里,浴洋更是直接建议由《汉语言文学研究》为吴老师组织一个学术研究专题,以为祝寿。他的理由是:吴老师与河南大学渊源深厚,可能是除北大之外,交往最密切的一所大学;吴老师从北大毕业之后主要在中国现代文学馆工作,不带学生,这在学术承传方面是有些吃亏的。[①] 2019 年,与其同庚的钱理群先生、洪子诚先生等,都有学校为其张罗八十寿辰的祝贺活动。如果《汉语言文学研究》能为吴老师做一个专题,想来可以稍微弥补这一遗憾。这样的理由在情在理,令我既感且愧。因为吴老师在河大做兼职博导十多年,为刊物撰稿也近十年,而我竟一点也没有意识到,吴老师即将步入杖朝之年。幸得浴洋提醒,我和刊物才有机会对吴老师的多年付出表示感谢。而且此前浴洋已经为《汉语言文学研究》策划了几次专题,效果都不错。因此我虽已经离开刊物,但还是征得了刊物现任领导的同意,开始着手和浴洋一起组织这个专题笔谈。他约请了曾与吴老师共事多年的中国人民大学的李今教授,我约请了河南大学的刘涛教授以及吴老师的高足、复旦大学的李楠教授,而三位作者也贡献了风格各异、质量上佳的三篇文章,对吴老师的学术思想和成就进行了深入的探讨。在吴老师去世之后,这三篇文章更是被各大微信公众号转载,可见是代表了当前学界对吴老师学术思想的研究水准,得到大家认可的。此事虽微不足道,但现在想来,能让吴老师在生前看到这组专题文章的发表,也颇令人欣慰。俗话说,秀才人情纸一张。我这个小小编辑,为"理想作者"所能做的,大约也只有这些了。

二、争议中的"生命之痕"

退休后,吴老师笔耕不辍,写作了大量的学术随笔,"石斋语痕"系列只

[①] 吴老师 1999 年起在河南大学招收博士研究生,2015 年停止参与博士点工作。

是其中的一部分。当然,像《插图本中国现代文学发展史》这样的个人著述才是他的名山事业,但他也同样看重这些"语痕"——"说得庄严一点,也是'生命之痕'"①。实事求是地说,对于这类他投入了许多精力的学术小品,读者的反应并不一致。不少读者能够接受,以为这类随笔灵动洒脱,使学术刊物的风格不那么言语无味、呆板僵硬,占用版面不多而时能给人以启发,不失为高头讲章的一种补充。有些读者则不以为然,认为内容芜杂庸常,拉拉杂杂,只是说些陈年闲话,白白占据了宝贵的版面。这两种声音从"石斋语痕"栏目开设到这个栏目结束,都同时存在着。那么,应该如何理解这一问题?

对于采取这种文体为晚年写作的主要形式,吴老师应该是有相当的自觉。他对自己有清醒的认识,意识到自己已很难再有精力去完成专深的学术著作或者数万字的专题论文,但他又不愿意停止思考:

> 夕阳的年纪,总还存留着中年后期的生命感觉。但这种感觉会不会被某种突然降临的力量所打断,也是不可测的。至少我要在这长长的文化休息时段里,将短文继续写下去。拿得动笔的时候就不嫌笔重,就不封笔。②

因此,这种写起来轻捷便利又能够发表一得之见的短文就成为他后期很趁手合用的写作形式。说是后期风格,其实在一定程度上是向早期风格的回归。吴老师在中学时代就喜爱写作,至今保留有近百则"生活手记"。这些手记是生活片段写作,是为正式创作而做的训练和准备。按照吴老师的说法,这种文体来自1950年代大名鼎鼎的文学普及刊物《文艺学习》,丁玲等作家的提倡也起到了助推作用。它所要实现的,"是经过观察和一定积累将自己周围生活中感兴趣的事物,譬如一件事、一句话、一个表情、一个动作或一个眼色记下来"③。参加工作之后,吴老师还经常在报刊发表教育随笔。因此,吴老师对写作随笔并不陌生,青年时代的写作经验已经培养了他

---

① 吴福辉:《石斋语痕》,河南大学出版社,2014,《自序》第1页。
② 吴福辉:《石斋语痕》,河南大学出版社,2014,《自序》第3页。
③ 吴福辉:《石斋语痕二集》,河南大学出版社,2018,第41页。

对材料的敏感性、观察力和分析力,培养了他重视从细节、从现象发现问题的能力。当他从事了几十年文学史研究、对历史材料有了深广丰厚的积累之后,写作学术随笔便是顺理成章而游刃有余了。当然,再怎么说,这些随笔札记的分量都难以与高文大册相提并论。沉湎于此,未免会有不务正业之讥。吴老师也意识到,耗费时间于此,会引起一些读者的误解。但他对这类文章的意义有自己的认识:

> 我的意思,学术散文不是学术论文,不必陈义太高,有一点新颖的不是俯拾即得的材料,有一点新奇的能够引向深入的观点,有一点新鲜的表达不俗且能调动读者理论趣味的文字形式,就可以了。……有的读者看过几篇"石斋语痕"文章后,觉得这实际上是微型的文学史片段,是文学史大厦的一粒小的泥石。可能连一整块砖瓦都不够,却是足以能构成这砖瓦的一分子的。它继续在重写文学史,在传统的历史体系和新锐材料之间发现缝隙,于成熟的史见史识和前锋的反思中产生张力,于是会得到些许的启发,日积月累,为未来的文学史写作不经意间准备了各种可能性。①

在他看来,这类学术随笔既是"微型文学史片段",又是构成新的文学史大厦的一砖一瓦,同时还为新的文学史写作提供了可能性。它既是文学史写作的副产品,本身也是重写文学史的一部分。只有在这层意义上,这些学术随笔才值得去写。在这类随笔写作的背后,起主导作用的乃是吴老师内心深沉热烈的文学史情结。

众所周知,吴老师(以及他这一代现代文学学者)对文学史写作可谓情有独钟。他正是在"重写文学史"的浪潮中走上学术舞台,走到聚光灯下的。从《中国现代文学三十年》到没有完成的《二十世纪中国小说史》,到《插图本中国现代文学发展史》,再到《中国现代文学编年史——以文学广告为中心(1928—1937)》,对文学史的关注和写作构成了吴老师学术研究的主旋律。所谓纲举目张,他的文献准备、审美意识、学术思维与历史眼光在在与

---

① 吴福辉:《石斋语痕二集》,河南大学出版社,2018,《自序》第1页。

此有关。2008年,他曾提出,有五种有代表性的文学史新见值得注意,分别是严家炎的"文学生态"说、范伯群的"双翼论"、陈思和的"先锋与常态"说、杨义的"重绘文学地图"说,以及吴老师本人提出的"多元合力共生"说。① 值得注意的是,这五位学者都属于现代文学研究的第二、第三代学人,其中最年轻的陈思和先生也已经是"50后"。也就是说,在吴老师看来,更年轻的学者并没有提出有代表性的、新的文学史观念。如今距离吴老师写这篇文章又已经有十几年了,似乎情况并无改观。这究竟是因为中青年世代学者的研究还不够成熟,以至于暂时没有形成自己的文学史观,还是因为他们的学术兴趣发生了转移,对撰写文学史已经没有那么深的执念?

温儒敏先生认为,王瑶先生对文学史研究的一种观点,在第二代学者中得到普遍的认可,即坚信现代文学研究主要是文学史的研究。② 在"文革"后进入大学、在新时期成长起来的第三代学人如吴老师等人这里,这种观点依然闪闪发光。吴老师曾在一篇文章里对这一代学人的学术特征进行分析,认为他们经历了"文革"后1980年代思想转变的大潮,学术思想更加开放,"试图综合各种文学流派和形式以'整合'成宏大文学史系统的想法,都在禁不住地涌动"③,身上蕴藏着时代所熔炼的"重写文学史"的巨大热情。然而,在"70后"乃至更年轻的一代研究者这里,微观的、局部的文学史研究还存在着,甚至变得更精细、更专业化,但宏观的文学史编撰似乎已经不多见了。由个人来重写整部文学史似乎已成为父辈古老的手艺,变成亟待保护的遗产。这里的原因是值得反思的。

吴老师这一代人是如何处理文学史与作品的关系的?从他的阅读史可以看到,吴老师较早就接触到了王瑶、刘绶松、丁易等人写作的文学史,但他在研究生阶段,是以大量阅读作品为主,等作品阅读达到一定的量,就会自然而然地发现文学现象之间的联系,进而对这些联系进行分析和总结,从而否定原有的文学史结论,发现新的文学史"规律"。而以笔者为例,年轻一代的研究者往往是先接受文学史的教育,然后再去接触作品。在本科阶段带

---

① 吴福辉:《多棱镜下》,人民文学出版社,2010,第300-305页。
② 温儒敏:《第二代学者对于现代文学研究的巨大贡献——冯济平编〈跋涉者的自白〉序》,《中国现代文学研究丛刊》2010年第5期。
③ 吴福辉:《石斋语痕》,河南大学出版社,2014,第319页。

有浓厚应试色彩的文学史教学中,文学史作为需要背诵和复述的"规律",被反复记忆,它凝固下来,甚至成为头脑中顽固的教条,以至于在日后需要有所创新的学术研究中,不得不努力和这种教条进行斗争。但是,如果担任大学教师,在教授"现代文学史"等本科生核心课程的时候,又需要不断把文学史作为一种"确定性的知识"灌输给学生,以满足教学大纲的要求。这就使讲授者形成了扭曲的双重人格:一方面是在研究中不断跳出、修正甚至否定固有的文学史结论,另一方面又不得不将自己并不相信和值得质疑的教条性文学史结论,作为知识讲授给学生。换言之,这些接受了科班教育的新一代研究者的认识过程是和吴老师一代人相反的:不是从个别到一般,从局部到整体,从现象到规律,自然地形成全局性的眼光和系统性的认识,而是先在头脑中植入了某种权威的框架、结论,再去接触作品(而且由于在研究生阶段就要进入"窄而深"的专题研究,新一代研究者对作品、作家的阅读也是极为有限的)。当发现文学现象与头脑中的文学史结论不符的时候,又需要花数倍于植入这些结论时的力气将它们从脑袋中清除出去。己所不欲勿施于人,或许正是这种"植入"而又"清除"的苦恼经验,使年轻一代学人对重新编撰文学史有些敬而远之。

更深一层的原因,或许在于年轻一代研究者的历史观发生了变化。吴老师晚年虽然受新文化史的影响,主张文学内部研究和外部研究打通的"大文学史",但他并不否认历史真实的存在,并不反对对文学史真相的追求,总是强调要接近文学现场和原生状态。他的随笔既是文学史的片段,有些也是社会史、文化史的片段。他更像一位倔强的私人历史记录者,通过喃喃自语保留部分的个体记忆,对遗忘和涂抹历史做无声的抵抗。而年轻一代研究者有相当一部分深受后现代思潮的影响,更愿意将历史视为历史学家所想象和叙述出来的故事。既然史实的客观性已成过眼云烟,历史变成符号的游戏①,再耗尽心力重新建构文学史的宏大叙事,又有什么意义?在他们看来,吴老师对历史真实的苦苦求索可能更像是大战风车的堂吉诃德。他们怀疑理性和启蒙,怀疑人能否对历史进行有效的认知,甚至宣称"历史已死"。和吴老师这一代人相比,他们年轻很多却又更为通透和世故。这真的

---

① 黄进兴:《后现代主义与史学研究》,生活·读书·新知三联书店,2008,第203页。

是一种进步吗?

历史是否已死,我不知道,吴老师却已真的离我们远去。他所留下的这个问题,像一道生命之痕,横亘在我的面前,没有答案。

(《现代中文学刊》2021 年第 2 期)

吴福辉老师与河南大学

武新军

1月15日上午9点半左右,最早看到洪子诚老师在一个学术圈里转发信息:吴福辉老师今日凌晨逝世。我感到非常震惊、难过,有点手足无措,不知该为老师做点什么。前些天填报学科点代表性毕业生信息时,我们还在讨论哪些博士生是吴福辉老师指导的,哪些博士生是刘增杰、刘思谦、关爱和、孙先科老师指导的,哪些老师是吴老师指导的博士后……几位老师共同参加的几届博士生招生、开题、答辩等场景犹在眼前,而这样的场面,以后是再也不能看到了。

几分钟后,关爱和老师打来电话,让安排"近代文学"公众号尽快推出吴老师前年来河大的讲稿《我与现代文学史六十年》,并为搞好纪念文集做些准备。文章推送出来后,历届研究生都在圈里转发以表示悼念,接着又看到王杰、武建树等几位博士在群里发表的纪念文章,其中蕴含着同学们对吴老师深厚的感情。

河南大学中国现当代文学专业1998年开始设置博士点,是与中国现代文学馆联合申请获批的,舒乙、吴福辉、李今老师都曾参与过本专业的博士生指导工作,而吴福辉老师则是持续时间最长的。从1999年起,他几乎每年都要到开封来,对开封产生了浓厚的情感。他曾多次说,除了上海、鞍山、北京,他来开封的次数最多,停留的时间最长,开封也应该是他的故乡。吴老师观察生活很细致,很熟悉开封人的生活方式,对开封的小吃津津乐道,谈得出开封小笼包与杭州小笼包的区别。

除了每年博士研究生招生、开题、答辩等常规工作,吴老师还经常以讲座、专题课程等方式,与研究生交流研究心得。如2003年12月主讲《20世纪:中国的双城记和四种文学形态》;2004年5月主讲《老舍小说的市民性与国民性批判》;2004年10月参加由河南大学文学院、《文学评论》编辑部等联合召开的"中国现代文学文献问题学术研讨会",与杨义、孙玉石、钱理群、朱德发等先生分别作了关于现代文学文献问题的报告;2016年11月为研究生做"专题周"系列讲座;2017年12月12-24日作《论文选题:为何研究京海派》《加强阅读:怎样使用文学史》《写作不止:我的文学生涯》等系列讲座;2019年7月给学院主办的"中国近代文学第一届暑期青年讲习班"讲授《我与现代文学史六十年》。河南大学多数中国现当代文学专业研究生都是吴老师课程的受益者。

河南大学中国现当代文学专业,一向重视研究课题的文献史料基础,重视培养学生的历史意识和历史分析能力,鼓励学生在广泛研读原始史料的基础上展开文学史的研究。因此,某些研究生也难免会深陷碎片化的史料之中,而不善于从中发现问题、提出问题。作为资深的文学史研究者,吴福辉老师每每以洞穿历史的眼光,帮助同学们从陷入绝境的选题中走出来。吴老师重视文学史研究的整体性,重视文学发生、传播和影响的过程,重视文学现象之间的联系,他认为学科化、专业化打破了世界的整体性,只有在回归整体结构和相互联系中,才能在一地鸡毛的、碎片化的史料中找到历史的联系。在某次讲座中,他向研究生讲解《五十年来之中国文学》《中国新文学的源流》《中国新文学大系》《中国新文学史稿》等十一本文学史著作,其意图也在于提高同学们的历史整合能力。

往返开封的二十多年中,吴老师与教研室的多数老师都有过深入的交流,他深度地融入了这个集体之中。我们学科点的许多老师,都与吴老师无话不谈,有时还会开些无伤大雅的玩笑。吴老师对指导研究生很尽心,他曾经写过一篇名为《从开题到论文修改:文学教育资料一角》的文章,结合自己指导研究生的案例,讲述如何激发、培养学生独立研究文学的能力。吴老师关注研究生培养的质量,更关注研究生毕业后的发展问题,许多博士生毕业多年后都一直与老师保持着密切的联系。2019年8月17日,为庆祝吴老师八十寿辰,文学院召开吴福辉先生学术思想研讨会,来自全国高校的三十余名毕业生参加会议。会后吴老师前往加拿大,几个月后疫情暴发,这应该是多数同学最后一次与吴老师面对面交流。

我与吴福辉老师交往,有一个逐渐熟悉的过程。第一次见到吴老师,大概是1999年的秋天,他与刘纳老师来河南大学做讲座,讲座由刘增杰老师主持。经过激烈的心理斗争,我在讲座结束后,把一篇打磨了许多遍的稿件交给了吴老师,想看看能否在《中国现代文学研究丛刊》上发表。作为一名硕士研究生,这样莽撞的投稿方式是很不合适的,有点不自量力,也给吴老师出了难题。好在文章很快在《河南大学学报》刊出了,写信给吴老师告知情况,算是与吴老师认识了。

2004年,我从复旦大学博士毕业,回到河南大学工作。7月中旬,赶回安阳往开封运送相关物品。某天下午接到同学杨萌芽的电话,说他陪同舒乙、吴福辉、李今、刘增杰老师前来安阳做文化考察,刘增杰老师让我第二天一同参加,于是有了与吴老师的第二次见面。时值盛夏,日光强烈,吴老师身材高大,戴黑色墨镜,令人敬畏,我不敢主动上前搭讪找话题。我们一起游览了红旗渠、太行大峡谷。舒乙老师行动不便,由杨萌芽和我照顾,仰望着半山腰上的刘增杰、吴福辉、李今老师,杨萌芽说刘老师、吴老师身体真好!舒乙老师听我们谈话,笑着。

2006年,我们到山西晋城参加纪念赵树理诞辰一百周年暨创作研讨会,奉刘增杰老师之命,会议结束后把吴福辉老师接回开封来。吴老师在会议开幕式上做了题为"赵树理的文学影响力何在"的主题发言。第二天我们到沁水尉迟村参观赵树理故居,一同在赵树理墓碑前鞠躬。在返回开封之前,吴老师拉着我们到处找书报亭,想要买一份长治市的地图,他说自己每到一地都要购买当地的地图。在返回开封的路上,他谈起延安的地形地貌,从延安男女性别比例的失衡,讲述沙汀离开延安的原因。为引起吴老师谈话的兴趣,我提起了刘白羽的《从富拉尔基到齐齐哈尔》,果然吴老师开始专注谈起东北的地理、人情。汽车穿过一个又一个隧道,距离开封越来越近,我们与吴老师的心与心的距离也越来越近。

2011年,因处理一件急务,我到北京拜访吴老师,得以进入他的小石居。他家的住房面积不大,书架上摆放了许多从各地搜集来的石头,他是石头爱好者与收藏者,因此在《汉语言文学研究》上开设"石斋语痕"专栏,并先后出版了《石斋语痕》《石斋语痕二集》(河南大学出版社)。在吴老师的小石居里,我们谈到玛拉沁夫、郑伯农等先生。朱老师没在家,出去买菜了。刘进才师兄也有搜集奇石的嗜好,某次出差,他们两个还在一起讨论某种石头品相的好坏。这一年，我遭遇到一些不顺心的事：坚定地追求某种学术的、做人的理想，难免会遭到庸俗社会学的干扰和破坏，年轻人性格执拗认死理，很容易使自己陷入僵局。吴老师劝我说，人要有自己的理想，但理想总是和好的、不好的现实相纠缠的，很多不如意的事情，需要"风物长宜放眼量"，站高一些，看远一些，不计一时一事之得失，这句话让我一直铭记在心。

吴老师喜欢旅游，他想要走遍中国乃至世界所有的地方，他和我们谈论最多的，也是这个问题。有一次，关爱和老师问他河南还有哪个地方没有去过，吴老师回答说还有不少地方。此后几年，吴老师抓住来开封授课的时机，逐渐填补了这些"空白"，而每次外出，都是刘涛师兄自告奋勇地担任导游。在我看来，吴老师始终在关注着地理环境与历史、文学的关系，到各地去旅游、走访，也是他学术研究中的一项重要工作，是一种拓展学术研究视野、激发学术灵感的重要方式。在《现代作家故居琐谈》一文中，吴老师就提及自己曾经参观或寻访过鲁迅、胡适、郭沫若、茅盾、老舍、曹禺、郁达夫、林语堂、徐志摩、萧红、艾青、赵树理、沙汀、艾芜、李劼人、丰子恺、冯雪峰、端木蕻良、沈从文、废名、汪曾祺、朱自清等二十多位作家的故居，他认为作家故居对文学研究者具有重要意义：有助于了解作家家世、生平、思想、修养、性格、爱好，了解作家的奋斗史、心灵史和著作发生史，了解作家的生活场景和创作环境，可以成为解读现代文学经典作品的指路灯，也可以有效拓展文学史研究的视野。吴老师在《插图本中国现代文学发展史》中，曾重点叙述作家们在不同地域之间的流动，以及作家流动对各地域文学所产生的影响。没有文学地理学的视野，没有对地方文化的浓厚兴趣，没有广泛的游历经验，这项工作是很难做好的。

最近几年吴福辉老师到开封来，我们也明显地感觉到他的身体状况大不如前。有一次他谈起自己的病和吃药的问题，有点不好意思地让刘涛师兄到家里熬中药。他的思维依然像过去那样敏锐，谈锋甚健，不过很少听他谈起文学问题，他所谈的问题更多是回忆性的，比如20世纪五六十年代工人家庭的生活状况，三年困难时期知识分子的吃食，东北老工业基地的今昔，上海人如何掐头去尾择豆芽，等等。有一次，他很专注地讲起妈妈在深夜里一点点地剔取蟹黄，给他蒸蟹黄包子吃，让我们感觉很温馨、很遥远。这也许就是他所说的"我喜欢衣食住行的平常生活"。

好像是最近一次见面时,吴老师讲起他在上海新闸路西区小学、鞍山实验小学读书的经历,回忆他与小学同学的合唱活动,这就是后来发表出来的《少年时代的音乐生活》。在这篇文章中没有提及的是:他曾说在上海读小学时,参加过一个少儿组织。这个组织是怎么开展活动,怎么表演歌舞的,现在我怎么也回忆不起这个组织的名称了,可惜在网上怎么也找不到放心的答案……而更可惜的是,现在和将来,我是再也无法向吴老师求证这个问题了。

(《名作欣赏》2021年第2期)

这是师徒间的心灵感应吧

阎开振

我一向坚信亲人或相知甚深的人之间存在某种奇妙的心灵感应。2021年1月15日,我在校园中散步,刚好想到吴老师,想何时再请他来湛江做客,突然在微信群里看到了"吴福辉先生今晨在加拿大突然逝世,享年82岁。医生诊断心脏病突发"的消息。我想这绝不是偶然,它应该就是我们师徒之间的一种心灵感应吧!得知消息,我的心情悲恸,精神恍惚,眼前始终晃动着老师那威严而又温和的样子。

我最早感受到吴老师的威严是在2000年5月于河南大学文学院办公楼举行的博士生面试。那时,直到笔试结束,我既不知道河南大学与中国现代文学馆合办博士点,也不知道吴老师就是河南大学的博士生导师。其实,我对吴老师并不陌生,在此之前还曾经见过他一次。那大约是在90年代初的曲阜师范大学,我参加过一个包括吴福辉老师、钱理群老师、孔范今老师等在内的庞大学者团与研究生的见面会。但由于学者多、时间短,再加上吴老师没有讲话,除了他的个子高大,我并没有留下什么印象。这样,到2000年,我对吴老师的印象虽然不深,他的名字却如雷贯耳。我知道,吴老师是北京大学中国现当代文学专业研究生毕业,正在担任中国现代文学馆副馆长、中国现代文学研究最具权威性的专门刊物——《中国现代文学研究丛刊》的常务副主编。本来,我是一个自卑感很强的人,面对这么多的专家、这么大的学者,自然有一种无法言说的紧张与敬畏。我现在已经忘记诸位先生问了什么问题,也不记得自己回答了什么,留下唯一记忆的就是一向平易近人的刘增杰老师和风细雨地向吴老师介绍:"阎开振已经是副教授,还在你们《中国现代文学研究丛刊》上发表过一篇文章。"一直到现在,我都不知道刘增杰老师当时是否已经有了把我分给吴老师并故意向他推荐的意思,但我当时最渴望的无疑还是能得到吴老师的首肯或者称赞,以便使我的录取更加充满希望。然而,吴老师似乎并没有说什么,他有点若无其事,但眼睛里透着逼视。我被看得有点发毛,于是便慌慌张张地逃离考场,也因此就有了吴老师威严的感觉。

  第二次体验吴老师的威严是有关读书和博士论文的选题问题,时间应该是2000年底,即我们入学之后吴老师第一次来开封。他先问我对考试录取的感受,我把面试时的担心和慌张据实以告,他一边嘿嘿笑着,一边说:"我有那么可怕吗?"接着,他又问我读过哪些现代作家作品,我以读过的鲁迅、郭沫若、茅盾、巴金、老舍、林语堂等人的全集或文集回答,他若有所思地点头;待问到废名、施蛰存、穆时英、刘呐鸥等人的作品时,我回答不上,他就直言不讳地说我"读书还很不够,需要补课",并因此还搬出了他的导师王瑶先生强调"多读书,坐稳冷板凳"的名言。而在开封的那几天,吴老师还问到了我今后的学习打算与研究计划。我因为之前曾经发表过几篇关于郭沫若的学术论文,于是便将有关郭沫若研究的"宏伟构想"大谈了一番,并声言要以郭沫若作为博士论文的选题。出乎意料的是,吴老师当场就给予否定,并严厉地警告我"你的构想没有建立在史料之上""郭沫若研究有资料的限制""你不要急于确定选题"。这一"棒喝"之后,吴老师便给我开出了一长串京派、海派的刊物与作家作品清单,并不断用"生命体验""论从史出"等观念将我慢慢引入了他所开创的京派文学研究领域。对此,虽然我至今仍对中断郭沫若研究感到遗憾,有时也并不完全认同吴老师的某些"师承"观念,但是,跟着吴老师走进京派文学的研究领域使我受益匪浅,我不但拓宽了知识面,看到了另一个文学世界,而且还从作家个体研究转向作家群体研究、文学流派研究,体验和掌握了又一种研究方法、研究角度。

  吴老师常说,他是"南北人""南人北相"。这不无自豪的话语,不仅是说他作为一个生在上海的宁波人长期生活在鞍山与北京,在外形上长得人高马大,而且还指他在性格上同时兼具北方人的豪爽直率与南方人的温和细腻。据我后来的反思,我所遭遇的吴老师的威严或者说严厉,尽管都有具体的发生环境、条件和原因,但都可说是他豪爽直率性格的表现。其实,在更多的时候,我感受最深的还是他的温和与细腻。

  我很难忘记,在毕业前夕,吴老师对我论文和工作的频繁关心。由于眼病的干扰，我的毕业论文写作进展缓慢，吴老师经常是邮件与电话交叉催促。前面那两章，他让我一章一发，而且很快就反馈给我意见。吴老师告诉我，他一般都是先打印出来，然后再进行审阅修改，所以，他给我的意见都是深思熟虑的结果，不仅纠正已有的错误，而且还指出下一步该怎么写，可说是正中肯綮。十三年后的 2016 年，他将我的论文的纸质修改稿专门寄给我保存，上面密密麻麻的意见与各式各样的符号让我感动不已。

有一天，我将刚刚出版的博士论文送给他，他高兴得马上在微信群里宣传。其实，我给老师送书是有顾虑的，因为我没有像其他同学那样请他作序。本来，我也曾经打电话向老师求序，只因那段时间看多了病中父亲的孱弱，所以，当听到老师用沙哑、沉闷的声音说出"身体不好"时，话到嘴边又咽了回去。我是不想让一个病中的老人再为我的一个小序操心费神。如今面对老师，我小心翼翼地说出原因，他说了句"我还不至于那么虚弱"，同时随手拍了拍我的肩膀。没有老师的序，对我来说是一个无法弥补的终身遗憾，但师徒间的默契与相互理解则更值得我永远珍惜。

吴门弟子都知道，吴老师是一个爱旅游、爱热闹的人。他在晚年尽管身体欠佳，多次动手术治疗，但他依然喜欢出行，并创造机会招呼师徒们相聚。而在这相聚中，老师的平和、温情与细腻尽显。2016 年夏天，借着《中国现代文学三十年》问世三十年的纪念活动，我们相聚北京，他精心策划了香山之行。在香山之夜，他不仅洒脱地宣告了处理自己藏书的类似"遗嘱"的意见，而且还给我们每个人挑选并赠送了可能缺少与需要的书。2017 年 7 月，我从北京前往美国。为了老师方便，也为了能与老师多待一会儿，我专门住到他家附近。那天，吴老师以不能商量的口气坚持请我吃午饭，我则通过商量定下了晚饭请他吃徽菜。其间，他还牺牲了午睡，急匆匆跑到我的房间，我们共同策划了《博览群书》的"名师之于高徒"系列文章。2018 年 10 月，我们又借着茅盾研究会第十一届年会聚集重庆，在给他祝寿的餐房里，他拿出精心准备的"寿"字让我们高高挂起。会议结束，由西南大学的王本朝先生派车，我改签了机票陪老师到武隆旅游。一路上，我搀扶着老师，胆战心惊地走完了"天坑"。之后，我乘机返回湛江，他则被接到重庆师范大学作学术报告。第二天，我收到了老师这样一条微信："离开你后十分紧张，故现在才看到询问。只是累，其他均好，中午启动返程。谢你一路关照。"

陪着一个年近八旬的老人去看陡险无比的"天坑",我真是十分担心!老师的"示弱",也让我第一次感到了他的衰老。他一路上任由我搀扶,过后又感到"十分紧张",这应该是一个老人失去依靠后特有的孤独、害怕心理。2019年8月17日,河南大学举办"吴福辉先生学术思想研讨会"。我们一见面,吴老师就对我说,我去文昌时带去的山东熏鸡(我家乡阳谷县生产的"五更炉熏鸡")真是好吃!这话我记住了,回去便给他网购了五只寄往北京。他收到后立即给我回信:"开振,山东熏鸡刚刚收到,谢谢。老师对你送的烧鸡念念不忘,真是馋得可以。今后应设法自己购买,能邮购吗?不然就归入在加拿大想念祖国的范畴吧。"

吴老师写这段话的时间是2019年8月25日晚上9点,也是他再次前往加拿大的十天之前。吴老师的话说得十分率真,也很幽默,但我相信,身在异国的吴老师一定"想念"过我的山东熏鸡!可如今,吴老师您"不留地址便突然远行"(吴福辉:《生命也因质朴而美丽——怀富仁》),我的"山东熏鸡"该寄向何方?

(《博览群书》2021年第3期)

这些话永远没有机会说了

刘骥鹏

痛心的消息,似乎总在不经意间突然而至!

在这个多事之冬的三九天,早饭后如往常一样翻看手机,就看到学友发来一行惊人的字:"吴福辉老师去世了。"天地似乎有点儿晕眩。在这个人世间,我再也不能见到可敬可亲的老师了!我感觉到天地间好像突然少了什么,这与其说是伤悲,倒不如说是惶恐。对,一种无所适从的惶恐!

芸芸众生中,一个我可以随意请教,可以快意闲聊,甚至可以在他面前傲娇一下的长者就这么快走了吗?心底还有很多的话要跟老师诉说,有些歉意有些依恋有些饶舌的话,已经憋了够长时间的了。但此刻,我知道这些话永远没有机会说出口了。

跟老师的缘分,是从进入河南大学读博开始的。

初次见面的情景已经模糊,反倒不及学术会议上老师的即席发言印象深刻。

读博的日子并不好过,四十开外的老童生,压力可是不小。老师在北京,我们在开封,每年见面两三回,每次见面,老师都询问我的读书情况,解答我的某些困惑。除此之外,单独聊天的机会并不是很多。很快到了论文选题的时节,这可是需要导师耳提面命的。

华威西里中国作协宿舍楼地下室有一个小房间,这是现代文学馆留出来给老师带的河大博士生查资料用的,是双方合作招生约定的条件。不用说,是老师向现代文学馆争取的。

2008年夏秋,我住进了这个小房间。国图、北图、现代文学馆,以及一家又一家的书店……昏天黑地的资料,茫然无序的作家作品思潮流派,脑子里一团糨糊,一团乱麻,每隔三五日,我就到楼上去找导师汇报一番,但几乎每回都被老师否决。

"做京海派吧,这块地还有很多开拓空间。"

我赶紧推脱。对他们,我不算很陌生,但熟悉的程度离研究还有相当大的距离,我担心做不好。

"那你想做啥?"探询的目光盯在我脸上。

"我想做鲁迅,《野草》。"

"鲁迅研究累积太厚,这么短时间够用吗?"老师有些担心。

确实,仅《野草》研究资料就很多,而且研究《野草》不是看看资料就会有想法的,面对原著,需要用心一寸一寸地悟,如同和尚参禅悟道。谁知道这么短时间能悟出多少呢?老师没有多说,我自己先怯阵了。

"那我试试左翼可以吗?"

"左翼?……你读读聂绀弩怎么样?杂文、小说,还有后来的旧体诗,足以支撑一篇博士论文。"

聂绀弩,聂绀弩,聂绀弩。这个聂绀弩还真是个人物,早期跟蒋经国等人一起留学苏联,回来后颇受国民党高层器重,但居然弃"国"投"共",在左翼文学界奔走,还被称为"党内最大的自由主义者"。鲁迅弟子,鲁迅后期弟子。

还有萧军、萧红、胡风……对,还有冯雪峰。应该还能扯上丁玲吧?

晚饭后我兴冲冲地跑上楼,自信,兴奋,带着一点儿快乐的感觉。

"老师,我想做鲁迅后期弟子!"

"说说看。"导师眼睛一亮。

如此这般,这般如此……

"共同之处在哪儿?"

老师高瞻远瞩,一把就抓住了要害!

"都是左翼的,向往革命,但又想保持点儿个人自由。"

"萧红呢?"

"萧红不大一样……"我有点儿迟疑。

至于哪儿不一样,我还真没想好,一时语塞。

"萧红在创作上走了自己的路,可以把她搁置。"

"嗯嗯。"

"你要把丁玲算上的话,那就把王实味也算上吧,虽然跟鲁迅没有直接接触,但思想上有联系,丁玲实际上跟鲁迅直接接触也不是很多。"

"嗯嗯!"醍醐灌顶的感觉,心里一阵狂喜。

"这个题目有深度,理论上必须说清楚。"

"嗯嗯,我尽力。"

"就这么定了吧。咱们要不要出去走走?"

像这样精神紧张的对话并不是很多。大概是怕我在小屋子里面对一堆堆资料学傻了吧,老师晚上出来散步愿意喊上我,随意闲聊,颇为惬意。

天上地下,风物人情,历史掌故,西方东方,老师知识极为渊博,视野异常开阔,也有说不完的话。我也颇有兴致听,不时还追问一两句。尽管某些观点并不很一致,聊起来却相当投缘。

周末的一天,老师不知怎么来了兴致,我们一起去了老舍故居。一个房间一个房间,老师自动当起了导游,博导级导游。老师介绍得很仔细很认真,我听得好像也很认真,实际上有点儿装模作样,实在是怕怠慢了他的一片好意。我又不研究老舍,何必了解这么细致呢。

大概是读出了我的心思,博导级导游停顿了一下,加重了口气:"老舍40年代也有左转的势态,在'文协'跟胡风共事不短时间。"

"嗯嗯。"我赶紧应着,明白了老师的一番苦心:要结合时代,要跳开左翼论左翼,要照顾到左邻右舍。

临离开老舍故居,老师盯上了一尊小小的老舍半身石膏像,说:"你不买下来做个纪念吗?我家里就有一尊。"

我有些吃惊:我买这干吗?我又不是老舍迷。当然是心里想的,没说出口。

但这点小心思,怎能瞒过老师敏锐的眼睛?他居然很有些不平,脸上挂着深深的失落感。我意识到,这不平是为老舍,为现代作家们,也为我等对老舍、对现代作家的怠慢吧。

这大概是我辈与老师最大的区别吧?我辈或多或少把这些作家当成了敲门砖,老师则对他们有着很深很深的,一种近乎宗教般的神圣情感。

靠着这份神圣情感,老师与一群长者为文学馆搜罗了大量的作家文集、手稿、墨宝,甚至脸模、牙套,从无到有,一点点、一滴滴将纸面上的现代文学馆打造成了闻名世界的收藏馆、博物馆、资料馆;合编了《张天翼研究资料》《茅盾全集》《沙汀研究资料》等,做了大量基础性、拓荒性的工作;靠着这份情感,老师从左翼到京海,以至于整体性的文学史,所到之处均留下深深的思考痕迹,给后来者以深刻的启迪……

电光石火般的思绪一闪而过,我深深地理解了这位慈祥智慧的老者,我的老师。临出门的那刻,我毫不迟疑地掏出三十元钱,从管理员手里接过了那尊老舍像。

就算是个仪式吧。我要好好珍藏老师这份执着又神圣的情感。

大半年过去,论文写到一多半了,题目还没拟好,也还没给这帮在文坛赫然而立的愣头愣脑的作家起个名字。左翼独立派,左翼自由派,左翼自由派,左翼独立派……脑子里名词在打架。

又见面了,师生在小馆里坐定。

"论文写得怎么样了?说来听听。"

"左翼独立派,左翼自由派,左翼独立派,左翼自由派……"叽里呱啦,如此这般。

"不好,没有突出价值追求……左翼启蒙派咋样?"

太恰切了!内心又是一阵窃喜。

原来老师一直在替我思考呢。多少天解决不了的问题,导师分分钟给搞定。高人之名绝不虚传!

这餐饭虽然很简单,可师生都相当尽兴。

转眼就毕业了,我来到离老家不远不近的豫东这所学校。因为查资料等原因,前些年每年都要到北京跑上一两趟。每去,我尽可能地挤时间去看看老师。师生海阔天空地神聊,是彼此的一大享受。如时间充足,偶尔也陪着导师出来转转。这次,老师选择的居然是国子监这颇不起眼的老地方。到了我才知道,原来旁边就是现代文学馆草创时期的临时宿舍。老师兴致颇高,指点着说,这间是他住的地儿,那间是李凖生活的地方,我听得也很认真很仔细,这可不是装出来的。我明白,老师是在做回顾游。

不知从什么时候开始,老师的小书房里安上了一个象棋盘,上面摆着棋谱,他手里还拿着一部棋谱,一副甚是专注的神情。我很疑惑,他推掉了那么多的约稿那么多的学术会议,难道就是为了下棋?看来他是想让自己喘口气,换个活法。

看到我来访,老师甚是高兴,拉着我在方寸之间展开"楚汉大战"。老师的棋艺实在不敢恭维,尽管我多年不再玩这玩意儿,水平大大退步,但赢老师这个初学者还是毫无悬念的。于是,棋战也就变成了讨论,这步应该怎么走,下步可能有几种变化。老师也很高兴,他正苦于没人指点呢。我也过了一把给老师当老师的瘾。

老师最大的爱好应该是文化考察游。他的兴致之高、好奇心之重,令人叹为观止。若在假期,我是很愿意从游的,因为考察游的文化含量很高,跟着导师耳濡目染的收获也很多。但这些年我时间越来越紧张,出门请假越来越不好开口,偶尔出去开个学术会也是来也匆匆去也匆匆,很少能陪着导师畅快地漫游一次。我多少次想,退休以后有时间了,陪着老师好好到处游游,起码先陪着老师游游蒙山和沂河。除了若干年前跟李準到临朐买石头那次,老师似乎并未去过真正的沂蒙山腹地,而我老家与孟良崮相距还不到半小时车程。

2018年冬季在重庆,我一下飞机就到老师房间报到。他很高兴,约我会后到武隆看看。我知道,这种爬山涉水的漫游,以老师这把年纪没人陪同怎么行?我颇为踌躇,因为单位还有事情,实在不好再延期。老师这最后一次的约游,就这样被我拒绝。没成想,那本来是最后一次跟导师单独相处的机会。现在想来,既惭愧又惋惜。

那次见面不久,老师就张罗着去加拿大卡尔加里,说是前五年每年要在那里待上半年,拿到绿卡后,还是以在国内生活为主。——当然是奔着儿子声雷一家去的。大家内心得到些慰藉,但隐隐也有点儿担心,这么活跃的、与国内学术界紧密联系的老师,一下子沉寂下来,会不会心理上有些不适?

但老师总是很乐观,也习惯展示自己生活中积极乐观的一面。他说准备在合适的时候,跟着声雷去看极光,说这是最大也是最后的一个愿望。另外还打算,到来年暑假,师生一起到恩施相聚。大家就一直期待着。

但不久就来了疫情,又过几个月北美的疫情也蔓延开了,加拿大也渐渐严重起来。国际往返越来越不可能,期待的相聚自然泡汤了……

于是,大家接下来盼着疫情早一点儿过去,早一点儿过去,希望能尽快见到可亲可敬的老师,尽快!

在各种可能中,最没想到的是会得到这样的消息……

天地之间是那样空寂那样静穆！在无边无际的沉沉黑暗中,您的西行之路还顺利吧？

我们最熟悉的伟人说,在进化的链条上,一切都是中间物。但每个中间物的作用还是有很大不同的。您来过,努力过,奉献过,临走又是这么突然,没给任何人一丁点儿麻烦。您挥一挥衣袖,没带走一片云彩。

可您留下来的绝不仅仅是虹影,还有很多很多……

(《博览群书》2021 年第 3 期)

文学是生命的燃烧
——论吴福辉在文学领域的贡献

刘铁群

著名学者吴福辉先生在学术界通常被称为文学史家,这是因为他在中国现代文学史的撰写与研究方面成就卓著。但吴福辉在文学领域的贡献并不仅仅限于文学史,他既有大气磅礴的文学史著作,也有独具气象的作家与流派研究;既有扎实厚重的学术成果,也有洒脱灵动的学术散文;既有稳坐书斋、潜心学术的定力,也有关心学术生态和文学教育的人文情怀。总体来说,吴福辉在文学史著述、文学研究、学术散文、文学教育等方面都有自己独到的贡献。

一、文学史著述:持重与创新的结合

钱理群在提到《中国现代文学三十年》的写作与修订时曾说,他与温儒敏、吴福辉三人坚持的一个原则是"持重与创新的结合"①。他对这一原则的进一步阐释是:"理想的中国现代文学研究,既要有时代性,甚至有超越时代之处,同时还要有历史感。"②这一理想状态正是吴福辉所追求的,可以说,吴福辉一直努力在持重与创新之间寻找恰当的结合点,他对文学史的思考与撰述的过程,就是以持重为基础的创新过程。

吴福辉与钱理群、温儒敏合作完成的《中国现代文学三十年》面世已有30余年,是迄今为止使用范围最广且深受欢迎的中国现代文学史教材。这部文学史能长期畅销,保持鲜活的生命力,关键在于做到了持重与创新的结

---

① 李浴洋:《中国现代文学研究的道路、方法与精神——钱理群教授、温儒敏教授、吴福辉研究员访谈录》,《文艺研究》2017年第10期。

② 李浴洋:《中国现代文学研究的道路、方法与精神——钱理群教授、温儒敏教授、吴福辉研究员访谈录》,《文艺研究》2017年第10期。

合。《中国现代文学三十年》有扎实的史料基础,追求以精练的语言概括文学思潮,阐述作家作品的文学风格、艺术特征与思想意义,继承了王瑶先生《中国新文学史稿》严谨规范的作风。但与此同时,《中国现代文学三十年》也凸显了锐意创新的精神。钱理群在访谈中明确表达了《中国现代文学三十年》对《中国新文学史稿》的超越:"王瑶写作《史稿》的一个重要的理论资源是毛泽东的《新民主主义论》。但到了写《中国现代文学三十年》时,我们已经不再满足于单纯根据《新民主主义论》来进行文学史研究了。我们当时认为'现代化'是一条更为根本的叙述线索。"①《中国现代文学三十年》在最初成书之时就显示出鲜明的创新性,之后又经过两次修订进一步实现了观念和内容的更新。在这两次修订中,吴福辉负责的部分改动幅度是比较大的,有些章节是新增或重写。例如,在1998年修订本中,增加了三章"通俗小说"的内容,这就把长期被忽视的通俗文学纳入中国现代文学的整体发展之中。到2016年再次修订时,吴福辉又把"通俗小说"改为"市民通俗小说",相应的章节内容都进行了重写。显然,《中国现代文学三十年》不是一部固定不变的文学史,它在不断的自我更新中持续焕发出新的生命力。

吴福辉撰写过一批反思中国现代文学史问题的论文。在思考文学史问题时,他首先坚持的是理性而持重的立场,他强调:"我们后人尽管可以指点江山、激扬文字,批评各种已成的文学史,但都应对历史上的著作及前人表示起码的尊重。"②在尊重前人的基础上,吴福辉对现代文学史的几个重要问题做出了发人深省的思考,主要体现在以下四个方面:第一,对中国现代文学起点问题的思考。吴福辉指出,很多研究者从晚清寻找现代文学起点的说法都言之有理,在晚清寻找文学的现代性也顺理成章,却无法找到一个大家公认的起点,这正说明"中国文学的'现代性'在晚清是一个积累的过程,但还找不到一个确切无疑的爆发点","'晚清'只能是现代文学的发生期,而'五四'才是现代文学跨时代的转折之期"。③ 第二,对市民文学的文

---

① 李浴洋:《中国现代文学研究的道路、方法与精神——钱理群教授、温儒敏教授、吴福辉研究员访谈录》,《文艺研究》2017年第10期。
② 吴福辉:《"主流型"的文学史写作是否走到了尽头?——现代文学史质疑之三》,《文艺争鸣》2008年第1期。
③ 吴福辉:《寻找多个起点,何妨返回转折点——现代文学史质疑之一》,《文艺争鸣》2007年第7期。

学史空间的思考。吴福辉结合文学史现状指出,我们的文学史叙述中,农民性一直压倒市民性,市民文学没有得到应有的空间和公正的评价,这是一种偏见。"研究中国的现代市民文学,在乡土文学系统之一侧,给予市民文学恰当的文学史空间,便能在此关联中更真切地感受到我们世纪文学脉搏的跳动。"①第三,对文学史教材的思考。很多研究者把文学史分为学术型和教材型,并将平庸文学史大量存在的原因归结为教材型文学史的泛滥。吴福辉认为这种说法不符合学理,并犀利地指出:"教材型文学史,既要具有符合接受者需要的学术含量,又要包含适当的教学设计。……真正的教材型现代文学史,说得不客气一点,至今还没有产生呢!"②第四,对文学史书写模式的思考。吴福辉将"提升出一种文学'主流'来整合全部历史的文学史"称为"主流型"文学史。"无论是'进化的文学史'、'革命的文学史'或'现代性的文学史'"都属于这一类型,"它们主要的特点便是鲜明、集中、清晰。最大的弊病就是必然要遮蔽许多不属于'主流'的,或误以为不是'主流'的东西。于是,我们的文学史就常常无法避免一种欠完整的、非多元的视界了"。为了弥补"主流型"文学史的不足,吴福辉提出"合力型"文学史的设想,希望这种"多元的、多视点的、多潮流的'合力型'文学史"能找到"将文学人文精神和文学形式创新合为一体的文学史基本单位"。③

  吴福辉不仅对文学史问题做出深入的思考,还将思考付诸实践。2010年出版的《插图本中国现代文学发展史》就是对"合力型"文学史的探索与实践,同时融汇了他对文学史问题的多重反思。这部著作不是平面介绍文学思潮和作家作品,而是立体呈现文学发展的复杂而多元的样貌。这部著作把文学放在政治、经济、文化、出版、学术等多维度的场域中,关注晚清多层面的"现代性"积累,关注作品的发表、出版与传播,关注流派的酝酿、形成与转变,关注作家的迁徙、聚散和心态,力图"把过去线性的视点转化为立体

---

  ① 吴福辉:《消除对市民文学的漠视与贬斥——现代文学史质疑之二》,《文艺争鸣》2007年第9期。
  ② 吴福辉:《为真正的教材型文学史一辩——现代文学史质疑之四》,《文艺争鸣》2008年第3期。
  ③ 吴福辉:《"主流型"的文学史写作是否走到了尽头?——现代文学史质疑之三》,《文艺争鸣》2008年第1期。

的、开放的、网状的文学图景"①。这部著作的创新得到学术界的认可,钱理群称赞它"是集大成,又是新的开拓","是一本期待已久的,别开生面的,个人文学史著作"。② 吴福辉本人在这部著作的《自序》中说:"本书的目标不是企图创立一种新型的文学史范式。它不过是未来的新型文学史出现之前的一个'热身',为将来的文学史先期地展开各种可能性作一预备。"③这部著作出版时,吴福辉已经是 70 岁的高龄,但"热身"之后他并没有离开跑道,而是踏上了新的写作征程,与钱理群、陈子善合作编撰了《中国现代文学编年史——以文学广告为中心》,这又是一套富有探索性和创造力的文学史。《中国现代文学编年史——以文学广告为中心》以广告这一独特的视角考察文学的发展,以大量史料还原文学现场,以看似破碎的叙述呈现了鲜活的文学万象。"广告"仅仅是一个视角,《中国现代文学编年史——以文学广告为中心》的目的不是求全,而是展现文学史的另一种可能性。吴福辉清醒地意识到文学史的转型与发展路途漫漫,他指出《中国现代文学编年史——以文学广告为中心》"只是文学史之一,是有特殊角度的文学史",至于文学史的书写如何进一步推进与完善,"我们只能等待各色各样的文学史都像'魔鬼'似的放了出来,然后由时间这个严酷的衡量器来做判断、做改进了"。④

从《中国现代文学三十年》到《插图本中国现代文学发展史》和《中国现代文学编年史——以文学广告为中心》,从文学史观到文学史撰写,吴福辉一直没有放弃持重的原则,同时也没有停止前行的脚步。他在持重与创新的结合中显示出非凡的史识和史才,也切实推进了中国现代文学史的书写与研究。

二、文学研究:宏观与微观的贯通

谈起吴福辉的文学研究,有一个突出的特点曾被反复提及,那就是生命与文学的交融。此种说法不容忽视,吴福辉熟知京海,游走双城,他"让生命

---

① 吴福辉:《插图本中国现代文学发展史》,人间出版社,2010,《自序》第 4 页。
② 钱理群:《是集大成,又是新的开拓——我读吴福辉〈中国现代文学发展史〉(插图本)》,《文艺争鸣》2010 年第 7 期。
③ 吴福辉:《插图本中国现代文学发展史》,人间出版社,2010,《自序》第 6 页。
④ 吴福辉:《〈中国现代文学编年史〉的写作和我的文学史观》,《文学评论》2013 年第 6 期。

附着在文学之上,也让文学附着在生命之上"①,京派、海派文学研究可谓风生水起、有声有色。然而问题没有这么简单,作为研究者,选择贴近自己生命体验的研究对象是常见的思路,但能像吴福辉这样,在与研究对象的互相激荡中成就经典则是罕见的。那么,吴福辉何以建立自己的学术优势并创造出里程碑式的研究成果?这就要回到吴福辉的文学研究历程,厘清他的研究路数。

吴福辉的研究从左翼文学起步,出手不凡,之后又在京派文学与海派文学研究中再创辉煌。显然,吴福辉有敏锐的学术眼光,他每次都是选择一个中等的有弹性、有特色的选题展开学术的攻坚。中等选题不会遭遇范围过大的空泛,也不会落入视界太小的局促;有弹性的选题具备足够的分量、层次和张力,也具备学术的生长点;有特色的选题则增加了成果的辨识度与创新的可能性。这样的选题既有利于打开宏观的研究视域,也适合进行微观的深入探究,吴福辉正是将宏观把握与微观研究相结合,建构了有视野、有格局,也有灵性、有深度的研究空间。

从宏观把握来说,吴福辉不是一头扎进作家与作品,就事论事,而是能站在制高点上对文学现象进行总体把握,有提炼新观点、打开新格局的气魄。对于海派文学,他排除成见,为海派文学正名,并梳理海派文化的历史变迁、文化心理、行为方式,概括海派小说的都市主题和文化风貌。对于京派文学,他悬搁学界的质疑,完成对京派文学的界定,并全面勾勒京派作家的文化精神特征、文化心理、文化性格、文学理想,探讨京派小说的乡土叙述、审美品格、文体意识等。吴福辉的宏观视野不仅体现在对一个文学流派内部的整体把握,还包括各流派之间的联系与对比。1981 年,吴福辉完成了硕士学位论文《中国现代讽刺小说的初步成熟——试论"左联"青年作家和京派作家的讽刺艺术》,当时已经把左翼文学与京派文学联系在一起。之后他的一批经典论文都没有把文学流派作为孤立封闭的现象进行研究,而是在相互联系中深化对每个流派的认识。例如,在讨论京派作家文体自觉的时候,将之与左翼作家和海派作家联系在一起:"三十年代的中国小说形

---

① 李浴洋:《文学史家目光中的"大语文"——钱理群、温儒敏、吴福辉论道访谈录》,《教育家》2017 年第 48 期。

态比较起'五四'时期已成熟得多了。文体意识自觉程度的普遍加强,成为一时的风气。各派作家大体如此。左翼作家在使文学与无产阶级斗争结合的同时,大部分人明确地致力于小说的风格化、个性化,夹杂着不断克服自身对艺术的忽视倾向。海派有意引进外国现代派的小说观念,把中国的鸳鸯蝴蝶体洋化了,使文学走入异途,但它的出现不能不说是文体自觉化的标志之一,究竟为了一种小说体便树起一个流派,这还是罕有的。在这样的文学大趋势面前,京派独树一帜,以强烈的审美意识压倒他们的社会意识,造成不断试验中国小说文体的热情,其艺术指向主要是对小说内部的深入探视。"①在这样宏观的联系与对比中,既开阔了视野,也对三个流派的文体特征做出了清晰的描述。

  吴福辉既有驾驭宏观研究的视野与气魄,也有潜入微观研究的敏锐与能力。吴福辉的微观研究首先体现在史料挖掘的精微,他阅读了大量的报纸杂志和原版书籍。在充分掌握了第一手资料的基础上,吴福辉打捞出了不少被淹没和忽视的重要作家和作品,如在研究海派文学的过程中发现东方蝃蝀、令狐彗、黑婴、曾庆嘉、禾金等人的一些作品,在编《京派小说选》时谨慎而又恰当地收入了季康的《路路》和叔文的《小还的悲哀》等。汪曾祺在阅读《京派小说选》后惊喜且感动,给吴福辉写信,盛赞他史料爬梳剔抉的功夫了得,该选集中有些重要作品汪曾祺都不曾读过。② 吴福辉的微观研究当然还体现在对作家作品深入体贴的解读。他有突出的艺术鉴赏力,能精准捕捉文字的独特气息。他说穆时英《夜总会里的五个人》对霞飞路的描写让"你仿佛坐上1932年最新型的轿车从这条长长的商业街掠过,摇光曳影,目迷五色,杂然纷呈。你会强烈感到现代都市的速率"③。他说老舍《牛天赐传》对中国式丧仪的绝妙描写"是令人脊背颤栗的民族旧文明的历史写真,是真实到毫发毕现的生活描摹,是笑着哭诉老中国社会的庸俗、无聊赖

---

  ① 吴福辉:《乡村中国的文学形态——〈京派小说选〉前言》,《中国现代文学研究丛刊》1987年第4期。
  ② 吴福辉:《汪曾祺坦然欣然自认属于京派》,《现代中文学刊》2011年第2期。
  ③ 吴福辉:《老中国土地上的新兴神话——海派小说都市主题研究》,《文学评论》1994年第1期。

和认真的生命浪费"①。他说张爱玲《金锁记》和《倾城之恋》"不尴不尬"的结尾让"人的心灵仿佛提前老去,本来是天真无邪的纯洁心灵,现在被都市烂熟的水果气息,酒精的晕眩力量所支配,与年龄不相称地悲凉起来"②。这些文字一寸一寸都带着敏锐的艺术感觉。吴福辉解读作品的功夫令人佩服,杨义曾说:"他对一些作家的评点,有若老吏判狱,相当老到,颇有一些见解会使你佩服他确实把作家作品'吃透'了。"③

值得注意的是,吴福辉关注的左翼、京派、海派都是1930年代文学的核心内容,而且他所处的时代决定了这些选题的创新性。如果把吴福辉的研究成果并置在一起,就会发现,他是从几个有特色的中等选题入手,通过宏观研究与微观研究的结合,建造了一座有个性的学术宫殿。这座宫殿有宏大开阔的外在景观,也有精美细致的内部结构,它具有开拓性,又在一定程度上反映了1930年代文学的宏观图景。而1930年代又是中国现代文学承上启下、继往开来的关键时期。有了这座宫殿做根据地,吴福辉就获得了在现代文学领域自由穿行的深厚底气和潇洒姿态。他既可以溯流而上,回眸晚清至"五四"时期复杂的文学缘起,也可以顺流而下,探析抗战时期多文学中心的形成。他的文学研究也因此深入而开阔,既获得了坚实的根基,又有无限生长的可能。

三、学术散文:学问与趣味的并举

吴福辉的散文创作始于1960年代,当时他作为中学教师给报刊投稿,写的大多为教育随笔。1990年代,吴福辉重新拾起散文之笔,开始以学者的身份创作学术散文,从此日积月累,不曾间断。他的散文主要收在《京海晚眺》《且换一种眼光》《游走双城》《春润集》《石斋语痕》《石斋语痕二集》《多棱镜下》等集子中。吴福辉以不辍的笔耕在自己园地的一侧培植出了枝繁叶茂的学术散文小世界,这个小世界是他劳作的成果,也是他惬意的栖息

---

① 吴福辉:《中国现代讽刺小说的初步成熟——试论"左联"青年作家和京派作家的讽刺艺术》,《北京大学学报》1982年第6期。
② 吴福辉:《老中国土地上的新兴神话——海派小说都市主题研究》,《文学评论》1994年第1期。
③ 杨义:《新地域文化的深层透视——由吴福辉〈都市漩流中的海派小说〉引发的治学策略思考》,《博览群书》1996年第5期。

之地。

  吴福辉对学术散文有过认真的思考,他的思考是受到了唐弢的启发。吴福辉在《不端"散文架子"的散文更好》一文中提到,唐弢曾强调书话的散文要素包括事实、知识、掌故、观点以及抒情气息和艺术享受,而他写作学术散文所遵循的要点正与这些要素相吻合:"大凡挖掘出零星的新材料了,有了些与别人不同的看法了,但料子还不够做大衣长衫,写不成长篇论文的,便作成短文;追求文采却不允矫饰,笔调在松动些的论文和活泼不过分的散文之间。这即是学术散文。"①从唐弢的概括到吴福辉的阐释,包含着两个重要内容即学问与趣味。学问与趣味的并举,也正是吴福辉学术散文的特点。

  吴福辉的学术散文有学问,这与他的身份、写作状态、创作理念有关。吴福辉把写散文当作休息,他说自己写作的时机往往是"两次学术思考的间隙,在完成了一篇论文或一本论著需要喘口气的当儿",此时他的学术思考并没有停止,只是换了相对轻松的方式,如果有报刊编辑约稿,"恰巧还有点边角余料,有点想法,于是用一天到两天时间涂抹成一篇小文,三四千字,五六千字不等,正是'瓮牖剩墨'(王了一语)的境地"②。吴福辉主张有不同专长的人跨界写散文,小说家、诗人、戏剧家的散文都应该形成自己的特色,他认为"学者就应该保持他那饱满的书生气,有余暇便写点有知识有学问并有长短句的文字。开初不必当回事,可它自会生长,出苗挺茎抽叶,转眼间长成葱茏草木,有了独立的气候,这便是学术散文了"③。吴福辉的学术散文创作正是伴随着他的学术研究历程迤逦展开,逐渐形成独立的气候。他的学术散文也是他学术研究的一种延伸,《京海两难》《沈从文的上海观》《谁之北京乎》《文化转机:上海的马路(一)》《面临现代:上海的马路(二)》《张爱玲的宽度》《大陆文学的京海冲突构造》等是他对京派、海派研究的延续,《提倡个人编写文学史》《晚清文学现代环境的形成》《三十年市民通俗小说新订三章》《新文化运动"反传统"漫议》是他撰写文学史间隙的思考,《书刊广告琐谈》《话说信件》《封面女郎和学院脸孔》《良友画报也曾革新》

---

① 吴福辉:《不端"散文架子"的散文更好》,《博览群书》2015 年第 12 期。
② 吴福辉:《不端"散文架子"的散文更好》,《博览群书》2015 年第 12 期。
③ 吴福辉:《不端"散文架子"的散文更好》,《博览群书》2015 年第 12 期。

《〈家〉初刊为何险遭腰斩》等是他挖掘考证史料之余的收获,还有一批序跋和写学术界师长、朋友的散文也体现了他对学术问题的探讨。这些散文虽然不如文学史厚重,不如论文大气,但蕴藏着新史料,闪烁着新观点,有饱满的书卷气息。

"学术"二字往往让人觉得枯燥,但吴福辉的散文在谈学术时谈出了特有的趣味。吴福辉所选取的材料往往是有趣的,《沈从文的上海观》从沈从文1950年代中后期写自沪上的几封信谈起,引用他批评上海人吃零食的妙句:"一部分人并且口中国国有声。原来什么吃的都可零包出售,所以一面走、一面看、一面吃的人就越来越多。这个大城市过去是现在依旧是有百万计的人,都不怎么用脑子想生活以外事情,而对吃穿却有浓厚兴致的。"沈从文在批判"零食陋习"的基础上说上海是个"待教育,待好好教育"的城市。这些文字妙趣横生,也生动展示出沈从文的立场和上海观。这类有趣的材料在吴福辉的散文中比比皆是,但吴福辉绝不是罗列材料,大掉书袋,他往往能对材料做出新颖而有趣的解读。他这样分析鲁迅复杂的京海立场:"'京派'是传统的流风余韵,是从古久先生陈年簿子里流出来的东西;'海派'则是现代的畸形产物,是摩登女郎唇边的一抹猩猩的口红。一个是封建邪恶,一个是现代流弊。当鲁迅单独面对'海派'的时候,他何曾网开一面过?"(《京海两难》)吴福辉还经常在散文中穿插个人的生活体验,在讨论上海马路与近代文化转机的问题时,他插入了青年时期"荡马路"的经历:"记得60年代困难时期的末尾,我同比我大一岁的堂叔先后自东北回沪,从南京东路向西藏中路方向一路吃过去,仅五元多钱一斤的'高价'糖果(其时正常价的酥糖应是四五角一斤)顷刻间我俩就入肚两斤多,也不怕甜死。上海的马路从此变成了一条条甜街。"(《文化转机:上海的马路(一)》)这率真的文字和有趣的经历让散文有了热气腾腾的生活气息。不少研究者注意到吴福辉学术论著的语言是别具情致的,但学术语言毕竟受限,那还是一种戴着枷锁的情致。而在学术散文中,他的语言卸掉枷锁,自由舞蹈。他这样写同门凌宇:"凌宇不是无时不刻炫才的人,但他的自我欣赏每多少年总要发作一次,一般还不至于让周围的人特别难堪。"(《凌宇的才气、硬气和乡气》)他这样写在香港图书馆看书时的感受:"多少个一整天,我游弋在这里,像游弋在海滩。从书卷字行间略略抬眼,窗外维多利亚湾的海水,几与视线平行,一艘艘漂亮的船儿直驶入来,开进你的书面、书桌。或者你感觉也在船甲板上。仰卧着读'天'这本大书,一只书船,驶来驶去的,舒坦极了。"(《坐香港图书馆得趣》)这样的语言从容、平易而不乏幽默感,洒脱、流丽而不乏真性情。

四、文学教育:情怀与担当的凸显

吴福辉不是个固守书斋的学者,他关心生活、关心社会,保持着他对现实的敏感。在他的文学史著述、文学研究和学术散文中,都隐藏着他对现实的关怀。同时,他还以极大的热情投入到文学教育的思考与实践之中。

吴福辉于 1999 年开始在河南大学担任博士生导师。他的教学是宽严相济、循循善诱,能在尊重学生兴趣、倡导学术自由的前提下对学生进行适当的引导,既发挥了学生的特长,也凸显了师门的学术特色,他培养的博士生在某些研究领域形成了相对完整的谱系。以海派文学领域为例,吴福辉在海派小说研究中的成就有目共睹,冯亦代先生曾撰文称赞吴福辉在海派小说研究中的开创性,同时指出:"可惜他只写了小说一门,其他如诗,如散文,如戏剧,甚至是上海小报上写'豆腐干'一块块的专栏文章,他都没有触及。"[1]冯先生的批评曾是吴福辉心中的遗憾,令人欣慰的是,这个遗憾由他的几个博士生共同做了弥补。他在《陈啸替我还了一笔"文债"》中写道:"今日我可以告慰冯先生的是,我虽不才,但在我指导下的学生这十几年里却已做完了从杂志研究(刘铁群)、海派小报(李楠)到海派戏剧(尹诗)、海派散文(陈啸)诸个课题,手头的学生还在做海派作家迁徙香港后的论文(鹿义霞)。做得如何自然可勿论,但我们师生聚在一起,总算是实现了这个全面述说 20 世纪海派文学的愿望。我也可以直面冯先生了。"[2]陈子善也注意到吴福辉有一批专攻海派研究的博士生成绩不俗,说"老吴带出了一支有战斗力的研究海派文学的学术队伍"[3]。

高校文学教育中无法回避的一个重要问题是文学史教材建设,吴福辉文学史家的身份让他能对这一问题做出有高度和深度的思考并提出建设性

---

[1] 冯亦代:《读"海派小说"之余》,《〈瞭望〉新闻周刊》1996 年第 8-9 期。
[2] 吴福辉:《陈啸替我还了一笔"文债"》,《博览群书》2018 年第 6 期。
[3] 陈子善:《文学史家老吴》,《南方文坛》2018 年第 3 期。

意见。他在《为真正的教材型文学史一辩——现代文学史质疑之四》中批驳了学术界对教材型文学史的误解，并强调教材型文学史要处理好知识与技能、公理与创新的关系，学术含量与教学设计都应该从学生的实际出发。他提出三点具体的意见：第一，文学史的基本知识要交代明白；第二，与基本知识相关的理论概念要见缝插针地介绍；第三，要留下通往学术前沿的道口。吴福辉也描绘了教材型文学史的理想境界："一本教材型的文学史，从公理说起，到给接受者留下创新的余地，在基础知识的网的各处留下通达的路口，应当描画成一本充满地址信息的文学地图。"①当然他也明了，达到这种理想境界尚需时日。因此他进一步指出，在没有完善的教材以前，教师的主导性、创造性至关重要。教师可以依据学生的需求对已有的学术成果进行创造性的转化，教师的相机处理、灵活变通正是教学的生命力所在。

吴福辉不仅关心高校文学教育，还关心中学语文教育。笔者曾多次听他说起自己的工作生涯是从中学语文教师开始的，有20年的教学经历，因此，在晚年利用自己的专业特长回望并思考中学语文教育是他能够做也应该做的。吴福辉对语文教育改革的思考不是纸上谈兵，而是亲自参与推动工作。2001年，吴福辉与钱理群、王尚文等教育家和学者联合编选的《新语文读本》由广西教育出版社出版，受到社会的广泛关注。《新语文读本》是一套涵盖小学、初中、高中的课外读物，其编选原则是回归经典、立言立人。这套书既是对语文教材的延伸，也是对语文教学的丰富；既是语文读本，也是精神读本，对语文教学具有很好的推动作用。2006年，吴福辉又承担了北京大学语文教育研究所的"课堂内外基金"项目——"中学语文与中国现代文学"，他设计了7份关于学生阅读喜好的调查问卷，在安徽、河南、江苏3省的6所学校展开调查。汇总并分析调研数据后，吴福辉撰写了《当今中国现代文学与中学语文教育调查报告》。这份调查报告引起了教育界的关注，《语文学习》杂志围绕"语文教育中的中国现代文学"对吴福辉进行了专题采访。吴福辉在访谈中提出了三点建议：第一，语文教师应该了解文学史"重写"的学术概况；第二，应该根据现代文学的语言特点选文和教学；第三，

---

①　吴福辉：《为真正的教材型文学史一辩——现代文学史质疑之四》，《文艺争鸣》2008年第3期。

要解决好人文意义和语文意义的关系。吴福辉的建议对于中学语文的教材建设和教学实践都有重要的指导意义,访谈者认为吴福辉的观点"为相对封闭的语文教学打开了一扇窗"①。

吴福辉对文学教育的一个核心关注点是阅读,其思考不仅涵盖了大学和中小学,还打通了校园与社会。他在反思极度应试教育挤压人文教育的基础上指出:"文学阅读不是小事。后代的成长固然不必杞人忧天,但不等于我们在这个转型时代可以放弃'责任',可以无视全社会文学教育付之阙如的危急性。社会转折之前,或转折当中,社会上握有政治权力和知识权力的两种人,应该富有远见地指出发展中的正面和负面可能,并尽量缩小负面作用。假如这两类人无作为,不发声,便要问责,便要查一查我们的制度和渠道什么地方应当检修了","教育出了纰漏,不是一年设一个'阅读日'可以解决的。文学阅读的急剧减少,影响到祖国语言、文学的健康延续,影响优秀人才的产生,国民想象力、创造力的发挥,低级趣味的消失等等,甚至决定未来我们孩子的脸上有无书卷气!"②

在吴福辉的信念中,对文学教育的关心、思考与推进,是一个教育者的责任,也是一个文学研究者的义务。因此他呼吁文学研究者打通书斋与社会,为推进阅读和提升国民文学修养做出努力:"我们认为每个现代人都应当具备一定的文学修养,知道自己民族和其他民族有哪些伟大的作家,进而通过阅读伟大作家的作品,提升自己和整个民族的精神素养。……我在中国现代文学馆工作的重心之一,就是要把文学推向社会。因此,我们从事专业的文学研究,也需要打通书斋与社会。而关注中学语文教育,正是我们在这一方面做出的努力。"③

吴福辉是对中国现代文学有突出贡献的学者。2018 年,他曾写下一段文字,作为自己学术生涯的总结:"在学术道路上,执着于自己的信念,也勇

---

① 李节:《语文教育中的中国现代文学——中国现代文学馆研究员、博士生导师吴福辉访谈》,《语文学习》2014 年 7—8 月刊。
② 吴福辉:《文学阅读与全民素养》,《文艺争鸣》2016 年第 7 期。
③ 李浴洋:《文学史家目光中的"大语文"——钱理群、温儒敏、吴福辉论道访谈录》,《教育家》2017 年第 48 期。

于修正和提升信念。如同心中燃着一把火。"①对于吴福辉来说,文学史著述、文学研究、学术散文和文学教育都是他生命的燃烧,燃烧出了激情与才情,也燃烧出了情怀与担当。吴福辉先生虽已去世,但这把火不会熄灭,它会燃起后世研究者的学术激情,并照亮学术研究之路。

(《中国现代文学研究丛刊》2021 年第 4 期)

---

① 此段文字是吴福辉先生在魏韶华给他画的人像速写上题的字,写于 2018 年 10 月 19 日。

"怎么能这么没自信"

刘铁群

我和吴福辉先生的师生缘分从1999年开始。1999年春天,是我在兰州大学攻读硕士研究生的最后一个学期。我的同学或者为找工作而四处奔走,或者为考博而刻苦复习,等待毕业论文答辩的我成了无所事事的闲人。我当时是定向到广西师范大学工作,在那个年代,硕士毕业能到高校任教已经是不错的归宿,而广西师范大学对我是否考博也没有任何约束。因此,我对工作和考博的感觉是无可也无不可,近乎一种麻木混沌的状态。为了打发时间,我看闲书,重读了不少武侠小说,学术著作就读得很少,因为斗志涣散的我没有定力读下去,但有一本著作例外,那就是吴福辉先生的《都市漩流中的海派小说》。我居然在懒散的心境中读完了这本书,因为它实在有趣,同时我也在想,这位未曾谋面的吴福辉先生会是一位多可爱的学者呀?之后我无意中在校园报刊栏里看到《光明日报》上刊登的河南大学文学院招收首届博士生的简章,导师队伍中有吴福辉先生,我就决定碰碰运气,报考吴福辉老师的博士生。我对考试本来就没敢抱多大希望,面试的时候发现同考者都是有多年工作经验的高校老师,还有不少副教授,我是唯一的应届硕士毕业生,看着他们高谈阔论,我一个人胆怯地坐在角落不敢说话,心想彻底没戏了,走完流程就打道回府吧。因为不抱希望,内心倒是极其平静坦然,当几位老师问我报考近现代文学方向的优势是什么的时候,我向几位老师坦白:"我硕士阶段的研究方向是当代文学,毕业论文写的是金庸小说研究,临时决定报考近现代文学方向,没有充分的准备,而且在所有考生中我的资历最浅,的确没有优势。因此,我已经做好了考不上的准备,计划明年再来考。"我刚说完,头发花白、笑容可掬的吴福辉先生就温和地对我说:"怎么能这么没自信?不要随便看轻自己。"回答完几个问题,我麻木地离开考场,心里留下深刻印象的就是吴福辉先生温暖的微笑。回到学校不久,就收到了河南大学的录取通知书,我想不到自己如此幸运,居然成了著名学者吴福辉先生的开门弟子。1999 年,吴福辉老师六十岁,我二十六岁。我们的年龄像父女,二十多年来我们的确保持着既是师生又像父女的亲密关系。

我曾经是个懒散而缺少自信的人,敏锐的吴老师一眼看穿了我,我第一次正式以开门弟子的身份与吴老师见面的时候,他郑重地对我说:"你是我第一个学生,我是王瑶先生的弟子,王瑶先生是朱自清先生的弟子。说起来你也算是朱自清的第三代弟子。你要有自信,不要过度谦虚。"我是幸运的,吴老师对我的指导不仅是学术上的提点,还包括精神与心理上的调整。从当代文学转入近现代文学研究后,我茫然无措,看着同年级两位博士生迅速定下选题,摸不到边际的我陷入了慌乱。吴老师安慰我不要着急,他说研究近现代文学一定要有扎实的文献基础,让我到图书馆看民国的报刊,当我一头扎进故纸堆,那些发黄的旧报刊让我慌乱又浮躁的心平静了下来。后来在吴老师的指导下,我把论文选题确定为"《礼拜六》杂志研究"。我写博士论文的过程并不顺利,慌乱与恐惧时时袭来。对于我的愚钝,吴老师从来没有一点严厉的批评,他一直在给我启发、给我鼓励,并且帮我解压,我也因此放松下来。很多博士生都体验过面对导师的紧张,而我在面对吴老师的时候,常常感觉是在面对父亲。温和睿智、幽默豁达的吴老师让我感到心安,看到他我就相信在写博士论文的过程中没有过不去的坎儿。为了更好地完成论文,吴老师为我设计了查资料的路线,第一站北京,第二站苏州,第三站上海,而且每一站都找人帮我预定好宾馆并且安排朋友带我到图书馆看文献,陈子善老师、汤哲声老师、季进老师都是受吴老师之托给我查阅资料提供了很多便利。到北京那天我直奔中国现代文学馆,吴老师让我先在他办公室屏风后的沙发上休息,午饭前,吴老师带我参观文学馆,亲自给我讲解。吴老师还带我看文学馆二期建筑的两个设计模型,说最终用哪个设计还没确定,问我喜欢哪个设计。之后的一个多月我每天在文学馆看书,中午经常跟吴老师聊天,阳光灿烂的时候,吴老师还拿着馒头带我去湖边,一边晒太阳一边喂鱼。吴老师说写论文也要张弛有度,适当休息。为了让我缓解一下绷紧的神经,吴老师周末带我去逛潘家园旧货市场,让我看看他淘纪念章和石头的小摊子。在苏州和上海的时候,我也经常跟吴老师通电话,随时交流看资料的感受,吴老师在跟我谈论文的同时总是提醒我,除了看资料,也抽空去逛逛街,感受一下苏州和上海的城市特色,对鸳鸯蝴蝶派研究有好处。为了按时完成毕业论文,不让老师担心,在河南大学期间我基本是闭户读书,附近的景点也无心游玩。2002 年 6 月,我顺利通过了博士毕业论文答辩,答辩结束时吴老师让我午休后到宾馆门口等他。当我如约到达,吴老师已经拿着相机站在宾馆门口,他身边还有我的师弟阎开振、师妹李楠。我们上了吴老师提前安排好的一辆商务车,路上司机听我们谈论上午的博士论文答辩,就问:"这车上有博士?"吴老师高兴地说:"这三位年轻人都是博士生,其中有一位上午已经通过答辩,即将成为博士!"吴老师那口气与神气,就像一位老父亲为自己的女儿即将获得博士学位而感到由衷的骄傲。那天下午,吴老师带我们游了几个景点,看了黄河,拍了很多照片。吴老师说这些景点他早已游过,知道我没游过,想陪我玩玩。我忘不了,2002 年 6 月的一个下午,我拥有导师吴福辉先生亲自给我安排的毕业旅游,也享受了吴老师父亲般的宠爱。

  我在河南大学攻读博士学位的三年,就像跌跌撞撞地穿越沼泽的过程,我之所以能安全穿越,是因为吴老师一直拉着我的手,引导我勇敢前行。而且,吴老师的手从来没放开我,毕业之后,我依然时时感觉到那只手的存在。不管是生活上的变化、工作上的难题,还是学术研究的思考,我都经常跟吴老师联系,吴老师也不厌其烦地给我出主意。毕业一年后,女儿出世,我抱着女儿回家不到一小时就打电话向吴老师汇报,我带着歉意告诉吴老师,博士论文的修改和出版要暂缓,我需要照顾女儿。电话中传来吴老师爽朗的笑声,他说:"太好了!可惜我们离得太远,不然我一定买漂亮的小裙子去看你。先照顾女儿,专著晚点出版没关系。"专著出版之后,我打电话跟吴老师商量研究方向的转变,我说在桂林研究鸳鸯蝴蝶派文学没有优势,因为不方便到苏州和上海查资料,想转向桂林文化城文学研究。吴老师很支持我,同时也提示我,抗战时期桂林出版了大量的报刊,想深入研究桂林文化城文学必须回到原典文献,建议我把研究鸳鸯蝴蝶派期刊的经验延续到桂林文化城文学研究中。按照吴老师的提示,我开始阅读桂林文化城的报刊。2013年,我申报的课题"抗战时期桂林文化城文艺期刊研究"获得国家社科基金立项。在完成这个课题的过程中,我严格从原始文献出发,发现了一些值得研究的史料问题。当我发现茅盾的"雨天杂写"系列杂文在收录过程中标题与内容被张冠李戴,同时还有很多其他硬伤的时候,我写了文章请吴老师指正。吴老师看后肯定了文章的价值,也提出了要注意的问题,他在微信中给我留言:

> "雨天杂写"系列杂文会出现问题源于:第一,入集时茅盾自改;第二,后来的编辑者与引用者没有弄清情况,而抗战期刊本身不易得,研究得很肤浅。按理以《茅盾全集》为界限,此前错误不难理解,包括最初的集子和《茅盾文集》都是茅盾亲自参与编辑的,是权威的,大家不疑。而《茅盾全集》体例是注清创作时间和最初发表时间的,这些时间一般都查了原报刊,出错是不应该的。有意思的是《茅盾全集》16卷正是我吴某人编的!你此文要认真地核对材料,核对时要想到抗战环境的复杂情况,比如你说茅盾书的出版地错了,不是贵阳而是桂林,如果你看到桂林出的书了那不算完,还要查查贵阳是否也出了一本一色一样的书。编《茅盾全集》时我记得都是对了原始材料,是不允许抄来抄去的。现在我的《茅盾全集》及其他茅盾的书已捐给了文学馆,我在家无法查,另《茅盾全集》原始档案均在人民文学出版社,最好能翻出档案看错误如何造成。总之,此文能批评全集及编者我,发表很有必要,但对全文的资料和写法要做进一步的研究。

之后,吴老师专门帮我联系了《新文学史料》主编郭娟和原《茅盾全集》编辑室负责人张小鼎,想让他们为我查阅编辑档案提供帮助。但可惜当年《茅盾全集》编完后档案没有留存下来,只能作罢。我按吴老师的意见重新核实史料,认真修改完善了论文《关于茅盾"雨天杂写"系列杂文的史料问题》,该文最后发表于《中国现代文学研究丛刊》。茅盾史料文章完成后吴老师就提醒我,茅盾这个史料现象绝不是孤例,建议我利用熟悉桂林文化城原始期刊的优势继续深挖史料。果然,我沿此思路又找出了不少重要作家的史料问题,当我写完《沈从文〈芸庐纪事〉的相关史料问题》并很快发表之后,内心欢喜,忍不住发信息向远在加拿大的吴老师汇报,同时也跟吴老师说,自己毕业快二十年了,还为发篇小文章开心,真有点没出息。吴老师在微信中给我留言：

> 铁群，毕业二十年还能写文章，还能为一篇小文被录用而欣喜，这就是好学生了！我最近刚完成一篇追念文字，完稿后的喜欢感觉仍存。希望我们都保持住这个心态啊！

吴老师的留言让我感动，年逾八十的老师还在用激情写作，我怎么能停止思考和前行？

现在回想刚入吴老师门下的时候，他已经是满头白发的花甲之年，但没有一点衰老之气。吴老师个子高、嗓门大、腰背笔直，喜欢穿颜色鲜艳的衣服，总是精神抖擞、生气淋漓、笑声朗朗。他每次从北京到开封与我们见面，晚饭后都要去河南大学的游泳池游泳。只要有一点时间，他就安排旅游，他说旅游不仅长见识，还是锻炼身体的机会。2015年2月，我和先生带着女儿到北京，吴老师为我准备好了三张地铁卡，他说不许拒绝，这才叫尊重老师，这才不至于让他不高兴。吴老师陪我们游玩了一整天也未露疲惫之色，当时我真觉得离吴老师衰老的日子应该还很远。2016年7月底，纪念《中国现代文学三十年》出版三十年的研讨会在北京召开，吴老师的多数弟子都参加了。7月31日中午会议结束后，师生一起到香山聚会。晚餐的时候，吴老师说要宣布一件重要的事情。我们期待地望着吴老师，吴老师却平静地说，他要宣布与遗嘱有关的事。看到两位学生惊恐得变了脸色，吴老师笑了，他说怕什么，这是该面对的事情。吴老师跟我们说的"与遗嘱有关的事"是关于他的藏书的处理，他说他的书一部分捐给中国现代文学馆，一部分留给子女作纪念，一部分送给学生，还有一部分留给自己阅读。吴老师跟我们约定每年找时间聚会一两次，他会分批把签名的书送给我们，我们想要哪一类书可以提前跟他说。因为提到遗嘱，晚餐的气氛有点沉重。晚餐后吴老师带我们散步到山顶的一座小亭子，建议大家唱歌。我知道吴老师爱唱歌，一唱歌吴老师就高兴。为了让吴老师高兴，那天晚上，已经几年没唱歌的我对着月亮放开嗓子唱，从儿歌唱到情歌，从邓丽君的《甜蜜蜜》唱到加拿大民歌《红河谷》。听我们唱歌，吴老师笑得像个孩子。我们唱到深夜才回宾馆休息，吴老师开心地说："你们先睡，我要写日记。"香山聚会之后，我听说吴老师肠胃不舒服,还容易犯咳嗽。我意识到,吴老师也要开始面对病痛和衰老。慈父般的吴老师曾经牵着我的手,陪我克服求学过程中的茫然与焦虑,现在应该轮到我牵着他的手,像女儿一样陪陪他。这一年的秋天,我请吴老师到桂林,让他住在我漓江边的一套闲置的房子里。那真是一段幸福的时光,我经常陪吴老师买菜做饭,带他看桂林的抗战文化遗址。吴老师游兴很浓,曾经被他写进《插图本中国现代文学发展史》的广西省立艺术馆(西南剧展的开幕地和主会场),我们去看了三次,他每次都要摸一摸艺术馆墙外破损的红砖。那段时间,桂林正值满城桂花香,吴老师住的那个小院子每天清晨都是落花满地,一片金黄,吴老师总是说连衣服都香了。吴老师喜欢桂林,他说刚到桂林的几日,散步归来在日记中写"回到住处",之后就不自觉地写成"回家",他对桂林的临时住处已经有了"家"的感觉。某日,我和先生突然袭击,悄悄准备好笔墨,把吴老师拉进书房,让他写字。吴老师说没练过毛笔字,写不好,但还是开心地拿起笔,他即兴写下的第一幅字是:"桂林多佳日,皆因桂林多好友也。"我跟吴老师约定,以后有合适的时间再到桂林来小住。

近五年来,我真切地感受到吴老师身体的变化,也真切地感受到他在坦然地面对病痛与生死的同时还在努力抗争。在桂林期间,有几次我大声地敲门没有回应,当我用钥匙打开门,看到吴老师正坐在沙发上边看电视边打瞌睡。我不想打击吴老师,就没告诉他我敲过门。为了不让吴老师太辛苦,我和师妹选择带他到黄姚古镇游玩。我没多想就跟吴老师说,黄姚古镇适合老人旅游,交通便利,又不用爬山。吴老师马上说:"铁群,这样跟我说是不对的。我对旅游还是有野心的,我想去的是崇左和百色。"2017年端午节之前,吴老师因肠病住院,他向我们隐瞒了病情,还幽默地说自己到"大人国""小人国"里转了一圈。病情好转后吴老师才解密,"大人国""小人国"指的是大肠、小肠。6月7日,他在微信群里给我们留言:"这次患病虽无生死般的体验,也尝到了痛与不痛的生命区别。有五天黑色的日子,有十天不准吃喝(连一丁点水都不能喝,只能用药棉蘸水揩拭嘴唇)的日子,真正体悟到日常生命之可贵。所以,望大家更珍惜年轻的时代!"2017年是吴老师身体状况发生转变的关键的一年,但吴老师并没有因此消沉退缩,他依然坚持写作和旅游。吴老师这一年生日写的自寿诗就是他一年经历的写照:

> 七九将临窥八旬,春华夏木秋草鸣。
> 顽石百炼吴哥窟,丽水千姿红杏峰。
> 柔肠低吟曲离乡,病眸极眺雾满庭。
> 冬来丹鹤已南去,梦里几回见友朋。
>
> (照例有中外游但已减少,丽水是写红杏的古诗人家乡。肠病眼病缠身,眼前已起薄雾,均是实写。本年写追思文已多篇矣。)

2018年9月,吴老师手术后身体没完全恢复就打起精神参加曾在东北任教的中学师生聚会和研究生入校四十周年聚会,活动后颇感疲倦。10月16日上海方面要举办一个小型的会议,为洪子诚、李欧梵和吴老师祝八十寿辰。10月下旬,我们跟吴老师相约一起参加重庆的茅盾年会。吴老师估计自己的体力只能参加一个会议,为了与我们这几个学生见面,就放弃了上海的会议。在重庆,我们一起看了嘉陵江、老舍故居和梁实秋的雅舍。这些地方吴老师早已游过,但能和我们同游他就满心欢喜。那天中午回房休息的时候,我看到走廊尽头,吴老师蹲在地上,把帆布包里的东西都倒在地上翻找,他忘了房卡放在哪儿,我看着一阵心酸,想起了我那位总是忘记东西放在哪里的老父亲。傍晚回房,吴老师还是在门前找房卡。第二天早上,我提前等在吴老师门前,帮他收好房卡。会议结束那天晚上,我们喝了香甜的话梅煮黄酒,吴老师在微醺的状态下给我们读了他为这一年写的自寿诗:

> 七九将临好个秋,丰歉自知伴心头。
> 石室二卷拈之轻,史译三章识其羞。
> 立伎讲堂山崖疾,围炉雅舍话语稠。
> 燕园霜染少年鬓,细数谁人未登舟?

2019年4月23日,吴老师离京赴加拿大。在加拿大期间吴老师依然病痛缠身,但他还是很有兴致地观赏异国风光,不断给我们发来图片。吴老师热爱生活,喜欢美食。而肠病对食品有严格限制,吴老师该有多无奈呀,但他还是幽默地自我调侃,在微信群中给我们留言:"诸位,我只能望洋兴叹,把酒张望!给儿子带了茅台和五粮液自己不能尝;端午看别人吃肉粽馋得流口水心直慌;吃虾吃肉是减了又减只差用虾皮肉皮擦口腔;黏食油炸食品禁吃,豆制品长纤维蔬菜要煮烂成浆;已忘了大米干饭什么味道,只认了个面食天天面条面片面疙瘩成了假河南人还不像!"因为吴老师需要吃面食,我们就计划把下一次聚会安排在河南,名称就叫"面条聚会"。7月28日,吴老师回到北京。8月17日,河南大学牵头举办"吴福辉先生学术思想研讨会","面条聚会"得以升级。晚上,我们喝着吴老师从加拿大带来的红酒,一起唱歌,无比欢喜,却没想到那是我们的最后一次师生聚会。10月6日,吴老师再次抵达加拿大卡尔加里。12月,吴老师在卡尔加里最好的医院连做了三次手术。手术后吴老师依然乐观地给我们发信息:"我最担心术后导管排泄,但醒来后一摸身上,没有任何管子,便欣然接受了圣诞老人的这份礼物。调养至少要三个月,因为我是圣诞老人的父亲!祝各位新年快乐!"这一年的生日,吴老师写了一首《八十述怀》:

> 八十越洋窥世间,织女牛仔两相猜。
> 回看漩流千里沫,近思松榆百尺材。
> 神矢无计响林莽,狡兔有窟驰雪台。
> 卡尔加里碧空净,莎托鲁沈天门开。

2020年春节,新冠肺炎疫情突起,吴老师一直在为我们担忧,提醒我们戴口罩。3月8日,卡尔加里出现第一例新冠肺炎病例,吴老师在祝我们几位女同学节日快乐的同时幽默地说:"我离此病也近了一步,和大家平等了。"吴老师曾说2020年4月一定回国,要与我们在湖北恩施聚会。但因为疫情的影响,回国计划取消。吴老师依然不断发来旅游的图片和他新发表的散文随笔,12月还跟我们分享他刚学会烹饪的红烧肉炖蛋和虾仁豆腐。吴老师在12月9日生日那天拍的照片,虽然有些消瘦,笑容依然灿烂。12月12日前后,吴老师一直与我联系,询问我承办的第十二届茅盾年会是否顺利。年底,吴老师照例发来本年度的自寿诗,与往年的相比,这首诗显然多了一丝落寞:

> 八旬伊始困卡城,遍叩新冠万户门。

> 雪岭松直正二度,平屋笔闲又一春。
> 窗前狗吠车马稀,月下兔奔星空沉。
> 壁火如丝冬意暖,犹念旧日芳满庭。

吴老师喜欢热闹,因为新冠肺炎疫情被困在卡尔加里,他内心一定是寂寞的。当他独自守在壁炉旁取暖时一定在想:何时才能回国与弟子们相聚?

2021年1月14日至15日,我经历了有生以来最疼痛的两天。14日凌晨,病危的母亲已经呼吸衰竭,我紧紧握着母亲的手,感受着她的体温由高烧到温热再到冰冷,在黑夜的寒风中送走了她。天明后回家整理母亲的遗物,发现了一个鲁迅博物馆的帆布袋。这是2016年我在吴老师家看到的,当时觉得好看就问吴老师讨要。看着这个袋子,我心里就想,不知吴老师是否安好?心里一阵莫名的不安。15日清晨,一夜未眠的我打开手机就看到师弟发来的信息,吴老师在加拿大卡尔加里病逝。那一瞬间,我心痛到难以呼吸。我去年专门学会了吴老师喜欢的苏联歌曲《山楂树》,想下次聚会唱给他听,没机会了;我想再请吴老师到桂林小住,带他吃桂林米粉,没机会了;我还计划带吴老师去崇左和百色,弥补他在广西旅游留下的遗憾,也没机会了。碧海青天,山高水长,我何处去找寻老师的身影?

如今,我守在年迈的老父亲身边,追忆着待我如慈父的吴老师,断断续续写下了这篇流水账似的文字。细想二十多年来与吴老师相处的点点滴滴,都是温暖和欢喜。我决定不再沉溺在悲痛里,吴老师幽默风趣、率性洒脱,他一定希望我收起眼泪,与他从容告别。吴老师酷爱旅游,我愿意相信,吴老师是去了远方,不再回来。去加拿大之前,吴老师曾对我说他有个心愿,一定要养好精神体力,然后从卡尔加里北上,去看极光。我想,吴老师潇洒远行的第一站就是北极,也许此刻,他正在欣赏绚烂绮丽的极光,他的相机里已经增加了新的美图。

(《博览群书》2021年第3期)

"汴门"问学记

陈 啸

有幸与先生结缘,始于2005年读博的前后,对先生的怀念,也便从读博开始。

我不是一个积极的学生,读书写作均被动。2005年考博的时候,对恩师知之不多,甚至不知道吴老师在北京。但吴老师的大名倒是熟悉的。当看到河南大学博士招生简章里"京海派文学"方向的导师"吴福辉"时,便毫不犹豫地选择了吴老师。这样说不是唐突了老师,反而恰恰说明了我当年的懒散与孤陋。我出身于农家,农民的孩子读书,往往有着外在的目的。2002年考研,就是为了摆脱工作环境的困扰。读研之后,仍是相沿弗替,甚至把考研的成功看成一种人生奋斗的终极,考博则是很少想过的。所以我一直把找工作放在了第一位,也的确找到了几个当时看来还算不错的单位。但凡事皆有变数,工作单位的最后选取因种种原因事与愿违,故又萌生就近读博的愿望。这样的一波三折,竟让我幸运地遇上了吴福辉先生,这当是我的福。我在河大笔试、面试的过程中,就亲耳听见过不少人在说:"吴福辉的博士不敢报啊!他名气太大!"以吴老师的名气与成就,假如他不在河大,而是在北京的重点大学招博士,如我不才,恐怕机会也是很小的。吴师之不弃,据说因我看了些新儒学的书,基础相较还不错。我硕士论文《寻根文学的当代新儒家路向》,粗稿写有10万字。虽没写好,甚至选题现在看来都有问题,却因此读了钱穆等人的书。而吴老师之所以了解我的这点"基础",除了面试场上的"表白",还有我的一点点"狡黠"。

依稀记得面试当天的早上,自己就守在吴老师与舒乙先生下榻的河大"一招"门口,等先生走出门,连忙赶过去将硕士论文当面呈上,让他临时翻看了一下,算是对我面试前的了解。"一招"门口对老师的"围堵"也是我与先生的第一次见面。总之,种种因缘巧合,让我有幸得入"汴门"(吴门弟子有一个"汴门聚义"微信群,名字还是吴师亲自取的。于是"汴门"也就等同了"吴门")。

是吴老师让我心安地走在了这"读书为学"的"新路"上,也因吴老师的暗示与影响,我终而选定"京海派文学文化"作为终生徜徉的领域。只是那"写作"的"自动性"还远远不够,像吴老师的那种不写不快、乐此不疲的状态,真是我等凡人望尘莫及。我曾一度归之于"懒",但仔细想来也未必。当你狂热地喜欢一件事,并从事这件事时,有几个人是懒的呢?当然,"勤"与"勤"也不一样。在我看来,"勤"有两种,以读书写作为例,有些人在极强的外在目的支撑下的求速亦求量,这是一种"勤";另外一种"勤"是把读书写作当生命,用吴老师的话说,是"让生命附着于文学之上,让文学附着在生命之中"。"勤"与"勤"不同,"质"应该也不同。外人看来不免勤苦,但他自是能够找到那份别人不可体会的快乐。吴老师当然属于后一种,何况吴老师还有着一般人没有的那种对生活的热爱与趣味的广泛!由是,他的快乐似乎又是多重的。他的快乐自然也会感染与带动身边的人。而且这快乐不浅薄,在快乐中蕴真理,常醍醐灌顶,又如雷贯耳。

记得当年河南大学的中国现当代文学博士点名义上还是中国现代文学馆与河南大学联合博士点,中国现代文学馆不具有完备的教学条件,培养的主体当然都在河大。北京方面的吴福辉、李今、舒乙等几位导师每年不定期地会来河大讲学或集中上课。北京的导师与自己指导的学生不是经常在一起的。故吴老师对我的指导多是通过单线联系、网上沟通、集中指导。虽不能天天做到耳提面命,但读博中间需要注意的事项,吴老师则是常常提醒的。论文写作过程的节点,吴老师掌握得也是非常科学精准。比如他一再强调:要多读作品,学会主动地找书读,以及创造性阅读。重视老旧期刊的阅读,哪怕闻一闻气味也好。重视论文一稿形成前的多讨论。一稿交给他的时间不能太早,也不能太晚,引用的文献要权威,对学术要有敬畏之心,等等。吴老师指导学生,不设定题目,而是让你自己去想,要多想几个,最后由他帮你"诊断"。他说如果都由老师来定题目,那样就限制了学生的创造性。这一做法,吴老师说是来源于王瑶先生。王瑶先生有个著名的比喻,说炉火纯青、干净利落的前台表演,正是由杂乱无章的后台支撑的,意在鼓励学生提高读书的质量。吴老师看重"量身定制",不同的学生,指导方法自是不同。他也曾说过,对待学生,要热,以鼓励为主,但该严的时候一定要严,甚至"棒喝"。我倒是很少感觉到老师的"严",也许这"严"被过多的"热"掩盖了。记忆中受教的过程常常都是在大大小小的非正式场合,且非常轻松的聊天过程,以及陪着吴老师游玩的过程中完成的。而且这种"热"还常常延伸到日常琐屑以及未来工作去向的关心上。欣慰也久久惭愧的是老师当年对我的丝丝认可。确曾有人向我转述过老师对我的正面评判:陈啸是有灵性、有思路、有想法的。这谬赞,当然更多的还是鼓励。我深深地知道,无论当年的博士论文成稿,还是毕业之后的表现,都远远辜负了老师的"谬赞""鼓励",抑或是小小的认可。

大处着眼,小处着手,是吴老师为学的特点,也是吴老师指导学生的特点。吴老师是公认的著名文学史家。他虽然有着极强的史料意识(这是做好研究的重要前提保障),但他并不沉溺于史料。他在"宏"与"微"两个向度上用力,真正做到了"宏""微"兼具。诚然,文学研究理应要有大视野,抓主要与重要的问题,以史家眼光观照整个文学发展的历史。历史本身是一个不断瘦身的过程。如果没有这种眼光,我们很容易陷入"琐屑""零余"而不能拔身,甚至偏离中心、重心,做一些无谓的消耗。或者说,"宏"之下的"微"正保证了"微"的意义,使那建成大厦的一砖一瓦,各得其所。同时,又反向规约着"宏",避免了空论泛论,保证了"宏"的"实"。有着这种宏观的导航,微观每一小步,都可望朝着正确的大方向。像他的《插图本中国现代文学发展史》就集中体现着一直以来吴老师文学研究的鲜明特点。他以新的文学史眼光充分注意到了文学作品的发表、出版、传播、接受、演变甚至现代教育、现代学术、思想等的发展的浑然一体性,并充分考虑到作家心态、生存条件等,体现了一种高屋建瓴的"大文学史观"。资料新颖翔实,视野开阔,文笔灵动活泼。把过去线性的视点转化为立体的、多元的、开放的、网状的文学图景。

吴老师指导学生也类似,他强调史料意识,强调新史料、新问题、新观点,但更强调大视野。他主张抓大问题,研究大作家,要抱住一棵"大树"。他曾引用王瑶先生的话说:"抱住了这个大作家,就把文学史的实体抱住了,其他都是空的。"我早早确定"京派"作为博士论文的选题,吴老师是肯定的。吴老师自己就是将京派文学作为共同体研究的最早学者。京派无疑是现代文学当中重要的文学派系与文学现象。对于这样一个重要的文学派系如何进行再研究,宏观指向同样重要。2006年3月22日,吴老师在腰部扭伤稍有好转的情况下复我电邮,照录如下:

陈啸:

　　我今天的腰伤已经好多了,所以复你几句。你究竟如何做京派研究,我还没有想好。"京派散文"这题目可做,但有一个条件,要能在散文研究方法上有创新。散文研究一直在酝酿突破,但至今无人真正做到。另一方面,我看你对城乡问题有些思考,但偏于乡村。京派也是偏于乡的,但不回避都市。现在的研究非乡即城,两两分开。如打破小说、散文界限,再打破城乡界限,从中找出问题来做京派,也可一试。你在集中阅读京派时,要注意自己的阅读感受,把这些感受集中起来考虑美学问题,这个美学问题才是有你的见解在内的,切记切记。

吴福辉
3月22日

吴老师的"宏""微"两面,我可能稍微悟到了一点"宏",而"微"的一面实在差得太远,这有天性天资的原因,更有习惯的制约。记得当年吴老师曾经当着我的面跟别的老师说过:指导陈啸论文是最省心的,因为"他从不主动找你讨论"。不过,对他的论文写作,基本还是放心的。这是老师的一种"误判",这"误判"当然是建立在我善于"伪装"的基础上,即见了老师,似乎也能说点自己的想法或认识,并头头是道地表白自己如何实施,但"实施"常常了了。李楠师姐当年的那种"啃"上海小报的勤苦精神,于我就是一个鲜明对比。我的"京派散文"研究,虽然最终也出了书,但远没有写出它的复杂性。一如吴老师说的,一些"闪光"的思路未能延伸下去,占有的资料也不够多。"京派散文"之后的"海派散文"研究,依然有着习惯的老毛病。吴老师在我的《海派散文:婆婆的人间味》一书的序里如是说:

"海派散文"是个繁重吃力的课题,这不难想到。几十年尘封的沪上报刊需要一一翻录查找。谁是海派散文作家？写了多少散文？有多少不同个性和风格？有何价值？都是前人没有留下现成答案的问题。好在陈啸现在用了数年之力，钩沉爬梳，理出了一个头绪。他的成绩便在于在文学史上第一次确立了"海派散文"的地位。

....

他可能想象不到，这无形中替我还了一笔重要的"文债"。

当然，吴老师也表示拙作未尽之处仍然很多：

有的角度和层次虽已意识到了，比如海派散文隐现的"原乡印记与创伤记忆"，这实际是对"都市性"的深入认识，但从他安置的论证地位来看，仍不免举棋不定。还如海派散文的"文学审美性和文化本体性"的命题，几近呼之欲出了，如果假以时日，给他研究的余裕来仔细打磨，一定可以做出成绩来。

这诸多的不足与不实，唯寄之于来日的努力了。

在王瑶先生的弟子当中，我隐约觉得吴老师所受王先生的影响是比较大的。吴老师曾说王瑶先生似冰中之火，是说王先生对待后学很严格，甚至到了严苛的程度，而这严格以至严苛当中包裹的更多是爱护。他自己何尝又不是呢！吴老师自己不就分明说过对待学生要热，但也要严，甚至"棒喝"吗？！吴老师"冰"的一面还表现于对待自己，他对自己学术要求的严谨，甚至包括他日记的记录，几乎到了"过分"的程度！但吴老师表现于人的似乎更是"热"，而这"热"则是源于他对生活的宽阔的爱做底子。铁群师姐总结说：吴老师是个"富有人间烟火气的学者"。他满含人情，关心世事，潇洒通脱，风趣幽默，是个可感可亲可爱可敬的长者！刘涛师兄也专文写过吴老师对生活的热爱，他爱旅游、爱收藏、爱美食、爱摄影……他太爱这个世界、生命与生活了！2020年7月22日上午8时17分，吴老师在"汴门聚义"微信群里曾发来如下的信息："诸位，2020确乎是凶年。我因肠病二进宫，又入卡城医院动手术，现已平稳。这是因结肠和直肠结合部位出问题，更具体的科研成果医生还在钻研，未公布答案！遭此劫难，我还未垮。至今住院十天,还不知何时离开。欠加拿大纳税人太多,有些抱歉","今后信会少写。本年回华可能性极渺茫,总要把失去的肉夺点回来才有脸见江东父老吧!大家务必趁年轻好好生活着"。在老师留言的最后一句话里,我仿佛感觉到老师的那种对"生活"的莫可言状的珍视、无奈与不舍。我确信吴老师自始至终应是清醒的,我实在不忍想象加拿大卡尔加里时间14日的那个夜里,吴老师在生命的最后一刻对"生活"的告别!

吴老师是南方人,这南方的"一团火",也曾成长于东北的严寒里。而这南方的"一团火",竟遽然寂灭在冰天雪地的卡尔加里。先生的最后一刻,我们都没能见到,留在我们记忆中的永远都是先生笑眯眯、炽热如火的样子!

(《博览群书》2021年第3期)

"拿得动笔的时候就不嫌笔重,就不封笔"
——记我的导师吴福辉先生

尹 诗

记得刚入吴门的那一年,有一次和吴老师吃饭,席间有朋友说:"吴老师是名家,是大学者,等过了八十,我们改叫您'吴老'吧!"吴老师笑着说:"到啥时候,还是喜欢大家喊我吴老师!"

吴老师很喜欢做老师,他曾不无骄傲地引学生为荣:"我的几个博士生毕业了,现在都在高校做老师,没有离开现当代的专业。"讲实话,我们几个学生都没有他那水平,吴老师思维敏捷,口才雄健,其实是最适合做老师的了。说吴老师桃李满天下一点都不过分,他去过很多学校讲学,很多人都听过他讲课,而纵使没有亲见过他本人,许多高校的中文系也都在使用《中国现代文学三十年》(与钱理群、温儒敏合著),都知道他的名字。排队让吴老师签名的学生,手里拿的最多的也是这本书。2018年,吴老师八十岁,我们几个学生借着10月份在西南大学开会的当儿,给他庆贺热闹了一下。2019年8月,河南大学召开吴福辉先生学术思想研讨会,吴门弟子和老师在母校再聚。很多熟悉的师友一直都觉得吴老师还不老,笔耕不辍,游走南北。可是细想想,最近两年的活动都是围绕着庆贺八十岁寿辰而举行的。之后不久,就在2019年10月左右,吴老师和老伴儿踏上了飞往加拿大卡尔加里的征程。这真是一个悲壮的骊歌。

吴福辉老师,生于孤岛上海,长于钢都鞍山,负笈京华。三十九岁时,赶上了末班车,入北京大学中文系读现代文学研究生,师从王瑶先生;六十岁与河南大学合作开始带博士生;耄耋之年远赴加拿大,与儿孙团圆。一生真是"不走寻常路"。这样的人生旅途和他所追求的"学术个性"天衣无缝。文学史研究、左翼作家研究、讽刺小说研究、京海派研究等,不同的研究领域无不体现着吴老师终生追求的"学术个性"。吴老师教育我们做研究不要

"炒冷饭",不要把文章写成"温吞水"。这从他著述的书名中不难看出来:《多棱镜下》《且换一种眼光》《京海晚眺》《游走双城》无不显示了吴老师学术思想的独立和创新。而于古稀之年出版的《插图本中国现代文学发展史》便是吴老师个性化研究的集中体现。

但这部大作并不是老师文学史著作情结的终极版,他还有至少两本文学史著作写作的计划,这也是经常跟我们几个博士提起的:"我想写另外两种文学史,这个梦能不能实现,就看身体条件允不允许。第一想给台湾的青年大学生写一本文学史,以对文学作品审美的阅读分析,引起阅读的兴趣;第二想给儿童写一本文学史,用浅显、通俗、生动的语言以适应孩子的阅读习惯。"吴老师也提过晚年的反思散文写作计划,拟以人生阅历为写作素材传达出对社会历史的思考。计划的酝酿,可从《那些年,我在鞍山看电影》(2019年)和《百年蹁跹》(2020年)两篇文章看出端倪。吴老师曾说:"拿得动笔的时候就不嫌笔重,就不封笔。"①可是,老师近两三年里,经受着肠病的痛苦还有青光眼的困扰,能够克服病痛坚持写作下去,没有毅力是决然不成的。吴老师,还有钱理群、温儒敏、赵园等老师,他们那一代学人的治学风范又怎能不让人心生敬意!

吴老师曾不无怅然地写"好梦醒来已黄昏"②,他在《择路:回想1978年那场考研》中写道:"一个近四十岁的'老童生',背负着进入大学的粉红色理想,在一个物质艰难的年代,经过一场公开平等的、较少拼政治身份也不拼考试技巧的选拔,走上了学术之路。"③吴老师始终不会忘记:"当在北京站坐上了北京大学派来接新生的车子,驶进长安街的瞬间,我的心少有的升腾飞翔起来。记得当时我暗暗立下个心愿:一定要对得起这三年,拼命学好这三年!"④每当看到这些文字的时候,我都有一种难以名状的感动,老师那代人对于知识如饥似渴般的感觉,在年轻的人们身上又有多少?身处于科研经费充足、资讯发达时代的我们,手握课题和奖项,出书一部接一部,可是跟前辈人相比,又有多少科研成果经得起时间的考验,能够流传下去?我们

---

① 吴福辉:《石斋语痕》,河南大学出版社,2014,《自序》第3页。
② 吴福辉:《游走双城》,人民文学出版社,2006,第251页。
③ 吴福辉:《石斋语痕二集》,河南大学出版社,2018,第268页。
④ 吴福辉:《多棱镜下》,人民文学出版社,2010,第357页。

缺少的到底是什么？

"插图本"的好看、耐看在于它的图文并茂、精心对照。① 可是，大多数人不知道吴老师为了这本书的插图，用坏了一台扫描仪。他曾言："越到此书即将杀青的时候，剩余的插图工作越难，有的甚至到看校样的时候还在寻觅。"② 无论如何，一个年逾古稀的老者，认真地使用扫描仪的情形是让人肃然起敬的。这本书里，我印象深刻的是第126页占据将近半幅页面的一张图片，说来颇有点让人哭笑不得。2014年我们全家到北京游玩，顺道拜访吴老师，言谈中吴老师给我推荐中山公园，他说："你可以去里面的'来今雨轩'逛逛，我在插图本文学史里选有这张照片。"随后我便带着家人兴冲冲地跑到中山公园，可问了至少三个人"来今雨轩"在哪里，他们都说不知道。返程时间已经很紧迫了，我不无失望地离开了中山公园。后来后悔不已，如果我不问"来今雨轩"，而是问公园里的饭店在哪儿，估计会有人知道。此时，我再次翻开了老师的"插图本"，找到这张照片，照片的介绍如下："文学研究会1921年1月成立于北京。在来今雨轩的全体合影，此原照为中国现代文学馆收藏。"③ 可是，为读者提供珍贵图片的老人已远去。

对于喜爱旅游的吴老师来说，业余时间的参观游览或许是他搜寻史料的独特方式。许多师友都知道老师酷爱收藏，看到石头、徽章、地图，还有邮票、首日封、门票等，如获至宝。他逛博物馆、名人故居（甚至名人墓地也不避讳）兴致勃勃，但从不只做"观光客"。如在参观重庆的张家花园时，吴老师"为了深入了解这个三层楼房子的作家住户们，专门访问了葛一虹，他为我画了简图"④。张家花园是"五四大轰炸"之后中华全国文艺界抗敌协会的总会地址，许多著名作家、艺术家如宋之的、陈鲤庭、舒绣文等都曾住过。吴老师在《抗战期间"文协"作家的重庆集聚地》的文后专门附上了这张图片，并附上介绍："葛一虹手绘'文协'重庆住地张家花园65号图。"⑤ 为寻觅文学史发展中的小细节小问题，吴老师花的功夫可真不小。如做"窥一斑而

---

① 张志忠：《吴福辉〈插图本中国现代文学发展史〉简评》，《文学评论》2011年第1期。
② 吴福辉：《插图本中国现代文学发展史》，北京大学出版社，2010。
③ 吴福辉：《插图本中国现代文学发展史》，北京大学出版社，2010，第126页。
④ 吴福辉：《石斋语痕二集》，河南大学出版社，2018，第179页。
⑤ 吴福辉：《石斋语痕》，河南大学出版社，2014，第18页。

见全豹"之揣测,老师为我们留下的一部部著述,凝聚了多少辛劳的付出!他却"甘之若饴",这种将学术融入生命的情怀令人感动!而唯此才能铸造出传世的真学问。吴老师这种将书本知识和实地考察相结合的旅游方式更像"游学",有点像古人所倡导的"读万卷书,行万里路"。他还认为文学馆、博物馆等机构中管研究的和管收藏的不要分工过于明确,并举例写《日瓦戈医生》的帕斯捷尔纳克的故居里面就两个人,两个人都是研究专家。他认为应该多学习这种全世界许多故居都采用的管理模式。吴老师这是将学术研究和生命体验相结合的治学理念"放之四海而皆准"了。

吴老师生平所获荣誉很少,今天的许多人都头顶大串大串的光环。在这方面,吴老师是没法比的。对于唯一的"国务院政府特殊津贴"的获得时间,他还记错了。我昨日翻阅资料,从电子邮箱里看到了这么一封邮件,照实录下:

> 尹诗:我今天寻找以往的材料,无意中发现告你的已经写入简介的国务院政府特殊津贴的起始时间是错的。找到的是国务院1994年发放的证书,所以我过去填在一张单子上的获津贴时间就写成了1994年(从来没有发表过)。谁料我刚才打开一看,证书全文如下:"吴福辉同志:为了表彰您为发展我国文学艺术事业做出的突出贡献,特决定从九三年十月起发给政府特殊津贴并颁发证书。中华人民共和国国务院一九九四年一月三日。"你看第一次发表就填错,应填为1993年10月才对。我不知道你将简介已经发山东没有,不过如不改正也无所谓。吴

不同于治学的严谨,吴老师对于获得荣誉的时间却记不清楚,甚至将错就错("不过如不改正也无所谓"),这绝非偶然。他的低调谦虚,实乃骨子里就没有看重名利这些俗物。这可以从他毕业后的工作去向看得一清二楚:舍弃去中央机构工作的机会,而选择尚在筹备中的中国现代文学馆,唯一的理由就是"不能丢了专业"。

原始材料的寻找和阅读使用是我们做文科研究的基石。吴老师曾经专门做过查阅资料的讲座,大意有以下方面:第一,可学会做资料工作(书目、索引、词条、年谱等),锻炼一切从资料出发的科学精神。第二,质疑要从第

一手资料开始,推翻或修正过去的学术观点,更要脚踏实地立足于此。第三,要想从阅读中寻找创新点,获得心得体验,尽量不使用第二手材料。(吴老师还举例说许多没有看过《雷雨》初刊本的人,反以为《雷雨》是没有序幕的。)而要读出点东西,实际是考验一个人全部的知识体系和思想体系,非一朝一夕之功。老师治学严谨、精进不倦的学人风范显示出了转型时代学人们共同的叛逆、进取和担当精神,这足以给今天的我们以更多的启示。

可以想见,做吴老师的学生有多么大的压力。对于才气不足又不够勤奋的我来说,现在回想起老师的教导,真是悔意丛生。我后悔没有将老师的指导化为行动,课堂笔记又做得不够完整,讲座的录音没有及时保存。现在只能根据一些记录和回忆整理些许内容。翻阅着老师的著作,我无意发现,许多文章都是吴老师在节假日完成的,如《都市漩流中的海派小说》"后记",写于"2008年4月6日'清明'长假末一日,于京城小石居";《我的阅读史和你们的阅读史》"2017年1月21日改于海南文昌逸龙湾,当日为农历小年";《晚清文学现代环境的形成》记录的是"2015年2月18日(甲午除夕)再订于小石居"。老师的写作无论寒暑雨雪,有文章显示了天气的"闷热异常",或"又一次雪雨中,窗外雪树玉立""草于京城严冬"……

渐渐地,我的眼前浮现出了老师的身影,他正在摆满石头和纪念品的桌上伏案写作,那是他永远写不完的专栏约稿、报刊访谈、新书序言。我还看到在北京、开封、上海以至更多的地方,手握身份证,凭着老年人免票"特权"的吴老师欣然走进了历史景点……

(《名作欣赏》2021年第2期)

很少能见到这样的学者

尹 诗

很少能见到像吴老师这样的学者,以独具的审美眼光投入生活,在平凡琐屑中觅求趣味。于是,严肃的学术成了富有烟火气的"人间学术"。吴老师"学术"和"人生"几近融合的生命历程,借着无穷的想象创造力而丰厚充实、相映成趣。老天让他的生命突然定格,也许是不忍让一个爱生活的人承受苦痛,给他换了一种生命存在的形式,真正融于天地之间了。

人常说,"于细微处见精神",吴老师的文学生活显现出了"多棱镜"投射下的"另一种眼光"。记得是2014年国庆节后的一天,吴老师为《石斋语痕》的出版等事专程来到河南。我也趁机拜见了老师一面,得以和吴老师,还有两位年轻的编辑共进午餐,饭店的名字叫"三人行",颇引来大家的一番"热议"。分别之时,吴老师轻轻摇下出租车的车窗,拿起相机,对着窗外咔嚓了一张,两个年轻编辑真诚的笑容,在吴老师抓拍的一刻,瞬间定格。

越到晚年,吴老师对人间深挚的感情和留恋越发显现。他有时候会冒出极有创意的想法,让人在惊喜中留下难忘的回忆。参加"现代文学史研究与教学暨《中国现代文学三十年》面世三十年纪念研讨会"那次,吴老师给每个学生都备好了一份特殊的礼物——书,赠书结合了每个人的研究领域,肯定是精心准备过的,老师提前却没有透露半点儿风声,而是在师生的团圆晚宴时,拿出来一一赠送。我永远记得同学们拿到书时的表情,那种开心再也不会有。还记得老师的大红背包从鼓鼓囊囊,瞬间变得空瘪。那天,吴老师作为《中国现代文学三十年》的作者之一参会,自然是格外开心的。会后,我们陪着老师游北京胡同,路遇一个好多人排队的烤肉店,大家当即决定买来尝尝。直到今天,为写这篇文章,我专门查了下资料,才知道,那天买的羊肉串是"烤肉季"(什刹海总店)的"一绝"。吴老师像一个老顽童,跟我们一起啧啧称赞,此番情景,就如同在昨日一般。

这些天,许多人都看到了师友们纪念吴老师的文章,也看到了吴老师潇洒游玩的纪念照片。可是还有人不清楚:开会顺带游览对于常年伏案写作的吴老师,实乃书斋生活里难得的放松。每次返程之时吴老师总是不无幽默地说,欠了一堆文债,回京后该抓紧还债了。师友们都知道老师的日记可是雷打不动天天记的。而老师在记日记之前还是一个写"生活手记"的文学青年。"生活手记"即片段写作,"是经过观察和一定积累将自己周围生活中感兴趣的事物,譬如一件事、一句话、一个表情、一个动作或一个眼色记下来"。① 20世纪50年代,吴老师可是一个标准的"文学青年"。他的许多文章,常以独特视角留下人物生动的一面。不知道是不是得益于青年时代"生活手记"的训练?他笔下的钱理群、王富仁等学者参加《中国现代文学研究丛刊》编委会时的情形,尤为传神,钱理群"拎两个大皮包,里面鼓鼓囊囊塞满书和稿子,其重无比",王富仁"逻辑思维严密,带点幽默,滔滔不绝。抽烟把牙全部熏黄,有一天忽然全白了,原来牙全换掉了"。② 这些记叙实实在在让我们看到了学者名人的另一面。

吴老师不单能写人的优点,更以对人物特点的把握形成了他怀人忆旧文章的特点,所以能够将一个个活生生的人拉到读者面前,极具"现场感"。如他在《怀想王瑶先生》里记录老师特殊的笑声:"说着说着,自己倒抽着气便爆发一样大笑起来,快活的眼光里藏着热诚、通达、聪慧,有时确乎也存一丝狡黠……"③吴老师在这个句子之后特意附上解释:"原谅我用词不当,但一时无词可以代替。"他还有篇写凌宇的文章,描绘出了有40多年交情的老友的"才气、硬气和乡气",中肯客观的态度是能从题目感觉到的。文中提到凌宇坚持在冬天"打开宿舍唯一的朝东的窗户",并从这不失可爱的"固执",联系到沈从文笔下"湘西人"的性格——"雄强、硬朗、带点保守性的执拗",认为"凌宇人性的本源也来于此吧"。④ 看多了赞美类的文章,这种客观甚至不避真实的描写不仅不会左右读者的好恶,反而更易让人觉出人物

---

① 吴福辉:《石斋语痕二集》,河南大学出版社,2018,第41页。
② 吴福辉:《多棱镜下》,人民文学出版社,2010,第374页。
③ 吴福辉:《石斋语痕》,河南大学出版社,2014,第342页。
④ 吴福辉:《凌宇的才气、硬气和乡气》,《南方文坛》2018年第5期。

的真性情。我在2016年和吴老师、刘铁群、鹿义霞去湖南参会,凌宇老师的爽朗干练、热情好客裹挟着里耶柑橘的蜜甜,早已印刻在心。

吴老师学术无偏至,他为海派文学正名的同时,直言海派带有一定的粗俗、媚俗的特点,应该尽量低调。在他笔下,上海有单栋洋房,而"洋人大班与华人巨富甚至住花园洋房,其次是欧美风格的公寓如张爱玲所住有热水汀(暖气)和煤气"①,但更多的人住的是弄堂。弄堂里升腾的"人间气息"充溢在吴老师的文章中,有弄堂深处的云雀"闻"到过:"仅记得一个春雨连绵的季节,有只鸟雀突然误撞入我两面带窗的屋子,被我视同宝贝一般养了好几天,最后放生时还依依不舍。"②在"上海怀旧"之类小说浸淫下的读者,不妨读一下吴老师的海派研究成果,如他的《旧时上海文化地图:"看张"读书笔记之一》等三篇系列的文字。也许你便会看到"日常上海"的市民百态图,品读出衣食住行柴米油盐透出来的"人生味儿"。老师对于融入生命体验的海派文学始终保有清醒。另外,对于左翼革命文学,他能剖析其中的商业价值;对于京派文学,亦能察觉到它20世纪40年代趋于"通俗化"的艺术倾向,并用"共生""转折""积累"这样一些概念消除现象之间的对峙性关系,这些都体现在了《插图本中国现代文学发展史》里面。这部闪烁诸多"灼见"的大著正体现了老师精勤严谨、守正创新的风范。

为了将文学发展的原状呈现在读者面前,吴老师采用典型年份大事记的方法来编写原始材料,重现文学现场,期待读者在参与进去的同时可以产生自己的想法。另外著作好看好读,还在于它的图文并茂,老师想让文学史趋于通俗化的良苦用心可见一斑。吴老师当年推荐我攻读陈子善老师的博士后,以进一步深化对于海派文学的研究。陈老师爱养猫等逸闻趣事最初都是从他那里听来的。与追求生活中的趣味相一致,把文章写得好看、耐看,大概也是吴老师、陈老师这类"海派"学者的共性。套用先生评论丰子恺创作的原话,来形容其风格也是不为过的:"把艺术从云端拉下,拉到能食人间烟火的地方来。"③

吴老师的《插图本中国现代文学发展史》是圆了单独撰写文学史的一个

---

① 吴福辉:《石斋语痕》,河南大学出版社,2014,第330页。
② 吴福辉:《石斋语痕》,河南大学出版社,2014,第332页。
③ 吴福辉:《石斋语痕》,河南大学出版社,2014,第231页。

"梦",但他还有写其他两本文学史的梦:一个是给台湾的大学生写一本文学史,要通过对文学作品审美的分析,让没有看过这个作品的人都有兴趣去读。而受身体条件的影响,老师没有把握能按时写出来,退还了出版社预付的一万元稿费。还有一本是给儿童写的文学史,拟以适应儿童接受的写法,用浅显通俗生动的文字让小孩子认识现代作家。自始至终,他的文学史情结都是与读者的需求联系着的。"插图本"以"抓住典型作品做有血有肉分析",而"有意识地减弱作家作品的叙述",是全书整体架构使然。而对于最能体现其写作特色的作家作品分析,吴老师很可能想寄托在写作另两本文学史的梦想中。他似乎还没有完成全程的使命,就离开我们走了。他还有多少论文要写(80岁的时候酝酿开始写晚年的反思性散文),他还有多少概念未及提出来呢。天不假年,他远没有做完他想要做的事情,岂不悲哀?

吴老师"插图本"那本书是退休之后开始写的,整整用了10年。这之后,不间断地给河南大学的《汉语言文学研究》撰写专栏"石斋语痕",坚持了8年。吴老师的书房名曰"小石居",并笑称"书房起名小石居,实在是寒舍狭仄,不堪负重,只宜在书案、台架、文橱上放置细微顽石,无须用厅堂院落来承载的意思","家中则能放石头的地方都已石满为患"。吴老师71岁推出"插图本"后4年,即75岁那年,出版了《石斋语痕》(2014年);它的姊妹版《石斋语痕二集》2018年问世,那年他79岁。已近耄耋之年,本应颐养天年,安享天伦之乐,可老师却笔耕不辍并引以为幸:"坐拥石头城,读写我文学,此为我的幸运。"①这样的人,在今天的一代文人中已难出现。终生勤勉的老师以及他那代人的学人风范几成绝唱。

许多人问是什么让老师对学术研究付之以毕生心血。

老师回答说:"学术,不要脱离生活,要有人间应该有的气象。"

一个有人间烟火气的学者,留下的是"人间学术"。

爱生活的老师喜爱这凡尘人世,所以他能"倾听到它的灵魂在呼吸、在怦动,然后融入我的感情,把它尽力描摹出来"②。老师是在用挚爱生活的心来书写啊!

---

① 吴福辉:《石斋语痕》,河南大学出版社,2014,《自序》第2页。
② 吴福辉:《石斋语痕二集》,河南大学出版社,2018,第44页。

2021年元旦当天晚上,吴老师发于我们学生群里的元旦祝词是"大家平安度过神魔2020,迎来新欣2021",附上了一张自家后院的雪景图,配字"卡城大雪",另加一张美食图,配字"敝人前些日做的红烧肉炖蛋"。然后隆重晒出了自己在12月9日生日当天的照片、美食:"这三个菜都为我所做,我正在学。砂锅里是虾仁豆腐。右为煎鱼,左为酱拌生菜。可惜尝不到滋味。"吴老师从2019年10月远赴加拿大,在师生群里晒得最多的就是雪景图,还有街道图。空旷的街道,时常有兔子出没。他曾抓拍了远景、近景等不同视角的兔子,发给我们看。在不到一年半的异国生活里,老师应该想念国内了,他以家乡的美味来庆贺自己的81岁寿辰。可仅在36天之后,他却撒手人寰,永远离开了他眷恋的人世。

那个融入感情尽力描摹生活的老人真的离开我们远去了。

如果说文字是嵌刻于人生的"生命之痕",如果说北京、上海的双城记忆给了老师审视文学的独特视角,那么吴老师在加国的岁月又给他的晚年人生赋予了什么意义呢?

孤寂可让生命质地更加结实,而坚韧也会令人肃然起敬。

(《博览群书》2021年第3期)

始于河南大学的师生缘
——回忆我的导师吴福辉先生

尹 诗

师兄说痛定后写写老师吧,但痛定后写似还遥远,因还有痛定思痛。于是,便在老师的著作中间腾出一片空地,任由回忆的思绪拉开往日求学求教的一幕幕……

2009年5月,在河南大学博士生复试现场,我第一次见到了吴福辉老师,身着格子衬衣的老师不太像步入古稀之年的样子,步伐还是轻松快捷的。在这之前,与老师的认识交往只有《中国现代文学三十年》,附加一次仅晓得其是江浙人士而没谈其他的通话。能成为吴老师的博士不得不感谢好友惠萍。她给我讲本校导师的门下报考学生众多,不如选择报考与河大合作的吴福辉老师。现如今,我已踏入吴门求学12个年头了,吴福辉,从学界享有盛誉的三个字变成了引领我探寻学术堂奥的恩师,还变成了和学生亦师亦友的长者。

入学后不久的11月份是上一届师兄师姐们开题的时候。记得那次是刘涛师兄通知我去接吴老师的。在从新郑机场开车往河大的途中,吴老师问我查询资料是否顺利,并要求读博伊始就要树立史料意识,这自然是与河南大学注重史料研究的特色相一致的。但史料在吴老师眼里无不都成了建构文学史大厦的"一砖一瓦"。《石斋语痕》(2014年出版)、《石斋语痕二集》(2018年版),在史料的基石上,运用"散文"化的写作方式,更像是文学史的"散文书话体"。而他认为现代文学史的研究是远远不够的,可以从不同角度去重写。创新就是写作的生命,要勇于寻找研究中的空白点和缝隙。说起创新,吴老师曾将王瑶先生教导自己的话讲给我们,大意就是说后人在和你研究同领域的时候,无法忽略你的研究成果,轻易绕过去。这其实是很高的标准,老师曾谦称自己尚没有达到。

做研究要创新谈何容易,那是需要厚积薄发,板凳坐上10年冷的。吴老师说过,舞台上的角儿出场时都很光鲜亮眼,可他们的后台却是芜杂凌乱的。文章写成之前要多搜集材料,让它们在脑海里激荡,就像舞台的后台越乱越好。当选定海派话剧为研究方向后,为了这块"难啃"的骨头,我几度"下海"查询资料。讲实话,老师为我推荐的上海名菜我一个也没有品尝,午饭常以面包果腹,只为能在胶卷机旁多看几眼旧报刊。海派话剧是老师建构海派文学大树的重要一支,这是在刘铁群的《礼拜六》杂志研究、李楠的小报研究和陈啸的海派散文研究之后,一块重要的海派阵地。我之后还有鹿义霞师妹做海派文学的迁徙流变。海派话剧的研究更像是给上海孤岛沦陷时期的市民剧"正名",通过追踪文明戏的变迁历程,梳理海派话剧与文明戏一脉相承的联系。如果说一部分文明戏衰落了,那么一部分则改良了,改良成功的文明戏即海派话剧的雏形,其主要标志是"剧本制"的重返(克服文明戏长期以来因没有剧本而出现的弊端)。海派话剧就是有剧本的、带有商业性、以市民观念为主的剧作。吴老师从不轻易认为一种文学现象会随着某次运动或批判消失,而是要回到历史现场寻觅它的前世今生,追踪其发展沉没的史学脉络。我们几个虽谈不上多么出色,但至少是让老师宽慰的。吴老师在指导学生的过程中,始终贯穿的研究观念和方法就是打破新文学和通俗文学二元对立的研究瓶颈,引入海派文学、市民文学的视域来打通雅俗二元世界。这个宏伟构图在《插图本中国现代文学发展史》中得到了实施。市民大众文学、市民小说、市民社会作为重要概念,赫然列入其中,"也是其文学史最具颠覆性的文化正名行为与实践"①。借由"市民"概念的正名和引入,这部书在叙述通俗文学和新文学时便有了充足的空间,悠然展开了一幅新旧融合、由雅及俗、由俗入雅、雅俗结合的文学发展地图。

学问融通折射的是老师性格的平和宽厚、明快爽朗。读博三年,我很少挨老师批评。记得第一次挨批是因为迟到。内心忐忑的我在郑州火车站看到吴老师伫立着,面带不悦,但他当时并没有说什么。晚上吃饭时,老师看似闲聊地说道:"我来河大这么多年,只有两次接我出现了迟接,一次是关爱

---

① 李今:《讲述现代中国文学场域的故事——吴福辉〈插图本中国现代文学发展史〉重读》,《汉语言文学研究》2019年第4期。

和书记,然后就是这次了。"当时我就意识到这是很严厉的批评了,毕竟吴老师解释了关书记是因为开会而迟到。老师的守时高效,实乃海派风格使然。而这正是向来懒散的我最应效仿学习的。老师家在京城,我们学生与他讨论博士论文大都通过邮件。比起当面求教,电子邮件里的批评则来得更重些。印象最深的一句是:你都不会用复眼看问题吗?!虽然老师在阅完改后的版本时还夸我孺子可教。但"用复眼看问题"的教导深铭于心,永不敢忘。老师还说过,研究现代不能不看近代、古代和当代,做学问盘子开得要大,坑挖得要够深。这些字句微言大义,彰显出了老师的治学风范。所以我们都很佩服吴老师,跟他共同参会被我们戏谑为听他课堂外"授课"。老师的会议发言瞩目高远、切中要害,精到简练却又不失风趣,如春风化雨般让人心领神会。而吾等岂有如此能耐。在上个月的茅盾研究会年会上,作为小组评议人的我曾心怀忐忑。今年的茅盾研究会年会由广西师大主办,会前,老师微信嘱托刘铁群一定要办好。在桂林的两天,兄弟姐妹多次提到敬爱的吴老师,我们都想对吴老师说:会议办得很顺利,您要参加该多好!大家都想念您了!

2015年,我写了一篇吴老师的访谈录:《人间学术——吴福辉先生访谈录》。题目中"人间学术"四个字是老师敲定的。刘铁群也有写吴老师的一篇文章:《吴福辉:富有人间烟火气的学者》。"人间"二字透露出吴老师对凡俗人生的热爱。已逾古稀之年的吴老师留恋尘世的心是深沉而真实的。他的海派文化、都市文化研究无不浸润着自身的生命体验和感觉。"人间学术"的应运而生或许是他晚年复杂心绪的映现吧。吴老师爱生活的点滴细节处处皆见。一次师生们约得较齐,大家到河大附近的书店街一游(书店街更像商业街)。看到我选购了一条印着卡通图案的毛巾,吴老师便问道:"想孩子了?这样吧,你先回家吧。"我女儿那年两岁。还有一次是在入学前的夏天,我和吴老师通电话求教开学买书的事儿,老师仍不忘提醒我:"孩子还小,趁着暑假多陪陪孩子,其他的先放一放。"借着我的缘由,我家先生和女儿都和吴老师有了不浅的交情。先生至今懊悔想向吴老师请教的问题没有及时说出来。女儿最近一次和吴老师的交集是在2019年的暑假。8月31日和9月1日两天,文学馆为吴老师制作文学名家纪录片,我带着女儿到了老师曾付以筚路蓝缕之功的中国现代文学馆参观。可10岁多的小孩毕竟是小孩,她对温州大排档至今念念不忘,还谈到吴爷爷请她吃的饭多么鲜香。温州大排档这个位居老师家楼下的小饭店,曾给许多吴门子弟带来了唇齿留香的回味,往后的岁月里,炒米粉、清蒸鱼会伴着不尽的怀想,永远印刻脑海吧!

  吴老师重情重义,他在《中国文学城市与我的四城记忆》中直言:"我比较熟悉的中国城市依次为上海、鞍山、北京,或许还可以加一个开封……至于开封,到今日我仍不能够说对这个七朝故都有什么认识,但早已有了感情。"①忆往昔,吴老师和刘思谦、刘增杰、关爱和,孙先科等老师并坐一排,给博士生开题、答辩,谈笑风生,高谈阔论。那样的场景,简直就是学生领会各位老师学术思想、欣赏他们人生风采的绝佳时机。刘思谦锐敏犀利的口才和刘增杰的持重平和风格迥然,由两位先生和诸位博导形成的亮丽风景线是每个河大学子争相一睹的景象,也是文学院经久不衰的话题。或许这就是作为百年名校的河南大学的魅力之所在吧!

  2019年8月17日,河南大学召开了吴福辉先生学术思想研讨会,借此庆贺吴老师八十寿诞。会上,通过河南大学的老朋友解志熙老师爆料,才得知吴老师在河南大学请其合作博士点工作的当天,还接到中国人民大学的邀请。结果已无须赘言。吴老师在河大带博士生对吾辈是难得的机遇,做他的门生,我何德何能,又何其有幸!会议当天的晚宴上(晚宴聚得较齐,刚从外地开完会的武新军老师和刘进才老师是拉着行李箱直奔饭店的),大家品尝了吴老师从加拿大带来的红酒。后来开始高歌嗨聊,那一刻,吴老师笑得很开心。现在,天上的吴老师,他老人家是不是在和师友们相聚呢?或闲坐品茗论古今,或小酌一杯笑红尘,说不准,正笑眯眯"暗算"现代文学史呢。天知道。

2021年1月20日改毕
谨以此文献给远行的恩师吴福辉先生

(河南大学文学院"我在河大读中文"公众号2021年1月21日)

---

① 吴福辉:《石斋语痕》,河南大学出版社,2014,第29页。

可敬 可亲 可爱
——追忆吴福辉师

鹿义霞

2021年1月15日,惊闻恩师吴福辉老师在加拿大长眠,我一边流泪,一边觉得恍惚,不愿相信这一切是真的。作为学生,我原本以为还有大把时光可以听他谈文学内外,讲写作周边,说游学故事;还有很多机会可以看他续"石斋语痕",写山水游记,评作家作品。笔耕不辍、豁达乐观、思维敏捷、口才雄健的他,以饱满的"年轻态"把我们"骗"了。无论是对学术还是对生活,吴老师都饱蘸激情,以至于常常让人忽略他已年迈,他抱恙在身。

说起吴老师,有人曾以当今的流行语"团宠"来形容他。作为领导,他平易近人,没有架子;作为学者,他睿智深刻,勇于创新;作为老师,他爱岗敬业,可亲可敬;作为朋友,他豁达宽容,真诚友善。经师易遇,人师难求。有师如此,何其有幸!

对于文学院的学生来说,无论是本科生还是考研、考博者,"吴福辉"这三个字都颇有重量。《中国现代文学三十年》这本书太有光环了!随着这份照耀朝前走,还可以看到更多惊喜:《多棱镜下》《且换一种眼光》《京海晚眺》《游走双城》《带着枷锁的笑》《沙汀传》《都市漩流中的海派小说》《插图本中国现代文学发展史》……2012年9月,我到河大读博,很多同学得知我的导师是大名鼎鼎的吴老师后,都表示很羡慕。对此,我一边自豪,一边忐忑,既怕暴露自己的才疏学浅,又怕老师严厉苛刻。当时吴老师身在北京,师生之间的交流是以短信开始的。当我请教一些问题时,吴老师回复的短信常常像篇小作文,详尽、透彻、亲切、温暖,既为我拨开迷雾,也给我无尽的鼓舞。那时,室友常说:"你导师真好,学问大,还没有架子。"吴老师对学生宽严相济,至今,我还留存着他为我开列的书单,其中既有大方向的"类",也有具体而微的"个"。每一阶段的阅读体会转换为作业交给吴老师后,便换来一封封为我指引航向的邮件。至今,它们还在邮箱里记录着点滴,诉说着往事。那一封封邮件,在开封与北京之间穿梭,饱蘸着老师的心血和关爱,给我无尽的温暖与鼓励。吴老师每年一般都会集中一段时间在河大讲学,此间是学生的幸福时光。在密集的讲座之余,他常常召集博士生聚谈,一天天一场场乐此不疲。真正热爱学术研究、热爱教学的老师就是这样,胸腔里总沸腾着激情,蓄积着无尽的力量。

吴老师特别注重启发式教学。对于学生的研究方向,他不搞命题作文,总是让大家先亮一亮拳脚,说一说兴趣,挖一挖创新点,谈一谈可掘进处,然后他深度启发,"旁敲侧击""打通经络"。我的博士学位论文《海派文学的延伸与变异——赴港海派作家研究(1937—1952)》就是这样诞生的。倡导"大文学史"的他,一向注重宽视野看问题,多角度读作家,立体式评作品。在指导我写论文的过程中,吴老师要求我既立足"双城",也旁及广域;既细读文本,也挖掘史料;既看主流,也不忽略支流;既注重作家的"一生两世",也思考作家的某种创作惯性;既论及香港的商业性,也考虑其"众声喧哗"……他鼓励我去北京、上海搜集资料,甚至还为我赴香港查阅资料联系老友、探察路径、了解住宿情况。其间细致,像极父亲对孩子的悉心照顾,那份厚重让我每每念及都无比感动。

吴老师做学问,注重"眼观四路"、耳听八方、"复眼"看文学万象,注重立体、开放、网状的文学图景,注重"将盘子做大"、多元共生,注重"多棱镜"、现场感和原生态。这让他既甘于坐冷板凳,也惯于走四方。写《沙汀传》时,他沿着沙汀的足迹踏访"历史现场",深入思考文学场域与文学生产的关联;研究京派小说,他不止一次到沈从文的凤凰城、汪曾祺的高邮、废名的黄梅;研究海派小说,他走遍旧上海的地标式建筑,多次到访作家旧址,既探时空网络,也做精神溯源;著《插图本中国现代文学发展史》,更是融汇大量一手资料。将历史空间与文学生态、地理空间与人物活动、文化空间与文学事件融合在一起的研究,让老师的学术探索饱满、鲜活、深入、灵动。把学问做"活",需要视野、眼光、韧性和足够的真诚,需要立足地域又超越地域的多重观照视角。吴老师兴致勃勃的游历背后,是做学问朴素而可贵的初心。他不但自己喜欢"游学",还特别喜欢动员学生"读万卷书,行万里路"。到湖南里耶开会,吴老师在会议之余,特意带师姐和我辗转游凤凰,参观沈从文故居。2016年在北京召开"现代文学史研究与教学暨《中国现代文学三十年》面世三十年纪念研讨会",会后他又不辞劳苦带学生走胡同,探遗迹,寻访作家旧址。2018年茅盾研究会年会期间,他带学生走进老舍故居和梁实秋的雅舍。兴致勃勃为我们义务做"导游"的他,早前已不止一次来此——能够将这种用心的学术行走深入到学生的精神世界里,一定是他作为老师的欢喜。

我常常想,吴老师能够被大家一致认同为"大智慧者",离不开其"满格"的活力、亲和力、创造力。因为有此做底子,为了心仪的专业他宁愿舍弃到中央机构从政的机会,而选择入职尚在筹备中的中国现代文学馆;他做学问不求功利、"不走寻常路",为寻觅文学史发展中的小细节小问题而下足功夫做"田野考察";他搞研究不做表面文章,而是深挖细掘、纵横贯通。因为有此做燃料,他拒绝躺在功劳簿上,在八十高龄还在谋划着新作:给台湾的青年大学生写一本文学史,给儿童写一本文学史,以特别的方式讲述文学生态与文学风貌。

吴老师是一位喜欢送礼(书)给学生的师者,且每本书都郑重签名并附以寄语。无论是在湖南,在北京,还是在重庆,在广西,吴老师的包里常常藏有神秘的礼物——书,不同的书凝聚着老师的心血和智慧,也寄托着他的希望和嘱托。特别让我难过又难忘的是,一次去他北京的家里,那时吴老师已疾病缠身,已有赴加拿大与家人团聚的打算。他收拾藏书,将之分门别类贴上标签:一些赠予现代文学馆,一些送与同事好友,一些送给某某学生……他说:"年龄大了,人迟早要离开,但精神食粮不能浪费,否则就是我的罪过。"赠书依照每个人的研究领域分门别类,这份精神礼物让人既温暖又伤感。

吴老师送给大家的精神礼物又何止这些! 他每天写日记,记录的不仅仅是纷繁的生活,是密集的活动,更折射出一种韧劲,告诉我们如何让岁月留痕、让时间增值。他宽容待人,严以律己,不议人短长,却自带锋芒,不断创下新的标高。他不重复自己,在学术创新方面勇于开疆拓土、另辟蹊径,无论是插图本的文学史还是广告视角的文学史,都让人耳目一新。他退而不休,"拿得动笔的时候就不嫌笔重,就不封笔",书写了别样的学术青春。他幽默睿智,将生活过得像诗一样。与吴老师同行时,我常常觉得他是一部行走的词典——吴老师谈及文学掌故、某某创作地的风俗人情、某某作品的创作细节,总是信手拈来,似乎不经意间就"挥洒"出"海量"信息。吴老师低调谦逊,但总教育我们要有学术自信——在积极探究、孜孜追求基础上建立学术自信,敢于并善于提出创新点。

吴老师 2019 年 10 月远赴加拿大,学生们都很不舍。好在我们的师生群比较活跃,吴老师时不时在群里"冒泡"。通过新鲜出炉的照片,我们随吴老师一起看加拿大的雪景,看那里的兔子(吴老师属兔),赏吴老师的厨艺,当然谈论更多的还是文学。2021 年元旦,吴老师还在群里发来新年祝词,另附卡城的雪景图和自制美食图。晒出虾仁豆腐、煎鱼、酱拌生菜、红烧肉炖蛋后,他说这些菜都是自己的作品,他正在认真学习、积极实践。如同做学术研究一样,吴老师始终走在开垦的路上,始终保持着探究的兴趣。他永远是那么热爱生活,即使在重病缠身时也是那么勤奋、乐观。

"把讲台站稳,将科研做好,使兴趣升级,让生活充实",这是吴老师 2016 年秋冬之际来广西师范大学讲学时留给我的叮嘱。当时,满头白发的他激情洋溢,一直坚持站着讲课,不用话筒但声音洪亮,不带讲稿但思维缜密,亲切幽默又浑然不减师者威严。整场讲座互动热烈,信息量饱满,充分点燃了听者求知的热情。那一刻,我深深体会到何为高效课堂,何为学者风度。吴老师善于挖掘学生潜力,特别注重因材施教,常常鼓励学生脱离思维惯性,去开拓更大的空间。他知道我对文学创作感兴趣,常鼓励我拿习作给他看。想起我曾把一首首新写好的诗歌或者一篇篇尚且稚嫩的小说发给老师并收获充满温度的修改建议,我知道,有师如此,我是幸福的,我不能懒惰。

愿吴老师在另一个世界有学术,有风景,有美食。

吴福辉:生与死

赵 牧

很多微信群中纷纷悼念吴福辉先生,很多人晒出与他的合影,以及合影背后的故事,我想了想,竟发现自己从来没有见过吴先生。

很多人提及《中国现代文学三十年》,虽然不是文学科班出身,但这本书,我很早就看过了,而且不仅看过,我在煤矿工作的时候因为备考中文专业的研究生,还按图索骥,尽可能地阅读了其中提到的很多作品。

然而我不知道在这本书里,哪些是吴先生所写,而且吴先生在他们三个中,是唯一不在北大的,我那时便因为对于北大的迷信,而觉得这个吴也许是一个打杂的。

后来才知道,吴先生很早就以一个没有读过大学的中学老师的身份考上了北大的研究生,跟另外那两位,一个《三毛流浪记》中的"笨孩子",一个北大中文系的系主任,是同班同学。

我于是又对吴先生抱着同情心,这同情心当我流落在小地方小学校的时候,就更加突出了,因为我想起有人说过"在央视,就是一条狗,叫三声也能全国知名",以此类推,我反倒失去了对另两位的崇拜,而一味同情吴先生,以为他也像我一样,因为种种原因,而流落学术的边陲了。

后来我才发现,我的同情是自作多情,吴先生其实根本就不在边陲,他的现代文学馆是很牛的单位,他做主编的那个杂志是学界很牛的杂志,更加之,他的研究,比如海派文学,比如《沙汀传》,也得到学术界极大认可。

很多时候,所谓"共情力",其实也不过是以一己之情而思忖他人之情,想当然地以为天同此理,人同此心,但此理非彼理,此心非彼心,不能胡乱比附的。

但无论吴先生在中心还是在边缘,有名还是无名,我好像都没有机会认识,看人家写悼念文章,晒合影照片,实在是令我觉得既羞又惭,于是在群里发几朵虚拟的献祭的花,便躲开来。似乎悼念,不管在学术上有没有受惠于他,竟先和资格的有无关联起来了。

然而生死的大限,谁又都逃不脱,所以人在思考学问的时候,便也不能不常发些天命的感叹,总也禁不住物伤其类,那么对于吴先生的去世,也就生出些感怀。于是就在这一天,我偷偷地看了他几篇文章,突然觉得文比人长寿,其实并不是一句空话。

起码对于吴先生,此言不虚的。

那么在这里,我且不悼念他肉身的死,而只体味并祈愿他文章的生,起码,就他所参与的《中国现代文学三十年》,在很长一段时间里,都还会在大学中文系的课堂上被反复讲授,至于哪部分是谁写的并不重要,这天地万物原本就是混杂而无名的。

("边缘杂谈"公众号2021年1月16日)

吴福辉：文学史家的史料功夫

刘　涛

作为著名文学史家，吴福辉在文学史研究方面的贡献为人关注较多，他在现代文学史料方面的工作和成绩，有意无意间，被人忽略了。其实，每位有成就的文学史家同时也是孜孜矻矻的史料工作者。没有暗中所下的史料功夫，没有对史料的深入认知，没有资料的独立准备，就很难在文学研究方面，做出自己的独到发现。吴福辉的现代文学理论研究与其史料工作，如车之双轨、鸟之两翼，相伴而生，相辅相成，难解难分。史料工作既是他理论研究的前期准备，又贯穿于研究始终，构成他研究成果的一个有机组成部分。在长期的文学史研究和史料工作中，吴福辉还形成了自己独特的史料认知。因而，纪念吴福辉先生，盘点他对现代文学研究所做的贡献，还应顾及他在现代文学史料方面所做的工作。

一

吴福辉的文学史理论研究同时伴随史料工作。他的现代文学研究开始于张天翼，《锋利·新鲜·夸张——试论张天翼讽刺小说的人物及其描写艺术》，发表于《文学评论》1980年第5期，这是他走上学术道路的第一篇文章。为使自己的张天翼研究具有可持续性，他与沈承宽、黄侯兴合作，编纂《张天翼研究资料》，为此，1980年12月25日，他与沈承宽一道，采访张天翼挚友吴组缃，采访记录以《吴组缃谈张天翼》为题，发表于《新文学史料》1981年第2期。这一期还发表有他与黄侯兴、沈承宽共同编写的《张天翼文学活动年表》。他在从事这些史料工作时，还是北京大学中文系的研究生。这说明吴福辉的现代研究工作，一开始就是沿着王瑶、严家炎所传承给他的学术理念进行的，既追求观念创新与理论思辨，又重视言之有据和论从史出,强调原始史料的搜集、整理,重视在原始史料所构建的历史氛围中的沉浸和体验。

他随后的沙汀研究,京派、海派研究,同样沿着理论研究与史料工作两条轨道进行。在沙汀研究方面,他发表过《沙汀的创作道路、艺术个性和特色》《怎样暴露黑暗——沙汀小说的诗意和喜剧性》《中国现代讽刺小说的初步成熟——试论"左联"青年作家和京派作家的讽刺艺术》等理论文章,也编选过《沙汀日记》《沙汀:乡镇小说》等集子。1990年6月《沙汀传》由北京十月文艺出版社出版,该书可看作他沙汀研究的一个总结。他在《后记》中写道:"断断续续的一年时间,加上搜集材料,连在一起有了三年光阴,涂了这样一本语不惊人的东西,实在也抖不起来。"①一本书写作用三年时间,资料搜集则占去三分之二时间,由此可见他对史料的重视。为了写作该书,他差不多读完了关于沙汀的所有生平材料。② 书面材料外,他还重视对传主本人及传主亲朋好友的访谈。在沙汀生前,他对之做过数次访谈,时间长达数十小时,留下大量第一手材料。而与沙汀工作、生活有交集的人物,他访谈过的有二十人之多。访谈之外,他还到沙汀生活、工作过的地方进行探访和体验,以获得尽可能多的原始史料。③

作为文学史家,吴福辉为人所知的多是其理论研究专著,而他编选的大量现代作家作品,似乎少有人提及。其实,他编选的这些现代文学选本,皆非率尔操觚之作,而是他文学史理论的具体实践,是其现代文学史料工作的重要构成部分,在现代文学经典新释、普及现代文学知识和辅助现代文学教学方面,发挥过相当大的作用。1992年《梁遇春散文全编》由浙江文艺出版社出版。梁的"全编"包括他为英国小品写下的许多精彩注释文字,为此吴福辉跑遍京城大小图书馆去查找梁的二十多种译本,最后编成八百页的一本书。④ 这本书本身就是梁遇春研究的重要成果,它的出版同时又有力促进了梁遇春研究的进一步开展。这些选本中,1990年11月由人民文学出版社出版的《京派小说选》,应该是影响最大的一部。为了编选这部选本,吴福

---

① 吴福辉:《沙汀传》,北京十月文艺出版社,1990,第476页。
② 吴福辉:《风云变幻的生活手记——〈沙汀日记〉前言》,《书城》1997年第6期。
③ 吴福辉:《沙汀传》,北京十月文艺出版社,1990,第477–478页。
④ 吴福辉:《春润集》,复旦大学出版社,2012,第88页。

辉下了相当大的功夫。他过去虽已翻检过京派刊物,但仍勉力从《大公报·文艺副刊》《骆驼草》《学文月刊》《水星》《文学杂志》一本本重新读起,小心加意进行选择,再辅之以对各种重要代表作品集的遴选阅读,以保证选本的独立价值及选品的新鲜度。① 在这部选本出版前,他的老师严家炎选编的四册《中国现代各流派小说选》已于 1986 年出版,该小说选的第三册为"社会剖析小说""京派小说"卷。可能由于篇幅关系,该书"京派小说"部分仅选入沈从文、废名、凌叔华、萧乾、汪曾祺等五位作家的作品。《京派小说选》选编作家则达十五人之多,在前书原有作家基础上,增加十人:杨振声、李健吾、林徽因、芦焚、叔文、季康、刘祖春、前羽、林蒲、邢楚均。这十人中,有些如刘祖春、前羽、林蒲、邢楚均等人,名气不大,属于"无名作家",选入他们,"是为了更可看出这个流派的全貌和已经达到的文学的平均水准"②。两个选本共同选入的五位作家,每位被选入的作品也有较大不同。如凌叔华,《中国现代各流派小说选》选入《杨妈》《小哥儿俩》《搬家》,《京派小说选》选入的则为《李先生》《弟弟》《一件喜事》。《京派小说选》对入选作者排序及所选作品多寡,也有精心安排,既考虑其在京派中的地位,又照顾到他们在文坛出现的先后。其中,对汪曾祺的处理,颇见选家用心。排序上,汪曾祺处于倒数第三位,却选入《老鲁》《戴车匠》《鸡鸭名家》《异禀》四篇作品,所选作品数量超过凌叔华、废名、芦焚(各三篇),与沈从文相同,由此可见选本对汪曾祺的重视。而同样是汪曾祺,《中国现代各流派小说选》则仅选入其《邂逅》一篇作品。很明显,两个选本对京派作家选入人数的不同,以及同一作家入选作品的不同,一定程度代表不同时段、不同思想背景下选编者对京派人员构成和作家评价的不同理解。在《京派小说选》前言中,吴福辉谦称该选本错误、不当之处是显然的,期待更好选本出现,但又认为自己这个选本,在京派研究上,"提供了一种较趋一致的看法"③。确实,《京派小说选》代表了当时京派研究所能达到的最新认识水准,虽是作品选,但又是京派研究成果的结晶和体现,不能仅以普通选本等闲视之。

《京派小说选》《梁遇春散文全编》外,吴福辉还编选过鲁迅、周作人、茅

---

① 吴福辉编选《京派小说选》,人民文学出版社,1990,《前言》第 22 页。
② 吴福辉编选《京派小说选》,人民文学出版社,1990,《前言》第 24 页。
③ 吴福辉编选《京派小说选》,人民文学出版社,1990,《前言》第 24 页。

盾、老舍、朱自清、施蛰存、冯至、萧红、张爱玲、庐隐、陈源、苏青、予且等人的作品。对于这些作家作品的选编，他严肃对待，黾勉从事，体现出自己对文学史的理解和对作家的独特认知。大部分选本前面都有他用心写就的前言，详细交代他对编选对象思想艺术特色的认识。例如他为《京派小说选》撰写有长篇前言，该文曾以《乡村中国的文学形态——〈京派小说选〉前言》为题，发表于《中国现代文学研究丛刊》1987年第4期，有力推动了京派研究的进展，是京派研究史上的重要文献。为《张爱玲散文全编》《梁遇春散文全编》《施蛰存短篇小说集》写的前言，对这些作家的思想艺术皆有体贴入微的把握和绵密细致的分析。他的选编不但是"选"，还有"注"。他参与过《茅盾全集》的编纂和注释工作，中国现代文学馆编的"中国现代文学百家"丛书"茅盾代表作"上下卷《子夜》《林家铺子》亦由他负责，他为选编的作品皆写有注释。他选编的老舍代表作《茶馆》（南海出版公司2010年版）也有注。他作的注大都比较简洁，三言两语，要言不烦。作为文学史家，他的选编独具只眼，追求学术含量，力图编出特色和个性。他选编的《茅盾作品经典》（五卷，中国华侨出版社1996年6月版），收入《子夜》《锻炼》的提纲和《霜叶红似二月花》的"续稿"，使选本有了与同类选本不同的特点。为复旦大学出版社选编的鲁迅、周作人、老舍、沈从文、萧红、冯至等人的作品选本，每部在同类选本中都能显出自家面目。他编选的朱自清代表作《背影》（广东教育出版社2009年3月版），以图文并茂为最大特点。选入文章中，在其他选本中往往落选的《阿河》被选入；纪念闻一多的文章，不选标题像怀念文字的《中国学术的大损失——悼闻一多先生》，而选了题目论文化的《〈闻一多全集〉编后记》，因前者枯燥乏味，后者的记叙则偏多精彩。这样选，并非故意标新立异，而是有选家的眼光和见识在里面。朱自清是王瑶的老师，吴福辉则是王瑶的学生，他与朱自清之间存在间接师承关系。他选编《背影》，表面上是选编，内里则有致敬师门、接续师承的意思。在该书前言《重读〈背影〉》中他坦言，本书的编辑，"令我从师承谱系上更加走近朱自清先生。这是我的幸运"①。

---

① 吴福辉:《重读〈背影〉》，载朱自清《背影》，吴福辉配图，广东教育出版社，2009，《重读〈背影〉》第6页。

二

由以上简要概述可知,吴福辉的学术道路一直沿着理论研究和史料探究两条轨道进行。两者间互相促进、相得益彰,只不过由于他的文学史著作和理论研究成果过于突出,史料工作的一面为其光芒所掩,不太为人所关注罢了。浸染于北京大学优良的学风之中,吴福辉重视原始史料,重视一手史料的挖掘、搜集,强烈的史料意识与敏锐的艺术感知力、灵动的思辨能力一道,成为支撑其学术发展的原动力。21 世纪伊始,针对现代文学研究界当时略显浮躁的学风,他曾忧心忡忡地指出:"忽视资料工作在我们这个'中国现代文学'的学科里会有怎样的后果,往往引不起我们的重视。"① 为此,他曾发表《史料、学风与当下性》《历史与当下:双重视野中的现代文学资料学》等文章,强调史料工作的重要性,认为"史料和对史料的钻研,作为学术功夫的第一步,及贯穿始终的过程,理应加强"②。在长期的文学史研究和史料工作中,吴福辉形成了自己的史料认知,如认为现代作家作品全集的编纂应求"全",因此,对作家佚文的收集与辨伪就成为重要问题;支持作家作品汇编本的出版;主张作家作品全集收入其未刊稿;提倡多种风格、多种观点的传记出版,使一个作家能得到多侧面的立体表现;认为现代文学研究应重视学术史史料的收集,使研究建立在更为坚实的基础之上。③ 现代文学由于与政治的多重纠缠而产生复杂的版本修改问题,因此,"假如不对后来的许多现代作家著作作一番仔细校勘,我们简直就无法进入对这些作家的真正研究"④。他在多篇文章中反复强调现代文学版本校勘的重要性,关注到版本非常细微的一些问题,如曹禺话剧《雷雨》中人物出场提示语的修改。⑤ 对作家作品是否选用初版本或初刊本持很放达的态度,既倾向于采用初版或初刊,若后出的修改版本造成对历史的遮蔽,又认为初版或初刊并

---

① 吴福辉:《历史与当下:双重视野中的现代文学资料学》,《学习与探索》2004 年第 1 期。
② 吴福辉:《史料、学风与当下性》,《河南大学学报》2005 年第 2 期。
③ 吴福辉:《历史与当下:双重视野中的现代文学资料学》,《学习与探索》2004 年第 1 期。
④ 吴福辉:《史料、学风与当下性》,《河南大学学报》2005 年第 2 期。
⑤ 吴福辉:《石斋语痕》,河南大学出版社,2014,第 103-109 页。

非完美无瑕,若其存在错误或缺漏,则应择"善本"而从。① 他认识到作家日记与一般生平材料的不同,"作家生平材料中具有特别价值的是日记"②。作家日记具有隐秘性,其保存的历史材料充满细节,更为活灵活现,留下了绝好的作家本人思想、心理、行为的印迹,对历史研究和作家研究皆具宝贵价值。③ 这些认识和观点,有的已成为现代文学研究者的共识。在重视纸面史料外,他还非常重视实地勘察,重视对作家"生活史料"的探查与体验;重视文学史料外,在大文学史观的影响下,他还重视文学周边的文化史料及历史、政治、思想、教育、经济等史料;正统的历史叙述之外,他还提出应关注野史材料;提出史料研究应采取"历史与当下"的双重视野;文字史料外,他还重视图片史料。这些看法,有些是他个人的研究心得和体会,有些观点还没有得到学界重视,因此,值得特别加以提出。

一般所谓"史料"皆指文字材料,即纸面上留存的各类史料。吴福辉在重视纸面史料外,还非常重视以物质或言语的形态呈现的,与作家生活、工作、创作有关的各种材料。以物质形态呈现的,可姑且称之为"生活史料";以言语形式呈现的,人物的口述可称为"口述史料";对人物的访谈,可称为"访谈史料"。这些史料皆可补纸面史料之不足,有时所发挥的作用还远超纸面史料。上面已经提及,吴福辉为写作《沙汀传》,不但多次采访沙汀本人,还采访了其他二十位人物,这些皆属访谈史料。大量的访谈给他带来的是第一手材料,是纸面材料所无法替代的。访谈外,吴福辉还非常重视与作家有关的"生活史料"的勘察。为写《沙汀传》,"当时我发了个愿,为了能把作家的生活状态和写作情境结合得更紧密,决心下力气把沙汀一生走过的地方都走上一遍!后来因为各种缘故,这个'走上一遍'难免打了点折扣,但多数地方真的去过了。比如从偏僻的沙汀故乡安县县城一直走到雎水镇(与地震的北川县近在咫尺)和秀水镇;比如找到了艾芜、沙汀同班读书的成都盐道街省一师原址(还剩下一堵墙是原物),还有两人'文革'遭囚禁的昭觉寺;比如'左联'时他在上海的居住地闸北德恩里、青岛的距野路等,加上

---

① 吴福辉:《石斋语痕》,河南大学出版社,2014,第 254 页。
② 吴福辉:《历史与当下:双重视野中的现代文学资料学》,《学习与探索》2004 年第 1 期。
③ 吴福辉:《风云变幻的生活手记——〈沙汀日记〉前言》,《书城》1997 年第 6 期。

抗战期间重庆的角角落落,我都——踏访过"①。1930 年 3 月 2 日成立"中国左翼作家联盟"时在上海的中华艺术大学会场是在原窦乐安路 233 号的楼里,但是,一开始建立"左联"纪念馆时,竟然把地址搞错了。当年"左联"的活动处于地下状态,固然是弄不清楚的原因之一,但他认为,"在许多当事人健在的情况下缺乏广泛调查,觉得无须下什么勘踏的功夫,可能更是个原因"②。对生活史料的实地踏访、勘察,设身处地去体验,不但是出于科学态度、避免错误和以讹传讹,更是为了在自我与对象间建立起更多的交集,从而更深入细致地去了解历史。这种对"生活史料"的重视,不单单是一种史料观和方法论,还显示出一种可贵的思想立场和情感态度。重视"生活史料",亲身到研究对象工作、生活场所去看,去触摸,去体验,所得不但"真"和"实",远胜于道听途说、捕风捉影,而且"美"和"善",对研究客体持一种既谦卑又平等的友善态度,与研究客体"共在""共情",与之产生情感交流与呼应,由此才能发生对历史同情之理解。从司马迁开始,古人著史就重视对历史遗迹的亲身探访与体验,这是中国史学的优良传统。吴福辉对生活史料的重视,对历史遗存的亲身勘察与体验,既来自中国史学传统和北大学风,又与其对现代文学史料独特性的认知有关。他认识到现代文学虽去今不远,但逐渐成为历史,他对现代作家的访谈,是为了抢救史料、保存史料。与此相同,与现代文学、现代作家有关的各种遗存,虽去今不远,但由于各种政治历史原因,损毁严重,他的亲身踏访,同样是为了留存史料,凭吊历史,建构更为原汁原味的历史情境。因为,比起纸面史料,生活史料无疑更为原始,是真正的一手史料。

重视文学类史料外,他还重视文学周边的社会学、文化学、城市史等各种非文学类史料。费孝通的社会学研究,他对现代中国为"乡土中国"的定性和分析,对中国社会结构"乡村、市镇、都会"的三分法,给吴福辉京派、海派文学研究启发很大,甚至一定程度上构成吴福辉研究城乡地域文学的理论基点。③ 从自身的研究经历出发,他认识到社会学、文化学、思想史等学科对于现代文学研究的理论借鉴和思想启发意义,认为现代文学研究者在

---

① 吴福辉:《石斋语痕》,河南大学出版社,2014,第 13 页。
② 吴福辉:《史料、学风与当下性》,《河南大学学报》2005 年第 2 期。
③ 吴福辉:《石斋语痕》,河南大学出版社,2014,第 8—12 页。

使用社会文化背景史料,参考社会学、文化学、思想史或跨学科的各种新学科研究成果时,仅仅参照已有的现成史料还不够,往往还需要独自做点资料挖掘工作。"研究鸳鸯蝴蝶派固然可以参用扬州、苏州、早期上海城市史的资料,但那些城市史的文化、文学部分大都是比较简约、语焉不详的,这就还需进一步去收集这些城市的文人、社团、出版、娱乐、消费等历史文献,去仔细翻检有关的刊物、小报、广告、照片等文化资料。"①他自己研究海派文学,就阅读过大量与海派文化有关的材料,包括大量上海小报,做过资料的独立准备。他的海派文学研究专著《都市漩流中的海派小说》所列参考书目,一大部分皆非文学类书籍,如《上海租界略史》《上海市大观》《上海市年鉴》《上海研究资料》《上海研究资料续集》《上海俗语切口》等。② 从他书中的注释可看出,这些书籍许多他都引用过或参考过。上海小报因其消闲娱乐性质,很长一段时间内不被现代文学研究者看重,但他在上面却发现大量海派文化、文学方面的史料,因而认识到其宝贵的文化史和文学史价值。这种对文学周边史料的认识和重视,不但扩充了现代文学史料的边界,还必然带来对现代文学史料的新理解和新发现。他后来指导学生李楠从事上海小报、北京小报的研究,在学界产生较大影响,即与他对非文学类史料的独特认知有关。在关注文学的社会文化背景材料的基础上,同时受文学研究界新的思潮和观念影响,他对文学史的认识发生了变化,逐渐接受了"大文学史观"的影响。在一篇文章中,他对"大文学史观"有比较详尽的说明:

> 那就是在文学史现象的多元多面表达基础上,于文学内部,要对文学的发生、阅读、接受、传播、交流以至于经典化的过程,都加叙述;于文学外部,要统揽影响了文学的,或文学影响了其他的各种因素,给予足够的关注。这些因素说到底均是文化因素,都是对文学的资源、成因、成熟、衰败、延伸、交汇起相当作用,而不可忽视的。比如文学和现代印刷出版,和新闻业、报刊业;文学和新兴艺术如电影、木刻、报道;文学和外国文化引入(翻译对作家读者的影响还有一个狭角,除了引入还有我

---

① 吴福辉:《历史与当下:双重视野中的现代文学资料学》,《学习与探索》2004 年第 1 期。
② 吴福辉:《都市漩流中的海派小说》,湖南教育出版社,1995,第 341-346 页。

们现代文学的输出,向国外的译出情况);文学和教育(包括文学作品进入教材、进入课堂,甚至社会的文学教育,这些接受都对养成一代读者有关);文学和学术(一时代的学术思想,正统的或异端的,统统对作者、读者发生潜在作用);文学和经济(不仅是像《子夜》等直接写到经济生活的作品同经济相关,诸如文学的水准、刊物的质量、读者的购买力也都与一时的物质生产方式及分配方式息息相关);文学和政治(政治思想、政治运动、政治组织、政治制度的影响,过去我们将他们和文学的关系说成是唯一的,现在我们不能走向另一极端而完全轻视它)。①

这种"大文学史观"必然改变学者包括他对现代文学史料的看法,进一步改变现代文学史料内涵和史料研究的边界。他的《插图本中国现代文学发展史》(北京大学出版社2010年1月第1版)就是这一文学史观的具体实践,其所涉及的史料,已由文学文本延展至文学作品的发表、出版、传播、接受、演变,文学中心的变迁,"作家的生存条件,他们的迁徙、流动,物质生活方式和写作生活方式,也在一定的关节点得到尽情展开。社团、流派的叙述,与文学报刊、副刊、丛书等现代出版媒体的联系,紧密结合,更接近文学发生的原生态"②。总之,一切与文学发生、发展有关的背景材料,都应作为"史料"得到关注和利用。《插图本中国现代文学发展史》的创新体现在诸多方面,其中一个创新,就是在以往文学史中处于边缘、背景或后台的非文学史料,在这部文学史中,公然进入前台,与文学文本一起,构成现代文学发展的斑驳图景。而他与钱理群、陈子善一道主编的《中国现代文学编年史——以文学广告为中心》(三卷,北京大学出版社2013年5月版),则是"大文学史观"的进一步发展,其背后同样隐含着对现代文学"史料边界"的重新认识。

受"大文学史观"影响,吴福辉还把"野史"材料纳入现代文学研究的范畴。1996年,当他与樊骏、钱理群一起讨论杨义《二十世纪中国文学图志》

---

① 吴福辉:《〈中国现代文学编年史〉的写作和我的文学史观》,《文学评论》2013年第6期。
② 吴福辉:《插图本中国现代文学发展史》,北京大学出版社,2010,《自序》第5页。

时,就注意到该书"野史仿佛也可以摄入正史"的特点。① 这里的"野史"其实概指"期刊、报纸、单行本的出版花絮,作家自传、书信、日记、笔记里的隐秘部分,当事人回忆的旮旮旯旯,甚至耳食的说之者曰有、亲践者或拒或迎且流布久远的传闻,一些人不了正史的杂七杂八的材料"②。这些不妨都可看作文学"野史"的一部分。这些"野史"材料,可能是正史所拒斥,登不了大雅之堂的,但并非荒诞不经、空穴来风、虚构捏造。它们入不了正史,不为正史所认可,有多种原因,主要原因应该是意识形态的不同,部分原因出自史料观的相左。吴福辉认为这些"野史"材料,只要具有真实性,"都可发挥出助你进入'现场'的效用"③。吴福辉认可与重视"野史"材料,并非为猎奇好异,同样是从文学史家的角度,看重其所具有的史学价值。

"野史"材料外,另一可使研究者更为便捷地进入历史现场的就是图片(摄影照片、木刻、绘画、影像、手稿照片等),因而,图文关系也是吴福辉关注的一个问题。史料不但包括文字材料,而且还包括图像、音频材料。由于保存较难,民国时期留下的音频资料相对稀少,相对来说,保留下来的图像资料更多一些。这些资料所包含的历史信息更为直观,其丰富、生动程度有时也超过文字。吴福辉在研究海派文化和海派文学时,图片也是他考察的一项重要内容。他认识到"今日是读图的时代"④,选编各类选本时,已开始注意在文字中插入各种图片。他选编的《背影》,一篇文章配图有的达 7 幅之多;选编的《施蛰存短篇小说集》亦为插图本,配上张青渠作的插图,使文本生色不少;《沙汀画传》(四川人民出版社 2010 年 12 月第 1 版)收入沙汀生平活动和作品著述图片共 108 幅。他的《插图本中国现代文学发展史》图文并茂,为做到插图的"精、新、全",他下足了功夫,正如他所说:"越到此书即将杀青的时候,剩余的插图结尾工作也越难,有的甚至到看校样的时候还在寻觅。"⑤对图像的重视背后,是史料观念的变迁。吴福辉之外,其他学者如陈平原、杨义等人,皆重视图像史料和图文关系问题,各有专门著作问世。

---

① 樊骏、钱理群、吴福辉:《且换一种眼光打量》,《读书》1996 年第 5 期。
② 吴福辉:《石斋语痕》,河南大学出版社,2014,第 39 页。
③ 吴福辉:《石斋语痕》,河南大学出版社,2014,第 39 页。
④ 吴福辉:《重读〈背影〉》,载朱自清《背影》,吴福辉配图,广东教育出版社,2009,《重读〈背影〉》第 6 页。
⑤ 吴福辉:《插图本中国现代文学发展史》,北京大学出版社,2010,《自序》第 5-6 页。

关于史料研究，吴福辉还提出"历史"与"当下"的双重视野的问题："总之，又是历史的，又是当代的，在此双重的视线下运用我们的眼光和活力，来挖掘和使用资料，应当是现代文学研究有待深入的许多路径中的一条路径。"①所谓"历史视野"，就是研究者要有历史感，"要认识现代文学史实，首先便是尽量回到历史的语境中去，予以同情的理解，而不是自以为是地以今日之认识来代替历史上的认识"。所谓"当下视野"就是当下的立场，"我们寻找历史、研究历史，归根结底是为了加深认识今天"。历史研究，永远都是研究者站在当下作出的对历史的回顾与思考，当下视点必然会给研究者带来新的阐释角度和思想立场。不过，他又认为"当下性"并非鲜花一朵，好得没有任何局限。当下的立场可以开阔看待历史资料的视野，看到前人没有看到的事物，但如果一叶障目，当代的褊狭立场又完全可以掩盖材料的真实性或有意筛选真实的材料。

总之，作为文学史家的吴福辉，在史料研究方面同样有不俗成绩。他虽不以史料工作名世，但并不意味他对此不擅长。恰恰相反，他是一直沿着理论研究和史料工作两条轨道，展开其严肃而勤奋的学术工作的。可以这么说，卓有成就、声名远播的文学史研究构成其学术工作的"表"，或者说"前台"，沉稳扎实、别有心得的史料工作则构成其学术工作的"里"，或者说"后台"。只有理解他的学术工作的"表""里"两面，才能对他全部的劳作，达到全面完整、深入透彻之了解。他曾说："研究文学史，原是一件需贴近已逝的事物去触摸故人灵魂的工作。"②他的全部史料工作，他对各类史料的追寻和探究，他对史料边界一次次的扩充与刷新，其最终目的都是为了"贴近已逝的事物去触摸故人灵魂"，这与他的好友钱理群先生所提倡的"生命史学"非常相近。现在，吴福辉先生遽然远逝，不知这篇写就的关于他的小文，是否切合他的原意，是否能"贴近已逝的事物"，"触摸故人灵魂"呢？

(《新文学史料》2021年第2期)

---

① 吴福辉：《历史与当下：双重视野中的现代文学资料学》，《学习与探索》2004年第1期。
② 吴福辉：《石斋语痕》，河南大学出版社，2014年，第39页。

那个爱生活的人走了
——追忆吴福辉师

刘 涛

2021年1月15日，突接吴福广师叔发来短信："刘涛，我接侄子电告，我哥在加拿大卡尔加里时间14日凌晨突发心梗去世了。"随信还发来吴福辉老师生前发给他的最后一张照片——加拿大卡尔加里住所外的雪景，厚厚的大雪覆盖大地，覆盖了吴老师的房子。除了这张照片，还有吴老师最后一次的生日照。照片上的吴老师立在那里，双臂呈十字交叉于胸前，面带微笑，目光透过镜片，微带落寞，隔着无限的时空，隔着大洋，静静望着我，又似乎望着另一个地方。照片上的吴老师，身体明显消瘦许多。吴老师瘦了，这我知道。吴老师晚年饱受肠病困扰，曾为此动过多次手术。但他每次都挺了过来，精神依然矍铄，无颓唐之气。他的学生，包括我，都坚信他能长寿。他有长寿基因，他的母亲、祖母，及家族的其他长者，多有活到九十多岁的。这是他引以为傲的一点，闲谈中时有提及。他也相信自己的身体。是的，他的身体那么好，精气神那么足！谁能想到突然就走了呢？他那么爱生活，还有许多未完成的工作要做。他曾计划在学术工作结束后，开始写散文，他肚子里装了那么多货，他说能写五百篇。这项工作是他加拿大居家生活的主要内容，应该已经开始着手了。他还说若身体允许，疫情结束，他每年计划回国至少两次，与他的学生们欢聚畅游。然而，这一切，随着他远去，都不可能了。

清华大学解志熙先生所拟挽联，颇能概括吴师一生："学术无偏至，京海雅俗齐物论，赏鉴最中肯，名著岂止'三十年'；生活有趣味，东西南北逍遥游，人情真练达，快意曾经八十载。"上联是对他学术的总结，下联是对他生活的概括。吴老师的学术成就，学人多有论及。这篇小文，仅就他热爱生活的那一面，聊记一些片段，稍作一点评断，作为对他的一点缅怀和纪念。

吴老师热爱生活,体现在许多方面,如爱旅行,爱美食,爱品茶,爱收藏,爱摄影,爱记日记。这么多爱好中,以爱旅行为主干和中心。就我有限的交往圈子来看,还很少见到像他那样狂热地投入到旅游生活中去的。吴老师的旅游计划很庞大,目的地遍及全球五大洲,欧洲、北美的许多国家,俄罗斯、日本、韩国、印度、新加坡、泰国、缅甸、越南,等等,他都去过,有的地方还去过不止一次。至于国内,他去的地方就更多了。他手头有一本《中国文物旅游图册》,上面详细标记出国家重点文物保护单位,吴老师认为这些地方都是值得一看的。每次旅行,他都带着这本地图册,以作导游。

吴先生生于上海,但南人北相,长得高高大大,十二岁举家迁到东北,此后便与北方结缘,先在鞍山学习、工作、娶妻生子,1981年北京大学研究生毕业后,留京工作,由此开始自己的学术人生。1999年吴老师加盟河南大学后,由于要给博士生上课,参与博士生招生、开题、中期考核、论文答辩诸事务,每年要跑开封多次,从此与河南结缘。每次到汴,参加完博士生招生、论文答辩,给学生上完课之后,吴先生都要到处走一走。吴老师对自己的"走",还作了大致规划,即以河南为圆心,围绕开封慢慢向外扩展,先游河南,再游临近河南的其他省市,然后再扩展至更远地方。河南的每一个地市,每个地市比较重要的文化景点,无不在他考察对象之内。作为后学和学生,我有幸陪侍先生左右,和他一起,走遍了河南省内省外的多个地方。这种游历,并非单纯游山玩水,通过游历,我和吴老师一样,加深了对河南、对中国的认识,对中国文化的理解。由于与河南的缘分,与河南人交往中产生的友谊和情分,吴老师坦承自己喜欢河南,并戏称自己是半个河南人。而照我看来,吴老师其实比一般河南人更懂河南,试想,有哪个河南人,像吴老师那样,走遍河南的每一角落,对河南文化有如此细致考察和深入理解?

吴老师的旅游属于典型的文化之旅,他的旅游不但重在文化考察,而且,每到一处,往往会进行讲座活动。由于吴老师的学术成就和影响,每至一处,照例会受到当地高校邀请而进行学术讲演,盛情难却之下,若无身体原因,吴老师都会慨然允诺。吴老师爱讲且善讲,讲演中间在黑板上随手画出的行草亦潇洒漂亮。他的激情往往会很快点燃听众,而听众的热情又会进一步让他释放激情。讲到动情之处,吴老师甚至会放声歌唱,他的浑厚的男中音颇富磁性和穿透力,听众往往会报以热烈回应和掌声,讲演现场气氛之热烈,可以想见。吴老师讲演,很重视与听众的情感交流与互动,时时关注台下听众的反应。一般情况下,他的饱含激情和趣味的讲演内容在听众间会引起一定反响,这种反响会像波浪一样,推动着他,讲演就这样轻松进行下去。他很享受这个过程。但偶尔也有例外发生。记得一次陪吴老师到河南南部一个城市旅行,他受邀到当地一所高校讲演。讲演大厅内座无虚席,秩序井然,吴老师开始像往常一样讲。可能是该校纪律要求较严,学生被规训得中规中矩,吴老师富于激情的讲演,在台下学生中间,并没得到有效回应。讲到有趣处,本应掌声响起,笑声朗朗,但这次台下的反应却有点反常,照样是静无声——"波浪"没有出现。我坐在台下第一排,从讲席上吴老师的神色中,明显能看到他的失望和尴尬,之后他的讲演状态就不是太好,讲演结束,人也显得非常疲惫。之后又过两天,他到平顶山学院,给文学院师生作过一次讲演,而这次学生的表现却出乎意料好,反应非常迅捷、热情,吴老师的激情又一次被调动起来,歌声又一次在台上响起。这次讲过之后,两校学生素质和精神状态所产生的鲜明对比,令吴老师非常感慨。我也由此认识到优秀的有灵性的听众,对于教师的重要性。教师授课,亦如匠人运斤,是双向度而非单向度的。台上人口吐莲花,台下人呆如木石,该是多么尴尬、无趣、反讽的场景!

  吴老师爱旅游,是他爱生活、爱世界的外化。他想把整个世界纳入他自己的世界。他太爱这个世界,太爱生活,太珍惜生命,他想以空间换时间,通过多看多走,来增加生命的浓度、厚度和广度,使生命变得更立体、更有味、更多彩。除了读书,旅游是他感知世界、扩展自我、获得知识的另一主要方式,是他沟通书本世界与生活世界的桥梁。通过旅游,他由现实生活进入深广悠远的历史世界。他注意考察对象的每一个细节,非浮光掠影、来去匆匆者可比。由于爱旅游,吴老师自然就有了另一爱好——摄影。吴老师并非摄影发烧友,不追求相机品牌和价位,用的只是普通的傻瓜相机。但他善于构图,曾指出我拍摄相片构图存在的问题。不过,也仅此而已。摄影,是他记录生活、观看世界、留存生命的一种方式。人生如雪泥鸿爪。为留存生命之微痕,在摄影外,他还有记日记的习惯。这个习惯,从少年时期已经形成,此后,几十年如一日,从无间断。他记日记的时间,通常为每天睡觉之前。旅行中间,由于有时过于疲累,该天日记未记,第二天起床后一定补齐。吴老师精力过人，自言每天睡眠时间很短，四五小时即可。每天早晨三四点即起，简单洗漱后就开始工作。若当日日记未记，第二天早起第一件事就是补前日之未记。他补日记的情形，我曾亲眼见过。一次旅行途中，由于房源紧张，未能订到单间，我只好与他住一套间，他住室内，我住客厅。第二天早晨四点刚过，他已起身。见他起床，我也不敢懈怠，便随即起来。有事进入他房间，见他穿着白色浴衣，银白色的头发一丝不乱，显见是刚洗过澡的样子，坐在书桌前，台灯发出温和的光亮，照着摊开的日记本——他正专心一意地记日记。他的日记本为大开本，非常精致，所写之字亦颇为工整秀逸。这样的瞬间一瞥，使我认识到他是把记日记作为一件很严肃的工作来做的。他自言所写日记非常详尽，与《鲁迅日记》的账单式不同。我曾对他开玩笑，说自己应该已经被他记入日记了。他的日记所记如此详尽且系统，当会作为重要文献留存下来，整理出版之后，必将为后代学人所重视。他的日记不朽，我也将不朽了。吴师听后一笑。现在想来，他坚持每日记日记，并非仅仅为了备忘，更出自强烈的生命意识。他想通过日记，来留存生命，留住人生的雪泥鸿爪。每到一处，大量摄影，同样为此。他说他留下了海量的相片（电子版），为此用了多个大容量硬盘。有时旅行途中，非常普通的场景，比如饭馆的外观和招牌，他也会拍摄。我问他原因，他说是为了做日记的素材，因为年龄大，记忆力衰退，拍下来，晚上记日记时就能回忆起来。

  吴老师爱美食，这也是他旅行的一项重要内容。旅途中，每至一处，他都要品尝一下当地美食。吴老师自称"南北人"，上海、鞍山、北京，再加上开封，都生活过，所以口味很宽，对南北风味和不同菜系美食皆能容纳。当然，由于自小生于南方，南方风味的食品还是他心底的最爱。主食，面和米中，他更喜欢米。早餐，上海风味的咸菜粥和河南胡辣汤之间，他当然会毫不犹豫选择前者。南方富庶，食材丰富不说，做法也更精细一些。吴老师更偏爱做法精致、食材讲究的南方菜。竹笋是典型的南方特产。一次在登封的旅途当中，在一家小馆就餐，我知他喜欢竹笋，于是就点了一道腊肉炒竹笋。他品尝了，说味道还行，只是竹笋不太新鲜。然后，讲起他在南方讲学的一次经历。那次讲学结束，朋友邀请他到一家很不起眼的农家菜馆就餐。主人临时到自家房后的山坡上掘了几根竹笋，配上自家熏制的腊肉炒了。他说，那次吃的竹笋味道好极了，主要是"鲜"，此后，再也没有吃到那么好的竹笋。

　　吴老师喜欢收藏,藏书不说了,书之外,他还喜欢收集石头、砚台、紫砂壶、纪念章、邮票、信封等。他的住所名为"小石居",即与石有关。我到过潘家园附近华威北里他的住所,书房窗台上就放着不少石头,由于多,没地方放,有些只好堆在床下。北京居大不易,住房紧张,吴老师的住房虽然大一些,为两套两室一厅住宅拼合而成,但也并不宽裕。于是,石头只能为人让路,他的这项收藏最后只能无疾而终。吴老师还懂砚台。2015年7月师生结伴作河南、湖北、江西、安徽自驾游,整个过程其乐融融。16日上午小雨,参观景德镇御窑厂和浮梁古县衙,下午到江西婺源,逛思溪延村,晚上住李坑村农家小馆。馆名"双塘",临溪而建,位置绝佳。深入水中的半岛上主人建一露台,下临"之"字形转弯的一碧清溪,溪中水草依依,微风徐来,环境清幽极矣。我们就在这露台之上喝酒用餐。掌勺为主人太太,她做的爆炒土鸡味道真好,家酿白酒亦风味独具。到了现在,那顿饭还没有忘记。酒足饭饱后,吴老师说此地是歙砚的正宗产地,机会不可错过,应该选方砚台带回去,于是又结伴逛街,亲自为我挑了两方砚台。现在它们还放在我家客厅的博古架上,与我每日相伴。至于紫砂壶,吴老师同样是行家。一次到京,吴老师带我逛潘家园,亲自为我挑了一把宜兴紫砂壶,不到三百元,可谓物美价廉。紫砂壶携至家中以后,由于具有纪念意义,不舍得用,便置于盒子中藏了起来。一次打开,发现该壶形状怪异,细瞧才发现紫砂壶盖子与壶身不般配,是另一粗制紫砂壶的盖子。追问之下,孩子承认是他出于顽皮和好奇,拿着壶在窗台边玩,不小心壶盖掉于窗外,怕我发现后惩罚,于是就把另一壶的盖子放了上去。孩子的顽劣和异想天开的补过行为令我哭笑不得。壶虽然残缺,但我依然留着,作为对吴师的纪念。吴老师的另一爱好是收藏纪念章,不过,他所收藏的纪念章有明确范围,大多为与他或家人工作的地方或单位有关,例如,他收藏有在上海读书时的学校的纪念章,他父亲在鞍山工作过的单位的纪念章等。每每得到这类纪念章,他都会非常珍视和激动。他晚年有写系列散文的计划,其中一个系列即"纪念章系列"。他打算从自己收藏的纪念章中,选出有特色和纪念价值较大的,为每个写一篇文章。这说明他对纪念章的收藏,与他的摄影、记日记等爱好一样,是出自一种生命意识,出自对过往生命留痕的珍爱与重视。

吴老师还下棋，象棋。围棋可能也懂。这倒说不上喜欢或热爱。为研究棋道，他还从潘家园旧书摊淘来几本象棋棋谱，其中一本是各种残棋的棋局，这本书平时就放在他书房的一个小书桌上，我曾亲眼见到。我喜欢淘书，一次在潘家园淘过旧书后，到他家中小坐，见他正在研究棋谱。我自言对象棋是门外汉，虽然会下，但处在初级水平。他于是拿出棋盘，摆开棋局，与我对弈，教我怎么进攻，怎么防守。记得这盘棋下了很长时间，下完，也就到了吃饭时间，于是我们一道，和师母朱珩青、师姐吴晨下楼，到附近的温州菜馆吃饭。说起吴老师下象棋，不知为什么突然想到"闲敲棋子落灯花"这句诗。当然，这里所谓的"棋子"指的不一定是象棋。该句诗给我留下印象的主要是一"闲"字。我由此想到吴老师生活的另一面——他的书斋生活。吴老师是个学人，大部分时间在书斋中度过，长时间伏案写作，是很辛苦的。读书写作之余，自己一个人下下棋，琢磨琢磨棋路，研究研究棋理，可调节神志，放松身心。他自创的此种书斋休息法，何尝不是出自对生活的热爱呢?!

1999年加盟河南大学，应该是他后半生做出的一个重大决定。这个决定大大改变、丰富了他的生活，给他打开另一度生命空间，在研究员、馆长、编辑的身份外，又多了一重"教师"身份。自此，他的生命调色板又添加上中原的黄，新的河南元素进入他的经验世界。而师生间无拘无束的切磋从游，则给他带来另一种无可替代的情感抚慰和生命体验。外人看来，一个已过六十的人，常年仆仆行于京豫道上，该是蛮辛苦的。这其实是局外人看法。据我个人近距离观察，加盟河南大学，开启北京、开封的双城生活，对于爱生活的吴老师来说，正可谓求之不得，是他丰富经验、扩大生命认知的绝好机会。吴老师是纯粹学人，这不假。常年闲寂的书斋生活是他生命的常态。但我认为在内心深处他是喜动、爱热闹的，或者更爱动静之间的动态平衡，在书斋的闲寂与外在世界的游历间来回穿梭。当他开启双城生活，每当工作需要来到开封时，大家见了面，他照例会幽默一下，笑着说："老朋友又见面了!"说话时脸上似乎还带有一点点路上的风尘。他的话，似乎是久违的朋友见面时照例的客套话。但我能够感觉出这其实并非套语。他是真心实意愿意回来，来和河南朋友见见面、叙叙旧。旧雨新知，欢聚一堂，这应该是他晚年人生的开心一刻。京汴双城的生活模式开启后，每年五六次的河南之行，成为他生活的主旋律。后来，他不再带学生，还依然坚持每年到汴讲学论文。开封,其实已经变成他的另一精神故乡,他来开封,是愉快的精神还乡。

作为学者,学术是吴老师的生命。不过,与一般学人不同,爱生活的吴福辉,在学术生活之外,还拥有丰富多彩的俗世欢愉。他自幼生长于江南市民文化的氛围中,张爱玲对俗世现时欢愉的执着与沉迷,在他也是有的。但他少了张爱玲的荒凉与虚无,多了顺天知命的放达与乐观。当然,他对俗世欢愉的执着与追寻,与江南市民文化中对人生现世性的肯认有关,也与他对学术与生命、生活关系的思考有关。

当代学人中,很少有人像吴福辉那样强调"经验"在学术研究中的位置和意义。他认为学者与学术对象之间必须建立一种联系,对研究对象须有情感与精神方面的深入体察。这种联系,这种体察,其主要路径就是"经验",即生活体验、生命体验。他认为学者在研究一个对象时,与对象之间有"经验的交集",是最理想的;若没有,也要创造各种条件,形成"交集"。作为上海人去研究沙汀,他深知自己的局限,于是,便生各种办法,使自己走近沙汀。文字材料的搜集、阅读,与沙汀交往接触,采访沙汀朋友,是一方面;另一方面,他还到沙汀老家四川安县,到沙汀走过、住过、生活过的每一处,去亲身感受、体验、触摸,目的就是还原沙汀的生活世界,使自己的生活世界与沙汀的生活世界,使自己的经验与沙汀的经验,形成最大交集圈。一次旅途中曾听他谈,为了对沙汀抗战时期的生活有一点感知,他自己如何在重庆冒着酷暑,跑很远很远的路,到南温泉桃子沟寻访沙汀的生活遗迹。最终,多亏当地一位老乡帮助,好不容易找到一条杂草丛生的山沟,对沙汀抗战期间的艰苦生活和坚韧性格,才有了一点感性认识。人文学者与理工学者的最大区别,应该就是对"经验"依赖的程度不同。人文学者只有通过更多经验,才能抵达有温度、有关怀、有情致的学术。吴福辉学术研究中的温润之气与灵动之致,个人天分才气外,很大程度上还来自他对经验与学术关系的深入认识,来自他的热爱生活,富于生活的情趣和机智。

他的学术研究中,以海派研究最富个人特色,贡献亦最大,而此项研究就与他个人的上海经验高度重叠。他是上海人,生于斯,长于斯,虽然十二岁之后离开上海,但少年时的上海经验已深入骨髓,再难忘怀。这种宝贵的上海经验,使他在从事海派文学研究时,比其他非沪出生的研究者更能轻易进入海派文学所建构的经验世界,在个人经验与研究对象间,建立起活跃的彼此同情与召唤。在他从事海派文学研究之时,他的学术世界与生活经验可以说是高度叠合的。生活经验决定了他对研究对象的选择,学术世界的展开则引领他重回少年期的生活世界,重温最初的,也最珍贵、最鲜活、最诗性的生命体验。也就是说,在他从事海派文学研究之时,他的学术世界和经验世界是高度统一的,学术即生活,生活即学术,这应该是一个学人在研究过程中,所能拥有的最大福祉。

爱生活的吴老师虽然去了,但爱生活的他所留下的精神滋养,已经渗入当代文化的诸多层面,他的面影,将会永远留存于学生、朋友心底。精神的吴福辉永不消失!

(《名作欣赏》2021 年第 2 期)

怀念吴福辉先生

张纯瑜

那天一早,接宁波大学毛婉莹老师信息,告吴福辉师在加拿大家中去世消息,久久无法相信。据说,福辉师前一日尚与学生微信聊天,故去是因为突发性心脏疾病。不由感慨,"无常"方是人生唯一的常态。

我与福辉师初见,应在2009年。那时我尚在大学一年级,知先生系北大中文系1978级研究生之一,为王瑶先生高足,是现代文学学术大家,在海派小说研究上成就尤著。此外,其与同门温儒敏、钱理群两先生合著之《中国现代文学三十年》,因为列入全国各大学中文系学生教材和研究生考试重要参考书,多次再版重印,为青年学生熟知。那次先生在我校人文学院报告厅讲课,提及自己的籍贯是宁波镇海,并说至今不但保留着好吃咸蟹泥螺的"海边人的食性",还能说一两句宁波话。我那时乍离故土,从老先生口中听见乡音,惊喜之外,顿觉亲切。

2018年,镇海广泛联络和邀请海内外镇海籍文化艺术名家返乡,叙谈故土之思,也为镇海未来发展建言献策。我在文联工作,得与福辉师重逢。先生因患肠梗阻,做完手术不久,但短短三日中,不仅遍访招宝山、镇海中学、宁波帮博物馆等家乡名胜,更怀抱鲜花,在招宝山古城墙上怅然远望良久。后知此为先生父母海葬之地。先生白发临风、茕茕孑立的背影,至纯至孝之性情,令人难忘。

福辉先生的祖居,位于"镇海东管乡河里头",因为行政区划调整,该地目前已划入江北区。先生作为严谨笃实的学者,一面不厌其详地探访和考证其中演变,一面毫不保留表达他对"镇海"的眷恋与认同。2003年,他为自己几经波折终于认定的、"100岁仍健在的老屋"撰写长文,命名为《镇海老屋》。他虽出生在黄浦江畔,并在成年之后被时代洪流裹挟,辗转东北、北京,但始终在回望和牵挂镇海。他曾说自己治文学史,"看到唐弢、刘以鬯等为镇海人就觉得亲切",仿佛自己与他们多了一重联结。回乡参加座谈,他呼吁建立"镇海现代文学发展资料馆",并说自己可以多年经营中国现代文学馆之经验,全力相助,其情殷殷,令人动容。又,福辉师公子声雷先生,生于辽宁,长于北京,然每逢要写籍贯,总是"不假思索填上宁波",可见血脉乡情,传承有序。

福辉师是改革开放以来,中国现代文学研究界的领军人物之一,在海派文学、中国现代文学史书写等领域,有开创、拓展的卓越贡献。然其以耄耋高龄面对青年后辈,毫无架子,是谦和的君子、温厚的长者,更是教导提携、循循善诱的良师。记得我陪先生同游镇海,闲聊中谈起当年未能坚持继续深造,深以为憾。先生说:"有机会还是应当继续读书。"又说:"可惜我老了,不能带博士了。"返京前,先生特带我与宁波大学文学院诸前辈老师见面,并将携来之《石斋语痕二集》《都市漩流中的海派小说》等著作数种,郑重题上某某存念,签字见赠。临别之际,又抚余肩恳告:"当再读书,争取做些研究工作。"先生至今不知,因余怠懒,连硕士研究生考试都未参加,思之怎不愧恨交加!

自与先生别后,常借微信联络。2019年,先生两赴加拿大探亲,本拟于次年开春回国,无奈受阻于疫情。我鲁莽浮躁,读书间隙,常以一鳞半爪、互不相关的问题烦扰先生。加拿大与中国有十余小时时差,福辉师每信必回、回则必详,且每信末后常嘱"多联系吧""再来信"等,亲如长辈。后来我试以一万字篇幅,介绍福辉先生的故乡情缘、生命经历与学术成果,先生不但认真审读,还将其中的资料性笔误一一摘出、订正。我又对先生提出,想"像您研究沙汀先生一样,来研究您"(先生是沙汀研究专家,曾用了两年时间收集考订资料,二十余次同沙汀本人访谈,遍访沙汀亲友,追随沙汀足迹,达到了"读过他所有作品,而且能说出他每一时期的穿着样貌"的成竹在胸的境地。他所撰写的《沙汀传》,是国内首部关于沙汀的详细评传),先生不但不以我冒昧,还鼓励说"你的文笔和理解分析力都不错";见我罗列的资料不全,主动提出其他资料凡他有者,"将来都可以赠你"。

吴福辉先生是情感丰富、敏锐又乐观的人,读其文字,还能感受其兼有北人的温良纯朴与南人的机趣黠慧。他也是一个天生的学者,在事业上永远保持着好奇心与探索力。2010年,他七十岁时出版了《插图本中国现代文学发展史》,实践了一种全新的文学史书写方法。有学者评价其"无论在宏观把握还是微观研究上都可谓独树一帜,自成一家",先生所想的却是"这会是我的最后一部作品吗?"三年后,他以从文学广告角度切入的《中国现代文学编年史——以文学广告为中心(1928—1937)》交出答卷;又五年,《石斋语痕二集》付梓,在"语痕"序文中,他又提出了同样的自问。

呜呼!我本相信一切艰困总为暂时,北京之约终可兑现;我本希望能借文字,得见先生更明亮的思想光芒;我本期待在先生指点引领下,走近先生的学术研究与生命故事,走近中国现代文学史的一个或几个角落。孰知一夕之间,天人永隔,一切都来不及了!

斯人其萎,悲哉痛哉。愿先生安息!

(《宁波日报》2021年2月9日第3版)

忆吴福辉老师在河大

武建树

吴福辉先生是中国现代文学研究领域的大家,这是我们每一个学习中国现代文学史的学生都知道的。

我是读着他与其他两位著名学者合著的《中国现代文学三十年》(1998年7月第1版,2012年2月第38次印刷)考上硕士研究生的。当时学校上课指定的现代文学教材不是《中国现代文学三十年》,但是研究生入学考试需要参考这本文学史。这两本文学史都是"白皮书"。我坐在阜阳师院老校区主楼东小楼一层学校为我们考研学生专门设置的教室阅读《中国现代文学三十年》,发现它比上课用的教材更深奥,更难懂,但还是硬着头皮啃了下去。坐教室闷了,就跑到小楼前的台阶上吹着徐徐而来的夏季东南风又看几十页,掩卷沉思,当时觉得难懂的才叫学术吧。许久不再看《中国现代文学三十年》,也忘了吴福辉先生写了哪些章节。刚从案头取下此书,看看后记与目录,原来吴福辉先生改写与重写的有:两位大作家,即茅盾与沈从文;三个阶段的小说与通俗小说研究全貌。具体为:第三章小说(一)、第四章通俗小说(一)、第十章茅盾、第十三章沈从文、第十四章小说(二)、第十五章通俗小说(二)、第二十三章小说(三)、第二十四章通俗小说(三)。

印象中第一次见吴福辉先生,是在2012年5月的河大文学馆二楼大会议室。说来话长。当年我以一名游客身份慕名前来河大"考察",游荡在古朴典雅的校园里有幸认识一位热心的现当代文学专业硕士研究生学姐,我说我想报考河大研究生,怎么复习为好呢?她耐心地告诉了我一些参考书,还说第二天有一场现当代文学专业博士学位论文答辩,问我有没有兴趣去听听。当时真不知博士学位论文答辩是什么样子的,只知道给我们上课的那些博士和教授都很厉害,没加思索,我干脆地答应了。第二天一早,我就在文学馆门口等学姐,然后"尾随"她混进了文学馆二楼大会议室,里面除了答辩人的桌椅,专家长桌、椅子和学生坐的凳子,好像什么也没有了,窗户很高,像悬挂在墙壁上,室内很明亮。我乖乖地坐在一个角落里静静地听着。台上坐着近代、现代与当代文学学术界"大佬"们,第一次让我大开眼界。吴先生就端坐在一排长长的东西方向的博导席中间,认真地听着答辩学生的陈述,与那场答辩中严肃的大声的批评声音相比,印象中他发言少,而且说话始终面带微笑,温而不厉。吴先生来自首都北京,当时我没有胆量,也没有足够的知识储备在散会后前去请教问题,只是随着上午答辩结束的大部队散去了,吴先生与其他教授的翩翩风度却深刻地记到我脑海里去了。四年后,天赐良缘,我考进了河大,有幸两次聆听了学科点请吴先生来河大为研究生们作的"专题周"讲座。

第一次"专题周",题目是《文学史阅读与写作》,为期三天。

他讲课,我们几个博士生都去了,他讲我们记。日记简记了几个片段:

2016年11月7日,雨　我与吴老师又相逢在老地方——河大文学馆二楼大会议室。四年已去,室内装上了一排排浅蓝色的软椅,讲台还设在当年答辩主席台的位置。吴老师讲文学史阅读。所谓文学史,他认为就是叙述、评论以往文学的发生、传播及影响,给予其历史定位。关于中国现代文学史的重要著作,吴老师从解放前的列到解放后的,对胡适《五十年来中国之文学》,周作人《中国新文学的源流》,赵家璧主编《中国新文学大系》10本导言,王瑶《中国新文学史稿》,丁易《中国现代文学史略》,刘绶松《中国新文学史初稿》,夏志清《中国现代小说史》,黄修己《中国现代文学发展史》,唐弢、严家炎主编《中国现代文学史》,严家炎主编《二十世纪中国文学史》等各有评判。

2016年11月8日,晴　吴老师续讲文学史阅读。要求我们在文学史的指导下加宽、加深阅读:1.第一学年读120部作品,即选30位作家,每个作家4部作品。2.通读重要作家各时期代表作品。3.用自己读作品的体会与文学史的结论碰撞,获得研究线索。4.把几种文学史对某个作家的论述加以比较。关于阅读方法问题,吴老师提倡抓经典作品阅读,学习联想型阅读、有历史感的阅读、质疑性阅读。

2016年11月9日,晴 吴老师讲文学史写作,都是经验之谈:选题方面,要掌握全局,知晓已有研究情况,找到研究缝隙。利用旧报刊、工具书与偏僻书寻找资料,养成专业敏感。最后以阅读为基础,从史料中现出真相,站在学术前沿形成观点。鼓励我们博士生做毕业论文去填补空白,给文学史作小结。他认为运用文学理论解读作品有两种类型:一是照亮型,二是硬套型。最后他说文学史需要重写。我们要尊重文学史,但是不要迷信文学史。好的文学史是正确运用史料,没有硬伤。新的发现对时代、个人及后代都会产生影响。

一次课后我们这一级现当代文学专业博士生四人与吴先生合了一张影,我与吴先生也单独照了张相。这两张照片至今仍存在我手机里。一次晚上下课后,我们几个学生送他到明园休息。路上我说:"听您讲课的气质与口音,让我想起了在央视做《寻宝》栏目的一位鉴宝专家,一时我想不起他的名字了,我感觉气质和口音都好像呢。"吴先生乐乐呵呵,没说什么。现在想起那位专家是蔡国声先生,浙江定海人也。我没有到过宁波、舟山,不知道当地人是否都这样说话,以后有机会去了,再仔细辨听一番。

第二次"专题周",也是讲三天,讲三个题目,分别是《为何研究京海派》《怎样使用文学史》与《我的文字生涯》。讲台上的吴先生依然乐观豁达。只是在这次讲课期间,他说已经做好捐书的准备。这是向我们释放一个不好的信号吗?我不敢多想。有文为证:

2017年12月12日,晴 下午的讲座,吴老师以他的四个"文学故乡"(上海、鞍山、北京与开封)故事作为开场白。他以自己研究京海派及如何研究巴金《随想录》为例,给我们示范如何深入研究。关于选题,他建议我们用一年时间去准备,选题选得好表明站在了学术前沿。他意味深长地告诉大家,人的一生都在选题。另:吴老师今年比去年年轻许多,心态也好,活着都在想捐书等后事了。亚马逊上买了吴福辉、钱理群、洪子诚三人的书。

2017年12月13日,阴 上午起得迟,错过吴老师的讲座。夜间,下起了小雪花。

2017年12月14日，小雪　上午吴老师续讲"怎样使用文学史"。在众多现代作家中，他为我们挑出30个重点阅读作家：鲁迅、郁达夫、叶圣陶、郭沫若、闻一多、周作人、朱自清、田汉、茅盾、巴金、老舍、沈从文、废名、张恨水、丁玲、萧红、徐志摩、戴望舒、艾青、丰子恺、林语堂、曹禺、夏衍、路翎、钱锺书、张爱玲、孙犁、赵树理、冯至、卞之琳。18个补充阅读作家：胡适、冰心、丁西林、李劼人、张天翼、施蛰存、穆时英、端木蕻良、师陀、吴组缃、臧克家、梁遇春、何其芳、沙汀、汪曾祺、穆旦、梁实秋、李金发。（排名依据吴老师口述。）两个梯队，可见作家的文学贡献大小。他以为，一所好大学的标准至少有名教授、名图书馆。河大图书馆的位次在他心目中处于中等以上。今年吴老师又提联想法、质疑性阅读。在"我的文字生涯"（不是"文学生涯"）分享中，他回顾过去，笔耕不辍，遥想未来，"写作不止"，给台湾大学生写文学史、给儿童写文学史是他未完成的计划。三天也短，本学期吴老师专题讲座告一段落。

后来到了第三学年秋季学期，我还在等吴先生来河大，可是没等到。

吴先生最后一次来河大，是2019年8月中旬参加河大举办的"吴福辉先生学术思想研讨会"。这一年，吴先生八十岁整。可惜我那时在外地，错过了一次学习的机会。只是听师弟霍亮说他帮吴先生把行李送到客房，吴先生第二天送了他一本《石斋语痕二集》，并在上面题了字留了言。我手上的《插图本中国现代文学发展史》，因2017年12月16日到货，错过了机遇，之后一直在等吴先生签名，可是永远等不到了，呜呼哀哉！

再记：早晨打开朋友圈，见范阳阳兄转发一个动态，我问询他后得知吴先生今日在加国因心脏病突发离我们而去。随后范兄又转来温儒敏先生发的微博——吴先生确实走了。关于我所认识的吴先生，像放电影一样在脑海里翻腾起来，遂停下手头工作，记了记这几年在河大授人以渔的吴先生。借用靳静静师姐的话结束这个美好的又有点沉重的回忆：斯人已去，惟愿安息。

2021年1月15日于开封，后有修改

（"建树杂记"公众号2021年1月15日）

悼学者、作家吴福辉先生

南希小白

下午忽然从网上得到消息,学者、作家吴福辉先生本月逝世了。刚好这两天我在读他的一本随笔集《且换一种眼光》,读得津津有味,而骤闻作者逝世,心中甚是悲伤。

《且换一种眼光》是作者的读书随笔,也是他研究现代文学之余的副产品。这类随笔他晚年写了好多,出了好几本集子。他病逝之后,他的北大中文系研究生班老同学、曾任北大图书馆馆长的温儒敏教授,以手足深情写了篇哀悼文章,挂在网上,我才知道,新时期几位北大"牛人"——钱理群、温儒敏、吴福辉、赵园,都是北大中文系新时期第一届研究生班的老同学,而且都在著名的王瑶教授的门下。我在杭大读书时,杭大中文系曾请过王瑶教授来开讲座,记得是在学校的礼堂里,座无虚席。我们是新生,座次靠后些。虽然王瑶教授讲课时精神饱满,但他好像一颗门牙缺了,讲话漏风,加上他的北方腔,我听得不太清楚,但至今记得听课时热烈而又肃穆的气氛。他们都同修现代文学,也就是中国现代文学从发轫到共和国成立这三十年间的文学,当然这是大概,后来各位都深耕细作自己的专业领域,都有了清晰的个人学术理路。

钱理群和温儒敏都留在北大教书,只有吴福辉,研究生毕业就被分配到了当时刚成立的中国现代文学馆筹建处,成了自始至终参与中国现代文学馆筹建全过程的历史见证人和恪尽职守的建设者。而他也从筹建成功后的一名普通馆员,逐步成长为学术部主任和副馆长。这个经历,使他与钱、温两位老同学的学术人生有了明显的区别。这就使吴福辉先生拥有了同现代文学名家更广泛和更具体的接触和交往,这对他更深入和准确地认知各位研究对象,提供了更丰富更直接的感性资料和一手资料,不仅有利于他的学术研究本行,对他后来写作随笔、小品更有助益。

吴福辉先生是最合适做现代文学馆的建设工作的。据温儒敏教授回忆,还在他们做同学的时候,吴福辉是阅读最用功的,除了图书馆的现代文学名家作品,他更经常埋首在图书馆的期刊室,孜孜不倦地阅读旧期刊。这是他做学问的办法,他这办法看起来最笨、最原始,但也最有效。古人说,书山有路勤为径。所以吴福辉的学问做得非常实在,基础非常厚实。他不是凭理论,而是凭实据做学问,写文章。有了这样的基础,再出来跟仍然健在的前辈作家或者同已经过世的作家的亲属或朋友打交道,他就有了十足的底气。

而这也正是吴福辉先生文章的魅力所在。他的文章都很朴实,有着学者追求的认真和准确的表达,绝不花里胡哨,而信息量丰富,既有学者的严谨,又有从直接印象得来的直观和生动。这也可以说是吴福辉先生不同于一般学者的独特之处。

由吴福辉先生,我想到两年前去世的中国现代文学馆原副馆长刘麟先生。刘麟先生跟吴福辉先生应该是共事比较久的同事。几年前,一个偶然的机会,我得知刘麟先生是我们的老乡、前辈,毕业于黄岩中学。我曾在海门老街淘到过他的一本诗集《温泉集》。而且我还得知,当时刘麟先生还健在,就列了几个题目,想书面采访他。不料他当时已经病重,不能亲自复信,但他很重故土情谊,吩咐儿子,把他的一本散文集《文学的怀旧》惠赠给我。这本散文集,顾名思义,大多的篇章,也是记录他跟巴金、冰心、夏衍、萧乾等文学前辈交往的故事,其命笔用意跟吴福辉先生的《且换一种眼光》相类。

可惜,中国现代文学馆的两位创馆人,两位同时担任副馆长的前辈,先后去世了。如果天假以年,他们的笔下将透露更多的关于中国现代文学史的独家秘辛,描画出现代文学名家们的旷世风神,让后人敬仰!

(孔夫子旧书网"动态"栏目 2021 年 1 月 21 日)

附录一：挽联、挽诗、唁电选

挽联

吴福辉先生千古！
　　学术无偏至，京海雅俗齐物论，
　　赏鉴最中肯，名著岂止"三十年"；
　　生活有趣味，东西南北逍遥游，
　　人情真练达，快意曾经八十载。

清华大学中文系同人敬挽

挽诗

送别吴福辉兄
　　一只神鸟
　　在大洋上空盘旋良久
　　向这个世界频频致意
　　向所有的朋友——告别
　　然后
　　扶摇直上
　　在九天云外消失……

殷国明

学界丰碑品格高——泣挽吴福辉先生

2021年1月15日晨,著名学者吴福辉先生在加拿大因心脏病突发逝世,享年82岁。拟小诗泣挽。

枫叶之国传噩耗,

驾鹤西去雪飘飘。

生于战乱有孤岛,

学在北大随王瑶。

精研海派乐逍遥,

主编丛刊天之骄。

带着枷锁朴实笑,

学界丰碑品格高。

(吴福辉先生1939年12月9日生于抗战时期的上海孤岛,1978年考入北京大学师从王瑶教授攻读硕士学位。吴先生的《都市漩流中的海派小说》是海派文学研究的重要著作,他曾任《中国现代文学研究丛刊》主编多年,吴先生的评论集有《带着枷锁的笑》等。)

杨剑龙2021年1月15日于瞻雨斋

唁电

朱老师并小雷贤侄:

惊悉吴兄驾鹤西去,太突然了,十分悲痛!我与吴兄结交近四十年,在王瑶先生首届六位研究生弟子中交往最多,吴兄视我为弟,关心甚多。他的离去,使我失去了一位好兄长和诤友,悲从中来。只能遥致深切哀悼,并望节哀!

陈子善泣上

朱珩青女士并吴福辉先生亲属:

惊悉吴福辉先生不幸病逝,深感震惊和悲痛。从读研究生时结识福辉先生起,多年来得到了他的很多帮助与指导,结下了深厚的友谊。在我的心中,他既是一位大学者,又是一位平易近人的好老师、好朋友,是无话不谈的"忘年交",前一段时间我们还在微信里聊加拿大的免费医疗情况。福辉先生是中国当代成就突出的文学史大家和学者,是"二代学人"的杰出代表,他的京派和海派研究,以及《中国现代文学三十年》《插图本中国现代文学发展史》等著作成就斐然、影响深远。他的逝世是中国文学界和学术界的重大损失!

在此悲痛而哀伤的时刻,谨对福辉先生表达深深的怀念,并对他的夫人及其他亲人致以亲切的问候,望节哀顺变、保重、珍重。

愿福辉先生一路走好,相信学术一定还会在天堂陪伴他。

中国作协　吴义勤

听闻老友吴福辉先生去世,很伤感,请治丧委员会,代向吴先生家属表达慰问之情。

毛时安

惊悉吴福辉先生仙逝,我们全家深感悲恸!

吴福辉先生与家父是几十年的老朋友。家父去世时,先生不但亲自去八宝山为父亲送行,还写了真挚的纪念文章《生命也因质朴而美丽——怀富仁》《生命因悲哀而庄严——悼富仁》。

望吴福辉先生家人及弟子节哀、珍重!

吴福辉先生千古!

王肇磊

惊悉福辉兄因病辞世,不胜悲痛,思绪万千,怅然若失!

诚如福辉兄在几年前为我的一部长篇小说——《北方的白桦树》所写的也许是他生前写下的最后一篇序文中所言,他与我是"同科同年",生活经历十分相似,以致他阅读小说时产生了作品"仿佛就是照我写的"错觉。由于这个原因,我俩虽"一南一北",心却连得很紧。他这一走,中国现代文学研究界失去一位卓越的学者,我也失去一位密友。

在此沉痛悼念之时,也请其家属节哀顺变。

福辉兄千古!

南京大学退休教授、澳洲华人　汪应果

惊闻吴福辉馆长不幸病逝,深为惋惜和悲恸!

先生系我国现代文学研究领域成就卓著、影响深远的著名学者专家,先生对于中国现代文学,终生勤勉钻研老而弥笃,立论著述堪称楷模,其治学精神和学术成就,将嘉惠现代文学研究,激励后学。

一路走好,福辉好友!

并望家人节哀顺变,多多保重。

周明

惊闻老友吴福辉先生噩耗,真不可相信,也很悲痛了。据悉,他在加拿大因病逝世。

吴先生在中国现当代文学研究上做出卓著成果。尤其是他和钱理群、温儒敏等学者合著的《中国现代文学三十年》,采取当时很新颖的启蒙观点展开论述,对中国学界和国际学界的影响深远,他对海派文学的研究也做出了独到的成果,起了开拓性作用。他又曾经主编《中国现代文学研究丛刊》,为世界的中国现当代文学研究的发展担任了不可或缺的角色,并做了不可磨灭的贡献。

朴宰雨

惊闻中国现代文学研究领域著名学者吴福辉先生因病于2021年1月15日在加拿大去世,不胜哀痛!

吴福辉先生是中国现代文学研究领域著名学者,是20世纪改革开放以来中国现代文学研究界的领军人物之一。《中国现代文学三十年》对中国现代文学研究影响深广,《都市漩流中的海派小说》对"海派文学"研究有开创之功,《插图本中国现代文学发展史》则是对文学史写作模式的新探索。吴福辉先生为中国现代文学研究的拓展、深化做出了卓越的贡献,他的离去,是中国现代文学研究界的重大损失。

吴福辉先生曾任中国现代文学研究会常务副会长、中国现代文学馆副馆长、《中国现代文学研究丛刊》主编。他为中国现代文学研究会的发展、繁荣、壮大做出了不可磨灭的贡献,他的离去,是中国现代文学研究会的重大损失。

斯人其萎,风范长存!

中国现代文学研究会

惊闻吴福辉先生因病于 2021 年 1 月 15 日去世,不胜哀痛!

吴福辉先生是我系 1978 级研究生,师从王瑶先生,著述宏富,成就卓著,是 1980 年代以来中国现代文学研究界的代表性人物之一。

先生的《都市漩流中的海派小说》《沙汀传》《插图本中国现代文学发展史》诸作引领风气,影响深远;与钱理群、温儒敏先生合著的《中国现代文学三十年》一书泽被学林,佳誉良多。

先生一生桃李满天下,入学前曾在鞍山十中任语文教员,毕业后在中国现代文学馆工作,曾任中国现代文学馆副馆长、《中国现代文学研究丛刊》主编、中国现代文学研究会常务副会长等职,曾在河南大学任教,哺育了一代又一代青年学人。

吴福辉先生的离去,是中国现代文学研究界的重大损失。

先生风清气正,机智有情,流而有节,惠学及仁。

吴福辉先生千古!

北京大学中文系
北京大学中文系现代文学教研室

惊悉吴福辉先生因病逝世,震悼殊深。

吴福辉先生是著名的中国现代文学史家。吴先生功底深厚,治学严谨,精勤不倦,在中国三四十年代文学、左翼文学与京海派文学、现代讽刺小说等方向均成就卓著,享誉中外,对学科的发展做出了杰出的贡献。他的逝世,是现代文学研究界的重大损失。

吴福辉先生千古!

谨向吴福辉先生家属致以诚挚慰问,并敬请节哀!

中国社会科学院文学研究所现代文学研究室

惊闻著名学者吴福辉先生于 2021 年 1 月 15 日不幸逝世,深表哀痛!
吴福辉先生是著名的现代文学史家,是 1980 年代现代文学研究开风气之先者。先生尤其精于海派文学、讽刺小说研究，同时在沙汀、张天翼、施蛰存、钱锺书等作家作品研究上也有重要成果。他与钱理群先生等人合著的《中国现代文学三十年》是国内使用最广泛的现代文学史教材之一。先生治学严谨，为人师表，其为人为学是当代学人的典范，先生的逝世是当代学术界的重大损失！

吴福辉先生千古！

中国人民大学文学院

惊悉吴福辉先生逝世，十分悲痛。吴先生是中国现代文学研究界的重要学者，精神通达，笔趣温润，文通京海血脉，书解南人北人。其文美，其思广，其人真。超然中看文坛风雨，独思里觅人间诗魂。先生著作将永存于世，不断激励身后学人。

中国人民大学文学院现当代文学教研室

惊悉吴福辉先生遽归道山，我学科及我系同人不胜悲痛。

吴福辉先生毕生耕耘于中国现代文学史研究领域，在海派文学研究、中国现代重要作家作品研究暨史料发掘与整理，以及中国现代文学学科领导与组织诸多方面，贡献卓著，自成一代大家。先生春风化雨，桃李天下，对后辈提携有加，与我学科多有学术交往，学科同人谨以一瓣心香祭于吴福辉先生灵前，并请向吴先生家属代致诚挚慰问。

复旦大学中国现当代文学学科
复旦大学中文系

吴福辉先生家人：

惊悉尊敬的吴福辉先生逝世，我系同人悲痛万分。吴先生是中国现当代文学研究领域的卓越学者，在文学史研究、海派文学研究、通俗文学研究方面造诣深远，泽被学界。对中国现代文学研究会、中国现代文学馆的发展贡献卓著，培养出一批成绩突出的青年学人，极大推动了中国现代文学学科的成熟。他的去世是学界的重大损失。华东师范大学中文系多位同人均与吴先生有过持久的友谊，我们沉痛哀悼吴先生！

吴先生千古！

华东师范大学中文系

  惊闻中国现代文学研究方面著名学者吴福辉先生因病于2021年1月15日去世，不胜哀痛！

  吴福辉先生是中国现代文学研究领域的著名学者，是1980年代以来中国现代文学研究界的代表性人物之一，成就卓著。吴福辉先生对中国现代文学研究的拓展、深化做出了杰出的贡献，尤其引领了海派文学研究，开一代学术研究之风。他的离去，是中国现代文学研究界的重大损失。

  吴福辉先生曾任中国现代文学研究会常务副会长、中国现代文学馆副馆长、《中国现代文学研究丛刊》主编，他为培育一代又一代年轻学人，做出了重要贡献，他的离去，是中国现代文学研究界的重大损失。

  吴福辉先生千古！

华东师范大学中国现代文学学科全体同人

吴福辉先生家人：

  惊悉吴福辉先生因病逝世，我们深感悲痛。吴先生是中国现当代文学研究界的著名学者，他在中国现代文学史研究、海派文学研究、通俗文学研究等方面成果卓著，影响深远。他曾经主编《中国现代文学研究丛刊》，对中国现代文学研究会、中国现代文学研究的发展做出了极为重要的贡献，并且扶植培养出众多成绩突出的青年学人，推动了中国现代文学学科的发展。

  吴福辉先生的去世是学界的重大损失。上海师范大学中国现当代文学学科同人十分悲痛，我们沉痛哀悼吴福辉先生！

  吴福辉先生安息！

上海师范大学中国现当代文学学科

  惊悉吴福辉先生辞世，我们深感悲恸，谨此致哀！吴福辉先生毕生致力于中国现代文学史研究，在海派文学与文化研究、现代讽刺小说和通俗文学整理与研究等领域成就卓然，引领一个时代。他独著的《都市漩流中的海派小说》《插图本中国现代文学发展史》等是中国现当代文学研究领域的重要著述；他参与写作的《中国现代文学三十年》及修订本，是中国大陆最具影响力的现代文学史著之一，已成为中文专业学子的必读经典。吴先生遽归道山，是我国现当代文学研究界的一大损失，也使我们失去了一位德高望重的良师益友。在此，谨对吴先生的逝世表示沉痛的哀悼，并请转达我们对先生家人的诚挚慰问。

斯人虽逝，风范长存，吴先生千古！

首都师范大学文学院中国现当代文学学科

惊悉吴福辉先生逝世，不胜悲痛！

吴福辉先生是当今中国现代文学学科最有创造力、最富影响力的学者之一，在我国现代文学研究界德高望重、贡献卓越！我院特别感念吴福辉先生与我院前辈学者缔结的学科交谊，和多年来对我院学科建设与发展的鼎力支持！

苏州大学文学院全体师生向吴福辉先生的逝世致以极沉痛的哀悼，并向吴福辉先生的家属表示深切的慰问！

吴福辉先生千古！

苏州大学文学院

惊悉吴福辉先生逝世，我们深感悲痛！谨致以最沉痛的悼念和哀思，谨向吴福辉先生的家属致以最深挚的慰问！

吴福辉先生博雅睿智的风范、厚道通脱的为人、博洽精深的学问、严谨治学的精神，久为海内外学者所敬重尊崇。他在中国现代讽刺文学、海派文学、中国现代文学史等研究领域的卓越成果承上启下、守正出新，堪称典范。吴福辉先生开拓了中国现代文学研究的疆界，嘉惠后学，其学术成就与影响力随着时间的推移愈益彰显！他在《中国现代文学研究丛刊》工作中的无私奉献为学界所景仰！吴福辉先生与本学科有多年学术交谊，学科同人感念吴福辉先生多年的鼎力支持！吴福辉先生的逝世，是中国现代文学学界的巨大损失！我们在深深的哀痛中，敬祷吴福辉先生安息！

吴福辉先生千古！

苏州大学文学院中国现当代文学研究室

吴福辉先生家人：

惊悉尊敬的吴福辉先生逝世，我们学科同人莫不悲痛万分！吴先生是位十分令人敬仰的著名学者。他在学术研究、书刊编辑、学会组织、馆藏管理等方面都有很重要的贡献，是我们学习的楷模！他的遽然去世是我们学界的一个重大损失！

沉痛哀悼吴先生！

吴先生千古！

陕西师范大学中国现当代文学学科全体同人

惊悉吴福辉先生在加拿大遽归道山，重庆师范大学文学院及学科同人不胜悲痛。

吴福辉先生毕生在中国现代文学研究领域精耕细作，是海派文学研究先驱、中国现代重要作家作品研究大家、中国现代文学史料发掘与整理专家，也是中国现代文学学科的重要领导者与组织者，著作等身，成就卓然。先生诲人不倦，桃李满天下，对后学提携有加，于我学科建设多有指导，数次莅临讲学。文学院全体同人谨以心香一瓣，遥寄于吴福辉先生灵前，并请向吴先生家属代致诚挚慰问。

哲人其萎，风范长存！

吴福辉先生千古！

重庆师范大学文学院
重庆师范大学中国现当代文学学科

惊悉吴福辉先生逝世，我们不胜悲痛，先生之学术功德、师长风范令学界一致敬仰，同人均赞为大家，先生提携、化育后学，如温润春风，曾莅温州赐教，楠溪传道，令人动容，今日思之，不禁泪落。今谨以一瓣心香奉于先生灵前，并请向先生家属代致诚挚慰问。

吴福辉先生安息！

温州大学中国现当代文学学科
温州大学中文系

惊闻著名学者吴福辉先生逝世,中国茅盾研究会全体会员深感震惊,不胜悲痛!

吴先生是中国现代文学研究领域成就卓著的学者,在中国现代文学史的编撰与建构、海派等文学流派的开拓与发掘、茅盾沙汀等作家的研究与提升等诸多方面建功甚伟。吴先生不但是新时期以来中国现代文学学科发展史上的重要学者和重要组织者,也是中国茅盾研究的领军人物与资深学者。吴先生的去世,是中国现代文学研究界的重大损失,更是中国茅盾研究界的重大损失。

对吴福辉先生的去世,我会全体成员深表哀悼!愿吴先生在天之灵安息!

先生已去,业绩永存!

中国茅盾研究会

吴福辉先生家人:

惊闻吴福辉先生噩耗,我们真不可相信。

吴先生在中国现当代文学研究上做出卓著成果。尤其是他和钱理群、温儒敏等学者合著的《中国现代文学三十年》,采取当时很新颖的启蒙观点展开论述,对国际学界的影响深远。他对海派文学的研究也做出了独到的成果,起了开拓性作用。他又曾经主编《中国现代文学研究丛刊》,对世界的中国现当代文学研究的发展担任了不可或缺的角色,并做了不可磨灭的贡献。

他曾经两次应韩国中国现代文学研究会等之邀来韩国参加国际学术会议,和很多韩国学人交流,和韩国汉学界结下不可解的缘分,为韩国的中国现当代文学研究的发展也做了不少的贡献。

吴福辉先生的逝世是东亚及世界中国现当代文学界的重大损失。

世界汉学中国现当代文学研究会和世界汉学韩国研究会的同人敬吊吴福辉先生千古!

祈愿吴福辉先生在天上灵界里得到永远的安息!

世界汉学中国现当代文学研究会
世界汉学韩国研究会 全体同人

吴福辉先生家人：

　　惊悉吴福辉先生不幸去世，我们深感悲恸。吴先生是中国现当代文学领域的领军人物，在文学史研究、海派文学研究、通俗文学研究诸领域做出了卓越贡献，影响深远，泽被学界。他的离去是中国现当代文学研究界的重大损失。

　　斯人已逝，风范长存。

　　吴先生千古！

北京师范大学文学院暨中国现当代文学学科全体同人

吴福辉先生家人：

　　惊悉吴福辉先生不幸逝世，我所全体同人深感悲痛。吴先生是中国现当代文学研究领域的著名学者，品格高尚，著述丰硕，卓有建树，成就斐然！先生对中国现代文学研究会、中国现代文学馆的建设做出了重要贡献，为学界培养了一批青年学人。先生的去世，是学界的重大损失！望先生家人节哀顺变，多多保重！

　　吴福辉先生千古！

浙江大学中国现当代文学与文化研究所

吴福辉先生亲属：

　　惊悉吴福辉先生不幸去世，本中心同人无限悲恸。吴福辉先生在中国现代文学研究领域做出了卓越贡献，他的去世是学术界的重大损失。我们永远怀念他！恳请先生亲属节哀顺变！

　　安息吧！尊敬的吴福辉先生！

南京大学中国新文学研究中心

　　惊悉吴福辉先生溘然仙逝，不胜悲惶，恸念中国现代文学研究界失一巨擘，我辈失一良师。吉林大学中国现当代文学教研室自新时期以来，素蒙吴福辉先生之教益，翰墨晤谈，情谊笃厚，忆之音容宛在，思之洞见犹新。先生治学，守正而创新，勤勉而灵动，数十年来，嘉惠学林，开拓风气，贯通古今，熔经铸史。其书其神，固永铭于文苑，不朽于道山。谨愿先生安息，亲人节哀珍重。

　　吴福辉先生千古！

吉林大学中国现当代文学教研室

吴福辉先生家人：

　　惊悉吴福辉先生遽然仙逝，不胜哀感！吴先生之现代文学研究与改革开放同步，初从张天翼、沙汀、茅盾等作家研究入手，继而发掘海派文学奥秘，进而探索"重写文学史"新路，留下闪光的足迹；先生主编刊物，对同人，尤其是年轻学子春风化雨，我等多承恩泽，感恩无尽。先生虽已远行，但音容笑貌永存同人学子心中，学术建树汇入历史长河汤汤不息。

　　请先生亲人节哀顺变！

上海交通大学中国现当代文学学科

　　著名学者吴福辉先生因病于 2021 年 1 月 15 日在加拿大去世，消息传来，我们不胜悲痛！

　　吴福辉先生是新时期中国现代文学研究界最具代表性的学者之一。他开辟了海派文学的重要研究，也跨越地域，对现代巴蜀文学作出了重要的论述。吴福辉先生对中国现代文学研究贡献良多，永载史册。他的逝世，是中国现代文学研究界的巨大损失。

　　吴福辉先生安息！

四川大学文学与新闻学院

　　惊悉吴福辉先生不幸辞世，学界同悲。先生人格高洁，学问高深，是中国现代文学研究界的著名学者，是新时期以来中国现代文学研究界的标志性人物。先生在新文学史研究、左翼文学与京海派文学、现代讽刺小说等领域勤耕不辍，成就卓著，享誉学林。先生的人格风范和学术成就，将光耀千古！

　　谨对吴福辉先生的逝世表示深切哀悼！并向先生的家属诚表慰问！

　　吴福辉先生安息！

南京师范大学文学院
南京师范大学文学院中国现当代文学学科

中国现代文学馆及吴福辉先生家属：

惊悉吴福辉先生不幸逝世，深感悲痛！吴福辉先生是我国著名的现代文学史家，中国传媒大学现当代文学学科的学子都受到过他学术的滋养。他的逝世，是我国现当代文学研究领域的巨大损失。我们怀着无比悲痛的心情，谨向吴福辉先生的家属表示诚挚慰问！恳望吴福辉先生家属节哀顺变，保重身体！

中国传媒大学人文学院
中国传媒大学现当代文学学科

惊闻中国现代文学研究领域著名学者吴福辉先生因病于 2021 年 1 月 15 日去世，我们不胜哀痛！

吴福辉先生是中国现代文学研究领域著名学者，他的海派文学研究和现代经典作家研究，影响巨大。吴福辉先生的离去，是中国现代文学研究界的重大损失。

吴福辉先生曾来兰州大学讲学，为我们留下永远的纪念。

吴福辉先生千古！

兰州大学中国现代文学学科全体同人

惊闻吴福辉先生驾鹤西归，我学科同人不胜震悼！

吴先生治学严谨，不仅在讽刺文学、海派文学等具体研究领域卓然成家，且以个人之力，借贯通性、综合性的学术视野，丰富了中国现代文学史的著作形态，对中国现代文学学科贡献巨大，学界共仰。吴先生人品端方，温厚谦和，声誉素著。吴先生的不幸离世，是中国现代文学研究界的重大损失！

斯人已逝，风范长存。

吴福辉先生千古！

山东师范大学中国现当代文学学科

吴福辉先生家人：

惊悉吴福辉先生仙逝，我院中国现当代文学同人悲痛万分。吴先生是中国现当代文学研究领域的卓越学者，在文学史研究、海派文学研究等方面泽被学林。先生对中国现代文学研究会、中国现代文学馆的建设贡献卓著。先生桃李满天下，培养了一批成绩突出的青年学人。吴先生的去世是学界的重大损失！先生永远活在我们心中！

湖南大学文学院

吴福辉先生家人：

惊闻著名学者吴福辉先生 2021 年 1 月 15 日于加拿大辞世的消息，我们感到万分悲痛。

吴福辉先生是新时期以来中国现代文学研究界的一面旗帜。多年来，吴先生奋力于海派文学、地域文化与现代文学史等诸多研究领域。用力之勤勉、考校之精严、托意之弘远，世人尽知；旁搜远绍、爬罗剔抉，沾溉学界良多。吴福辉先生的辞世，是中国现代文学研究界的重大损失。

吴福辉先生安息！

西北大学文学院中国现当代文学学科全体同人

惊悉吴福辉先生仙逝，不胜悲痛！吴先生乃著名文学史家，学养深湛，在国内外享有很高的学术声誉。先生的逝世，是整个中国语言文学研究界的重大损失！多年来，吴先生对我们山东师范大学文学院的科学研究、学科发展等都给予巨大支持，我们感念在心。我院师生对吴福辉先生的逝世表示深切的哀悼，并望吴福辉先生的家人及弟子节哀、珍重！

吴福辉先生千古！

山东师范大学文学院

吴福辉先生亲属：

惊悉吴福辉先生不幸去世，本学科同人无比悲恸。吴福辉先生生前多次莅临本学科指导工作并讲学，为我们学科建设提供了很多宝贵的建议。吴先生的去世，是现当代文学研究界的重大损失。对吴福辉先生的去世，我们深表哀悼！吴先生在天之灵安息！

浙江师范大学现当代文学学科

吴福辉先生家人：

　　惊闻吴福辉先生病逝，我们深感悲痛。吴先生是中国现当代文学研究领域的著名学者，又长期担任中国现代文学馆、中国现代文学研究会领导，主编《中国现代文学研究丛刊》，对中国现代文学研究做出了重大贡献。其个人著述沉实深厚，影响广泛，对推动中国现代文学研究不断深化，意义重大。当此之际，杭州师范大学人文学院同人深感悲痛，谨表哀悼！

　　吴福辉先生安息！

杭州师范大学人文学院

吴福辉先生家属：

　　惊悉吴福辉先生仙逝，我院师生深感悲痛。吴先生是中国现当代文学研究界杰出学者，贡献卓著。参与编纂的《中国现代文学三十年》，影响巨大，引导一代代青年学子走进中国现代文学研究领域。在沙汀研究、讽刺文学研究、海派小说研究等领域成果丰硕，对推动中国现代文学研究，影响深远。其多种著述扎实厚重，对推动中国现代文学研究不断深化，意义重大。吴先生的去世，是中国现当代文学研究界的重大损失，河北师范大学文学院师生深感悲痛，谨致深切悼念！望家属节哀。

　　吴福辉先生千古！

河北师范大学文学院

吴福辉先生家人：

　　惊闻吴福辉先生骤然离世，本教研室同人无不唏嘘感哀。我们都不同程度地受他的左翼文学、海派文学和其他诸多学术著述的影响。他所代表的那一代学者的风采令人深深仰慕。先生之德，泽被学林。先生和他的著作永远活在我们心中。

华南师范大学中国现代文学教研室全体同人

吴福辉先生家人：

　　惊悉吴福辉先生不幸去世，我们深感悲恸。吴先生人品高洁，学问精深，在中国现当代文学史、左翼文学、海派文学及通俗文学研究诸领域做出了重大贡献,影响深远。他的去世是中国现当代文学研究界的重大损失。

吴先生千古!

西南大学文学院暨中国现当代文学学科全体同人

惊闻吴福辉先生痛逝,不胜哀痛!

吴福辉先生是中国现代文学研究界的著名学者,成就卓著。

吴福辉先生千古!

天津师范大学文学院中国现代文学学科

惊闻吴福辉先生 2021 年 1 月 15 日于加拿大遽尔仙逝,我们深感悲痛!吴先生是中国现当代文学研究界的著名学者,在中国现代文学史研究、海派文学研究、通俗文学研究等方面成就卓著,影响深远,泽被学林。吴先生长期担任中国现代文学研究会的领导工作,主编《中国现代文学研究丛刊》,为中国现代文学学科的发展做出巨大贡献。吴先生生前多次到海南讲学,为海南师范大学中国语言文学学科的发展提出宝贵的指导意见。

吴先生的去世是学界的重大损失。海南师范大学文学院同人十分悲痛,沉痛哀悼吴福辉先生!

吴福辉先生千古!

海南师范大学文学院

惊悉吴福辉先生仙逝,浙江工业大学人文学院全体师生深感悲痛!兹谨致深切哀悼。

吴福辉先生是中国现代文学研究领域德高望重、成就卓越的著名学者。吴福辉先生在中国现代文学史、京派海派文学、左翼文学研究等领域的杰出学术成就令人敬仰,我院诸多师生深受教益。吴福辉先生的逝世,是学术界的重大损失。

吴福辉先生千古!

浙江工业大学人文学院

惊悉吴福辉先生仙逝,山东省中国现代文学学会同人不胜悲痛。作为中国现代文学研究的著名学者,吴福辉先生在中国现代文学研究的诸多领域做出了卓越的贡献,尤其是在文学史书写、海派文学研究和作家作品研究等方面成绩显赫;作为中国现代文学研究的热心组织者,吴福辉先生对中国现代文学馆、《中国现代文学研究丛刊》和中国现代文学研究会的工作都做出了非同寻常的贡献。吴福辉先生为本学会发展所付出的大量心血,我们将永远铭记。

望吴福辉先生家人及弟子节哀、珍重!

吴福辉先生安息吧!

山东省中国现代文学学会

惊闻吴福辉先生因病于 2021 年 1 月 15 日去世,不胜哀痛!

吴福辉先生一生桃李满天下。先生 1999 年加盟河南大学,任河南大学文学院中国现当代文学专业学科点博士生导师,哺育一代又一代青年才俊,为河南大学文学院和中国现当代文学专业学科点建设无私奉献!吴福辉先生的离去,不但是中国现代文学研究界的重大损失,更是河南大学文学院和河南大学中国现当代文学学科的重大损失!

惊闻先生远去,文学院及专业同人无不震悼,仅以微言,向先生表达无尽哀思和追念!

吴福辉先生千古!

河南大学文学院
河南大学中国现当代文学学科点 全体同人

惊悉吴福辉先生驾鹤西去,归隐道山,我们万分悲痛!吴先生是中国现当代文学研究领域最有影响力的学者之一,对中国现当代文学研究的发展做出了卓越贡献。先生生前多次来我院讲学,关心学科发展,助力人才培养。他的逝世,是中国现当代文学研究界的巨大损失!

伏愿先生安息,亲属节哀顺变!

郑州大学文学院中国现当代文学学科全体同人

惊悉吴福辉先生在加拿大遽归道山,我会全体会员不胜悲痛之至。

吴福辉先生毕生致力于中国现代文学研究领域的精耕细作,是海派文学研究先驱、中国现代重要作家作品研究大家、中国现代文学史料发掘与整理专家,也是中国现代文学研究会的重要领导者与组织者,著作等身,成就卓然。先生诲人不倦,桃李满天下,对我会几代会员提携关爱有加。全体会员谨以一瓣心香,遥祭于吴福辉先生灵前,并请向吴先生家属代致诚挚慰问。

重庆市现当代文学研究会

中国现代文学馆:

惊闻吴福辉先生病逝,石河子大学文学艺术学院全体师生十分悲痛!感念先生,十余年前,不辞辛劳,飞越数千里,莅临我院讲学一周,大师风范,音容笑貌,犹在眼前。惟愿先生在天堂一切安好!

吴福辉先生千古!

请向吴福辉先生的家人转达深切的问候!

石河子大学文学艺术学院

附录二:吴福辉学术年表

吴佳诺

吴福辉,1939年生于上海的一条小弄堂,儿时家境尚好,后由于种种原因举家北上。受政策影响,吴福辉做了十八年的语文教师。1978年,考入北京大学,师从王瑶和严家炎攻读中国现当代文学专业硕士研究生。毕业后,吴福辉先生参与了中国现代文学馆建设工作,后担任中国现代文学馆副馆长、《中国现代文学研究丛刊》主编,主要从事沙汀、张天翼等人的讽刺小说和京派海派文学研究。2021年1月15日,于加拿大逝世。

1939年,出生

生于上海,童年在上海生活的经历"深深地印入了我的灵魂,刻骨铭心"。静安寺附近的爱文义路(现为北京西路)是幼时住的第一条弄堂。"其时,家父在几家报关行(替商人履行向海关报税手续的机构,是私营的)做职员,收入颇丰,才能在被称为'上只角'的沪西静安寺地区,租住如此的新石库门房子。"①

1944年,5岁

入小学读书,就读于工部局西区小学(现为静安区第一中心小学)。这所小学无论在当时还是现在都是非常有名的一个学校。"三四年后,随着父亲离开报关行去从事不适于他的商业,我们家就开始走下坡路了。先是搬家,从沪西搬到了虹口的狄思威路,今之溧阳路。"②搬家后通过转学考试转

---

① 吴福辉:《石斋语痕》,河南大学出版社,2014,第330页。
② 吴福辉:《石斋语痕》,河南大学出版社,2014,第332页。

入了新陆师范附小。

1950 年,11 岁

年初,在农历春节到来之前搬离上海,举家北上至鞍山,转入鞍山市实验小学。

1952 年,13 岁

秋,小学毕业,被保送到初级师范学校读书。"这实际是初中,但因毕业后即任教师,学校里的学生一个个都像小大人似的。那年我十三岁,我的少年时代就这样提前结束了。"①

1955 年,16 岁

从初级师范学校毕业后,本应做小学教师,但因当时年纪和个子尚小,还无法站上讲台,所以又继续读了中级师范。

1959 年,20 岁

从鞍山师范学院毕业,在鞍山十中任语文教师,"青年时代就此长长地一会儿闪出玫瑰亮色、一会儿露出灰暗的颜色,在我面前逶迤展开"②。三尺讲台站了将近二十年,其间与同为教师的朱珩青成婚。这段教书的经历,养成了他自学的能力,以及对文本的鉴赏分析能力。在做老师期间,经常阅读文学作品,钻研文学史,并且将自己对文学、对教育的思考记录下来,开始向一些地方报纸投稿,这都为之后正式走上学术之路做好了准备。

1978 年,39 岁

4 月,得知全国研究生入学考试恢复,且报考年龄放宽到四十岁,不问出身,没有政治表现限制,这仿佛是上天特地为他准备的礼物。

5 月 15 日至 17 日,前往北京参加北京大学研究生入学考试笔试。

---

① 吴福辉:《春润集》,复旦大学出版社,2012,第 155 页。
② 吴福辉:《春润集》,复旦大学出版社,2012,第 158 页。

7月中,参加研究生复试面试,第一次见到王瑶和严家炎先生,与王瑶先生初见的记忆"像钉子一样楔入我的记忆里"。

10月,入学北京大学,正式开始求学生涯,与钱理群、张国风、凌宇同住在29楼202室。"一个近四十岁的'老童生',背负着进入大学的粉红色理想,在一个物质艰难的年代,经过一场公开平等的、较少拼政治身份也不拼考试技巧的选拔,怀揣四口之家所用的低微薪水和须臾不得离开的粮油关系,登上了赴京的火车,从此走上了学术之路。"①

1980年,41岁

10月,发表《锋利·新鲜·夸张——试论张天翼讽刺小说的人物及其描写艺术》,刊于《文学评论》1980年第5期,这是走上学术道路的第一篇文章。

1981年,42岁

5月,发表《吴组缃谈张天翼》,刊于《新文学史料》1981年第2期。与黄侯兴以及张天翼的夫人沈承宽共同编写的《张天翼文学活动年表》也发表在同一期,继续张天翼研究的路径。

10月,自北京大学毕业,获文学硕士学位。至此度过了学术之路上非常重要的三年。"这种自主独立的学术风格,是我与我的天才的老师们、同学们,在数年时间里反复、相互碰撞中略大的收获。大学之所以是大学,这就是我体会到最重要之点。"②毕业后被分配到中国作家协会,参与中国现代文学馆筹建工作。

12月,论文《沙汀的创作道路、艺术个性和特色》发表在《鞍山师专学报》1981年第2期。

1982年,43岁

10月,在《文学评论》1982年第5期发表《怎样暴露黑暗——沙汀小说

---

① 吴福辉:《择路:回想1978年那场考研》,《传记文学》2017年第10期。
② 吴福辉:《多棱镜下》,人民文学出版社,2010,第400页。

的诗意和喜剧性》。16 日,参加于北京西郊举行的中国现代文学馆筹建处成立仪式。

12 月,硕士学位论文《中国现代讽刺小说的初步成熟——试论"左联"青年作家和京派作家的讽刺艺术》刊登在《北京大学学报》(哲学社会科学版)1982 年第 6 期。

1983 年,44 岁

8 月至 9 月,参与"茅盾生平展览"的提纲讨论与布展。

10 月,发表《在读者面前再塑作家的形象——读〈论沙汀的现实主义创作〉》,刊于《中国现代文学研究丛刊》1983 年第 3 期。

1984 年,45 岁

4 月,发表《提倡个人编写文学史》(《中国现代文学研究丛刊》1984 年第 1 期)和《茅盾研究新起点的标识——评四本论述茅盾文学历程的专著》(《文学评论》1984 年第 2 期)两篇文章。

12 月,《研究家的坦诚和勇气——读〈茅盾漫评〉》,刊于《茅盾研究》第 2 辑,被收入中国茅盾研究会专题资料汇编。

这一年,负责编辑校注的《茅盾全集》第 6 卷《霜叶红似二月花》由人民文学出版社出版。

1986 年,47 岁

10 月,发表《在与世界文学潮流的联结中把握传统——茅盾的民族文学借鉴体系》,刊于《中国现代文学研究丛刊》1986 年第 3 期。

12 月,发表《中国新感觉派的沉浮和日本文学》,刊于《中国现代文学研究丛刊》1986 年第 4 期。

1987 年,48 岁

8 月,与钱理群、温儒敏、王超冰合著的《中国现代文学三十年》问世,由上海文艺出版社出版,这部文学史在此后的几十年中带领中文系学子敲开了文学研究之门。初版中负责 20 世纪三四十年代小说部分,他率先把"洋场小说"(徐訏、无名氏等)写进文学史,"笔下展现的这些长期被视为'非主流'而遭忽视、遮蔽、遗忘的文学新景象本身,构成了对教科书模式的既定现代文学史结构、框架的巨大冲击,孕育着最终的突破"①。同时,与黄侯兴等人合编的《张天翼论》由湖南文艺出版社出版,这本书是对初期张天翼研究成果的一个阶段总结。

这一年还发表了两篇文章:《京派海派小说比较研究》(《学术月刊》1987年第7期)、《乡村中国的文学形态——〈京派小说选〉前言》(《中国现代文学研究丛刊》1987年第4期)。

1988年,49岁

负责编辑校注的《茅盾全集》第16卷《散文六集》由人民文学出版社出版。发表文章《开放与规范:中国现代小说与外国文学的历史联结》(《江海学刊》1988年第4期)。

1989年,50岁

《为海派文学正名》发表在1989年8月5日《文艺报》上,后成为《都市漩流中的海派小说》序言。

10月,发表《大陆文学的京海冲突构造》(《上海文学》1989年第10期)。

1990年,51岁

1月,发表《最后的和最初的日子——悼念王瑶先生》(《鲁迅研究月刊》1990年第1期)。

5月,发表《走向自讽和寓意》(《上海文学》1990年第5期)。

6月,历时三年完成《沙汀传》,由北京十月文艺出版社出版。通过对沙汀生活地的走访、与沙汀本人及其亲友的交谈,写成了这部翔实的传记,真实地再现了现代著名作家沙汀的人格风貌。

---

① 钱理群:《这一代人中的一位远行了——送别老吴》,《中国现代文学研究丛刊》2021年第4期。

文章《戴上枷锁的笑——关于中国现代讽刺小说的一个提纲》,发表于《福建论坛》(文史哲版)1990年第1期和《中国现代文学研究丛刊》1990年第4期。

1991年,52岁

4月,发表《我读高长虹的小说》(《中国现代文学研究丛刊》1991年第1期)。

6月,发表《心理叙事中的多重意蕴——简介钱锺书的〈纪念〉》(《名作欣赏》1991年第3期)。

10月,发表《作家接受作为一种"读者效应"(代编者按)》(《中国现代文学研究丛刊》1991年第3期)。

12月,评论集《带着枷锁的笑》由浙江文艺出版社出版。

1992年,53岁

5月,负责选编的《沙汀 乡镇小说》由上海文艺出版社出版。

6月,来凤仪编辑的《张爱玲散文全编》出版,吴福辉为其作序。

9月,主编的《梁遇春散文全编》由浙江文艺出版社出版,收录了梁遇春的散文创作,分自著和译文两部分,其中包括小品随笔、游记、作家评传、书话、序文、日记、书信等。

12月,主编的《西滢闲话》由海天出版社出版,并作序。

这一年,和中国现代文学馆的同事们共同编著的《中国现代作家大辞典》由新世界出版社出版,辞典收录作家708人,并附有小传和书目,是对以往现代文学资料的一次较大规模的汇总和提高。吴福辉主要负责词条的撰写和审改,为这部大辞典的出版做出了较大贡献。

1992年发表的文章有《梁遇春:"酝酿了一个好气势"》(《读书》1992年第3期)、《"闲话"和"后话"》(《读书》1992年第5期)、《现代文学研究二题》(《海南师院学报》1992年第1期)、《现代文化移植的困厄及历史命运——论胡适与〈现代评论〉、〈新月〉派》(《文艺争鸣》1992年第3期)、《深化中的变异:三十年代中国小说理论与小说》(《中国现代文学研究丛刊》1992年第2期)、《都会女性感受的世纪之风——谈张爱玲的散文》(《海南师院学报》1992 年第 4 期)。

1993 年,54 岁

4 月,发表《张爱玲的宽度》(《读书》1993 年第 6 期)和《予且小说论》(《中国现代文学研究丛刊》1993 年第 1 期)。

6 月,发表《何不细细品味人生》(《语文学习》1993 年第 6 期)及《背负历史记忆而流离的中国人——白先勇小说新论》(《文艺争鸣》1993 年第 3 期)。

9 月,与陈平原、钱理群、赵园一同发表《人文学者的命运及选择》(《上海文学》1993 年第 9 期)。

10 月,负责编辑的《永远的尹雪艳》由长江文艺出版社出版,收录了白先勇小说 19 篇。文章《关于艾芜〈山峡中〉的通信》发表于《中国现代文学研究丛刊》1993 年第 3 期。

12 月,编辑的《如意珠》由华东师范大学出版社出版。发表文章《现代商业文明吹拂下的海派小说》(《文艺争鸣》1993 年第 6 期)。

1994 年,55 岁

1 月,发表《老中国土地上的新兴神话——海派小说都市主题研究》,刊于《文学评论》1994 年第 1 期。

2 月,发表《作为文学(商品)生产的海派期刊》,刊于《中国现代文学研究丛刊》1994 年第 1 期。

3 月,负责编辑的《歧途佳人》,由华东师范大学出版社出版,收录苏青《结婚十年》和《歧途佳人》两部小说。

4 月,发表《现代人的现代文学》,刊于《天津社会科学》1994 年第 2 期。

5 月,发表《洋泾浜文化·吴越文化·新兴文化——海派文学的文化背景研究》,刊于《中州学刊》1994 年第 3 期。

8 月,发表《"文明人类"的灵魂告白——海派小说的主题研究》,刊于《杭州师范学院学报》1994 年第 4 期。

11 月,发表《刚正·律己·敬业——悼老杨(杨犁)》,刊于《中国现代文学研究丛刊》1994 年第 4 期。

12月,发表《新市民传奇:海派小说文体与大众文化姿态》,刊于《东方论坛》1994年第4期。

1995年,56岁

1月,任中国现代文学馆副馆长。

2月,发表《转型与失衡:文化冲突中的文学》(《海南师院学报》1995年第1期)、《十五年来的现代小说研究》(《中国现代文学研究丛刊》1995年第1期)、《一株遒劲独立的老树——追忆吴组缃先生》(《新文学史料》1995年第1期)。

6月,发表《地域文化视角》,刊于《天津社会科学》1995年第3期。发表《坐香港图书馆得趣——摘自〈中华读书报〉》,刊于《图书馆》1995年第3期。

7月,发表《京海两难》,刊于《读书》1995年第7期。

8月,《都市漩流中的海派小说》由湖南教育出版社出版。15日,发表《城乡、沪港夹缝间的生命回应——从徐訏后期小说看一类中国现代作家》,刊于《文艺理论研究》1995年第4期。

10月,发表《似曾相识的手法与文风》,刊于《鲁迅研究月刊》1995年第10期。

11月,发表"New Myths on Chinese Soil: A Study of Urban Themes in the Shanghai School of Fiction",刊于 Social Sciences in China 1995年第4期。

1996年,57岁

5月,发表《且换一种眼光打量——〈二十世纪中国文学图志〉对话录》,刊于《读书》1996年第5期。

6月,与好友钱理群共同主编的"名人自传丛书"系列之《梁实秋自传》出版,在作家原已出版的自传资料之上进行选编,力求还原作家的生命历程和文学之路。此套丛书包含了鲁迅、茅盾、老舍、冰心、夏衍、胡风等二十二位现代文学名家的自传,由江苏文艺出版社出版。负责编辑的《茅盾小说经典》(5卷本)也由中国华侨出版社出版。

7月,发表《〈霜叶红似二月花〉的续稿和同名电视剧》,刊于《文学报》

1996年7月25日。

9月,发表《进入"历史"的茅盾》,刊于《博览群书》1996年第9期。

11月,发表《沈从文的上海观——读〈从文家书〉有感》,刊于《书城》1996年第6期。

1997年,58岁

1月,发表《海派文人笔下的北京》(《书城》1997年第1期)和《旧派渐渐不"旧"》(《博览群书》1997年第1期)。

2月,编辑的《二十世纪中国小说理论资料 第三卷》由北京大学出版社出版。

4月,专著《沙汀》由中国华侨出版社出版,在《沙汀传》的基础上有所增删。

6月,与李频共同选编的《茅盾研究与我》由华夏出版社出版。文章《编后记》和《我与〈霜叶红似二月花〉》,被收入《茅盾研究与我》,并被收入中国茅盾研究会专题资料汇编。

7月,学术散文集《京海晚眺》由江苏人民出版社出版。

11月,主编的《沙汀日记》由山西教育出版社出版,《都市漩流中的海派小说》由湖南教育出版社再版。文章《风云变幻的生活手记——〈沙汀日记〉前言》,发表于《书城》1997年第6期。

1998年,59岁

回忆小学生涯的散文《我的小学,我的白杨树》发表在《钟山》1998年第5期,后被收入《春润集》。

4月,主编的《施蛰存短篇小说集》由湖南文艺出版社出版,收录了海派小说代表人物施蛰存的短篇小说。

7月,《中国现代文学三十年(修订本)》由北京大学出版社出版。

8月,散文集《且换一种眼光》由上海教育出版社出版。

本年度,中国现代文学馆与河南大学文学院中国现当代文学学科点联合申请中国现当代文学专业博士学位授权点,学位点设于河南大学文学院,吴福辉代表中国现代文学馆参与了学位点的申请、答辩工作。(学位点当年成功获批,吴福辉作为博士研究生导师于 1999 年秋季开始招生,由此开始加盟河南大学文学院,培养了大批青年学术骨干。)

1999 年,60 岁

1 月,任《中国现代文学研究丛刊》主编。

5 月,发表《地域文学史的难题》,刊于《涪陵师专学报》1999 年第 2 期。

8 月,发表《中国现代文学馆的诞生与发展》,刊于《新文化史料》1999 年第 4 期。下旬,赴韩国参加第十九届中国学国际学术会议并发言。

9 月,与妻子朱珩青编选的《百年文坛忆录——九十年代文学潮流大系》由北京师范大学出版社出版。

10 月,负责选编的《张爱玲代表作》、《予且代表作》和《梁遇春代表作》由华夏出版社出版。

11 月,发表《"五四"接受史和"五四"》,刊于《中国现代文学研究丛刊》1999 年第 4 期。

12 月,论文集《深化中的变异》由浙江文艺出版社出版。这是"近十年来学术文章的结集之一"①,收录了近四十篇较长的文章。

这年秋,开始了与河南大学中国现当代文学学科点的合作,从 1999 年至 2019 年二十年间,培养了十几名优秀的博士研究生和博士后,促进了河南大学中国现当代文学学科点的提升,也与河南大学、与开封建立起情感联系。

2000 年,61 岁

3 月,发表《本刊无故事,仅留下脚印》,刊于《中国现代文学研究丛刊》2000 年第 1 期。

5 月,由中国现代文学馆编选的"中国现代文学名著百部丛书"出版,负责《予且文集》和《梁遇春文集》的编选。

2001 年,62 岁

2 月,发表《中国左翼文学、京海派文学及其在当下的意义》(《海南师范

---

① 吴福辉:《深化中的变异》,浙江文艺出版社,1999,《自序》第 1 页。

学院学报》(人文社会科学版)2001年第1期)。

3月,与钱理群、曹文轩、王尚文等教育家和学者联合编选的《新语文读本》由广西教育出版社出版。结合将近二十年的中学语文教学经验,编选出"一套涵盖小学、初中、高中的课外读物,其编选原则是回归经典、立言立人。这套书既是对语文教材的延伸,也是对语文教学的丰富;既是语文读本,也是精神读本,对语文教学具有很好的推动作用"①。

4月,发表《通俗文学与海派文学》,刊于《中国现代文学研究丛刊》2001年第2期。

10月,发表《往日平面设计,并非为美术家专有》,刊于《广告人》2001年第5期。

11月,负责选编的《梁遇春散文》由浙江文艺出版社出版。

2002年,63岁

1月,负责整理编写的《〈围城〉导读》由中华书局出版,使读者更快、更深地了解经典文学作品。

3月,发表《学科的发展趋向及其内在矛盾性》,刊于《文学评论》2002年第2期。

4月,发表《在反思中促进学科的"生长"》(《浙江师范大学学报》2002年第2期)。

10月,在上海参加胡风百年诞辰学术讨论会。

12月,发表《寻访延陵吴》(《寻根》2002年第6期)。

2003年,64岁

1月,发表《阴影下的学步:晚清小说中的上海》(《报告文学》2003年第1期)和《推荐张天翼〈我的幼年生活〉》(《语文建设》2003年第1期)。

3月,2000年12月在汉城第六届中国现代文学学会国际学术会议上的发言《海派的文化位置及与中国现代通俗文学之关系》,发表在《苏州科技

---

① 刘铁群:《文学是生命的燃烧——论吴福辉在文学领域的贡献》,《中国现代文学研究丛刊》2021年第4期。

学院学报》(社会科学版)2003年第1期。

4月,发表《今日研究胡风与沈从文的意义》,刊于《中国现代文学研究丛刊》2003年第2期。

7月,发表《多棱镜下有关现代上海的想象——都市文学笔记》,刊于《湖北大学学报》(哲学社会科学版)2003年第4期。

8月,发表《探源及借镜》,刊于《读书》2003年第8期。

9月,发表文章《唐弢:为书籍的一生》(《文化交流》2003年第5期)和《自主读写:拥有基本的语文材料》(《语文教学通讯》2003年第30期)。

2004年,65岁

1月,负责编辑的《中国散文名篇精选》由春风文艺出版社出版,发表文章《历史与当下:双重视野中的现代文学资料学》(《学习与探索》2004年1期)、《小报视界中的日常上海》(《文艺争鸣》2004年第1期)。

5月,华夏出版社出版"中国现代文学名著百部"丛书,担任《陈忠实文集》《秦瘦鸥文集》《曹禺文集》的副主编。

8月,发表《镇海老屋》,刊于《寻根》2004年第4期。

9月,"现代作家精选本"丛书由复旦大学出版,其中负责编选了《阿Q正传·铸剑》(鲁迅卷)、《边城·雪晴》(沈从文卷)、《呼兰河传·小城三月》(萧红卷)、《乌篷船·上下身》(周作人卷)。

2005年,66岁

3月,发表《史料、学风与当下性》,刊于《河南大学学报》(社会科学版)2005年第2期。

4月,发表《〈现代作家新编选本导言〉六则》,刊于《现代中国文化与文学》2005年第1期。

5月,负责编选的"新经典文库"中的《茶馆》《骆驼祥子》由天津人民出版社出版。

6月,2013年11月在台湾嘉义中正大学"文学传媒与文化视域"研讨会上的发言《海派文学与现代媒体:先锋杂志、通俗画刊及小报》,刊于《东方论坛》2005年第3期。

9月,发表《战争、文学和个人记忆》(《河北学刊》2005年第5期)和《无心插花花成行》(《上海文学》2005年第10期)。

2006年,67岁

1月,学术随笔集《游走双城》由人民文学出版社出版。

25日,邵宁宁对吴福辉所作访谈《现代文学:学科历史与未来走向——吴福辉先生访谈录》刊出,发表在《甘肃社会科学》2006年第1期。

30日,发表《"五四"白话之前的多元准备》(《中国现代文学研究丛刊》2006年第1期)。

3月,发表《〈古今〉的反响·我的沪剧情结》(《上海文学》2006年第3期)。

4月,发表《地方籍·地域性·文化叙事与经典》(《文史哲》2006年第2期)。

5月,发表《忆叶子铭:在北京茅盾故居相处的日子》(《中国现代文学研究丛刊》2006年第3期)。

7月,《忆叶子铭:在北京茅盾故居相处的日子》及在第八届茅盾研究(国际)学术研讨会闭幕式上的致辞,被收入《茅盾研究》第10辑。

5日,发表《正视自由主义作家的人生理想——读梁实秋〈雅舍轶文〉随感》(《西北师大学报》(社会科学版)2006年第4期)。

30日,发表《赵树理的文学影响力何在》(《中国现代文学研究丛刊》2006年第4期)。

8月,与陈子善共同主编的《雨巷·我用残损的手掌》由复旦大学出版社出版。

负责编选的"现代作家精选本"丛书中的《桥·桃园》(废名卷)、《绿衣人·伍子胥》(冯至卷)、《母亲·在医院中》(丁玲卷)由复旦大学出版社出版。

9月,前往山西晋城,参加纪念赵树理诞辰一百周年暨创作研讨会。

11月,在上海"都市文化-文学学术研讨会"上的发言《现代都市文化与都市文学研究的几个问题(发言提纲)》,被收入《都市文化-文学学术研讨会论文集》。

15日,发表《现代小说家新释五题》(《广东社会科学》2006年第6期)。

2007年,68岁

3月,发表《关于都市、都市文化和都市文学》(《上海师范大学学报》(哲学社会科学版)2007年第2期)及《现代作家新释四题(上)》(《语文知识》2007年第1期)。

5月,发表《现代作家新释四题(下)》(《语文知识》2007年第2期)。

7月,发表《寻找多个起点,何妨返回转折点——现代文学史质疑之一》(《文艺争鸣》2007年第7期)。

9月,为纪念曹靖华先生百年诞辰而作的《曹靖华与我们》,收入《曹靖华纪念集》。

15日,发表《消除对市民文学的漠视与贬斥——现代文学史质疑之二》(《文艺争鸣》2007年第9期)。

12月5日,在《中华读书报》发表《融入我的大学——70年代末、80年代初北大生活片断》。

2008年,69岁

1月,发表《"主流型"的文学史写作是否走到了尽头?——现代文学史质疑之三》(《文艺争鸣》2008年第1期。)

2月,发表《〈家〉初刊为何险遭腰斩》(《书城》2008年第2期)。

3月,发表《为真正的教材型文学史一辩——现代文学史质疑之四》(《文艺争鸣》2008年第3期)。

9月,发表《饱尝苦难而坚守的贾植芳先生——对他晚年的印象小记》(《中国现代文学研究丛刊》2008年第5期)。

2009年,70岁

1月1日,回忆学术经历的文章《看一粒粒萤火在前》,发表在《渤海大学学报》(哲学社会科学版)2009年第1期。发表《现代文学馆与我》(《博览群书》2009年第1期)。两篇文章后被收入《多棱镜下》。

3月,编选的《背影》(配图珍藏本)由广东教育出版社出版。发表《读不完的家塾——现当代名人传记之沙汀传》,刊于《语文世界(中学生之窗)》2009年第3期;同日发表《市民之子老舍》(《博览群书》2009年第3期)。发表文章《我也穿过松紧不同的鞋子》(《文艺争鸣》2009年第3期),后被作为序言收入《多棱镜下》。

10月,与温儒敏主编的《〈中国现代文学研究丛刊〉30年精编:史料研究卷》和《〈中国现代文学研究丛刊〉30年精编:作家作品研究卷》由复旦大学出版社出版,《乡村中国的文学形态——〈京派小说选〉前言》《予且小说论》两篇学术论文分别被辑入两卷中。

12月,选编的《施蛰存作品新编》由人民文学出版社出版,发表文章《对〈博览群书〉的祝贺与期望》(《博览群书》2009年第12期)。

2010年,71岁

1月,《插图本中国现代文学发展史》出版,这部文学史从图像文本角度出发,将目光从"主流"的文学现象转移到一直以来被文学史书写者、研究者所忽视的部分,将现代文学的发展的地图完整呈现出来,为文学史写作开创了一种新范式,"在自己园地的一侧,开了一块生田"①。

作为主编之一编选的《张天翼研究资料》由知识产权出版社再版,详细收录了关于张天翼的研究资料,包括张天翼生平和文学活动,生平和创作自述,研究、评介文章选辑,著作、系年书目和研究、评价资料目录索引五个部分。选编的《林家铺子》《浅水姑娘》《子夜》等由华夏出版社出版。

2月,《多棱镜下》由人民文学出版社出版。

3月,主编的《茶馆》由南海出版社出版。开始为由河南大学主办的《汉语言文学研究》专栏"石斋语痕"供稿,至2018年。

10日,发表《1930年代文学与新兴电影艺术的交互作用》(《汉语言文学研究》2010年第1期)。

5月,发表《没有你,我将干枯无倚——纪念北大中文系百年系庆》(《书城》2010年第5期),后被收入《春润集》。

7月,发表《农民大众文学与市民大众文学并存的新局面——谈1940

---

① 吴福辉:《插图本中国现代文学发展史》,北京大学出版社,2010,《自序》第3页。

年代文学全景中的重要一角》(《井冈山大学学报》(社会科学版)2010年第5期)。

9月,发表《施蛰存对"新感觉派"身份的有限认同》(《汉语言文学研究》2010年第3期)。

11月,参加北大中文系与天津师大文学院联合举办的"20世纪三四十年代平津文坛"学术研讨会并作专题发言,发言被收入《三四十年代平津文坛研究》一书。

12月,《沙汀画传》由四川文艺出版社出版。较之《沙汀传》和《沙汀》,《沙汀画传》收录了一百余幅沙汀生平活动和作品著述图片,图文并茂地讲述了沙汀传奇的人生经历和独具特色的创作成就。发表《费孝通的社会学与我的文学研究》(《汉语言文学研究》2010年第4期)。

编选的《丰子恺作品新编》由人民文学出版社出版。

2011年,72岁

1月,发表《我心中的中国现代文学馆和〈中国现代文学研究丛刊〉》(《文艺报》2011年1月17日"专题"栏目)和《〈异乡记〉的四个视角》(《文艺报》2011年1月21日"书香中国"栏目)。

2月,发表《抗战文学概念正在文学史中悄悄延展》(《理论学刊》2011年第2期)。

3月,发表《抗战期间"文协"作家的重庆集聚地》(《汉语言文学研究》2011年第1期)。

4月,给毛海莹《苏青评传》一书作序《为苏青写下第一本完整传记》并发表于《博览群书》2011年第4期。发表纪念樊骏文章《给〈丛刊〉带来品格精魂》(《中国现代文学研究丛刊》2011年第4期)、《汪曾祺坦然欣然自认属于京派》(《现代中文学刊》2011年第2期)。

6月,负责审订的"名家文学读本"《小学生汪曾祺读本》由浙江少年儿童出版社出版。

发表文章《从边幕视角看海婴》(《鲁迅研究月刊》2011年第5期)、《透过解说与检讨的表层——丁玲〈关于〈在医院中〉〉的阅读札记》(《汉语言文学研究》2011年第2期)、《市井文学的梳理和再探》(《文学报》2011年6月

23日)。

9月,发表《"独尊写实主义"遭冷却之后》(《汉语言文学研究》2011年第3期)、《突破·调适·推进——读严家炎主编的〈二十世纪中国文学史〉》(《中国现代文学研究丛刊》2011年第9期)。

11月,发表《从留发、剪辫说到明日之学界》(《文艺争鸣》2011年第17期)。

12月,发表《中国文学城市与我的四城记忆》(《汉语言文学研究》2011年第4期)。

2012年,73岁

2月,发表《"平津文坛"漫议》(《现代中文学刊》2012年第1期)。

3月,发表《全景与杂陈("第一回"中国文艺年鉴之回顾)》(《汉语言文学研究》2012年第1期)。

6月,《春润集》由复旦大学出版社出版,收入从1981年到2011年三十年间的代表性文章,"这里所列的文章,是按照代表性(将个人和学术纪年都计在内)、初刊状态(不予修改)、混合编组(长短论文兼搭配散文随笔)几项原则遴选的"①,记录了从事思想学术工作以来的一些心路历程,以及对文化思潮与社会问题的关注与思考。

15日,发表文章《由野史材料探入"文学现场"》(《汉语言文学研究》2012年第2期。)

9月15日,发表《作家的多重身份:萧乾采写旧金山联合国成立大会新闻》(《汉语言文学研究》2012年第3期)。

11月1日,发表《我们这一拨儿人》(《博览群书》2012年第11期)。

12月15日,发表《以广告为中心的文学编年史写作断想》(《汉语言文学研究》2012年第4期)。

2013年,74岁

3月,发表《熊佛西与河北定县的"农民戏剧实验"》(《汉语言文学研

---

① 吴福辉:《春润集》,复旦大学出版社,2012,《自序》第2页。

究》2013 年第 1 期)。

4 月,发表《莫言的"'铸剑'笔意"》(《中国现代文学研究丛刊》2013 年第 4 期)。

5 月,发表《沈从文文学生命的延续流转》(《博览群书》2013 年第 5 期)。

6 月,《中国现代文学编年史——以文学广告为中心(1928—1937)》出版,此书选取文学广告作为文学史叙述的基本材料,采用编年体的结构模式,重新书写中国现代文学的历史,对现有文学史再次形成了冲击。正如他在《插图本中国现代文学发展史》自序中所说:"本书的目标不是企图创立一种新型的文学史范式。它不过是未来的新型文学史出现之前的一个'热身',为将来的文学史先期地展开各种可能性作一预备。这也算是我的梦境的一个实现。"①

15 日,发表《左翼作家展露人性之作〈丽莎的哀怨〉》(《汉语言文学研究》2013 年第 2 期)。

9 月,发表《文学与历史——留下抗战前夕逼真社会面影的〈中国的一日〉》(《汉语言文学研究》2013 年第 3 期)。

11 月,发表《〈中国现代文学编年史〉的写作和我的文学史观》(《文学评论》2013 年第 6 期)、《当今中国现代文学与中学语文教育的调查报告》(《中国现代文学研究丛刊》2013 年第 11 期)。

12 月,发表《任访秋"三史贯通"的学术范式及其意义》《〈四世同堂〉:从小说到话剧(答北京话剧观众问)》两篇论文,刊于《汉语言文学研究》2013 年第 4 期。

18 日,发表《"大文学史"观念下的写作》,刊于《现代中文学刊》2013 年第 6 期。

2014 年,75 岁

3 月,发表《张爱玲晚期作品讲读提要》(《汉语言文学研究》2014 年第 1 期)。

---

① 吴福辉:《插图本中国现代文学发展史》,北京大学出版社,2010,《自序》第 6 页。

5月,发表《怀想王瑶先生——以此纪念他的百年诞辰》(《书城》2014年第5期),表达了对恩师王瑶先生的深切怀念。

6月,发表《沈从文——为香港某作家网所作》(《汉语言文学研究》2014年第2期)。与范伯群、徐斯年、陈建华、关纪新在"通俗文学和大众文化与中国现当代文学史关系研究"学术研讨会中的发言,经整理发表在《苏州教育学院学报》2014年第3期。

8月,发表《为了茅盾这一事业——追念韦韬》,收入《茅盾研究》第13辑。月中,发表《谈〈雷雨〉的一处修改》(《汉语言文学研究》2014年第3期)。

11月,发表《海派话剧资料辑录及阅读笔记》(《汉语言文学研究》2014年第4期)。

12月,学术散文集《石斋语痕》由河南大学出版社出版,是八年多来连续为《汉语言文学研究》杂志"石斋语痕"栏目供稿的成果汇编,收录了近十年来所写学术散文,全书分为学余随笔、广告断想、彗星逝影和长短新声四部分。

2015年,76岁

3月,发表《"看张"之上海记忆》(《书城》2015年第3期)和《关于汪曾祺小学生读本的通信》(《汉语言文学研究》2015年第1期)。

31日,尹诗采访整理的《人间学术——吴福辉先生访谈录》,刊登在《新文学评论》2015年第1期。

5月,发表文学评论《立一棵大树于世间——读商金林新著〈叶圣陶全传〉》(《文汇报》2015年5月11日。)

6月,发表《作家排名和文学史叙述》(《汉语言文学研究》2015年第2期)。

9月,发表《新文化运动"反传统"漫议》(《群言》2015年第9期)和《〈叶圣陶全传〉与人物传记的标准及写法》(《汉语言文学研究》2015年第3期)。

12月,发表《不端"散文架子"的散文更好》(《博览群书》2015年第12期)。

15日,发表《从开题到论文修改:文学教育资料一角》(《汉语言文学研究》2015年第4期)。

本年度,由于年龄关系不再招收博士研究生,但继续参与河南大学文学院的学术活动,每学期按时到河南大学文学院作系列学术讲座,参加学术会议。

2016年,77岁

3月,《中国现代文学三十年》修订本由北京大学出版社出版,此次改动将三章"通俗小说"变为"市民通俗小说",进一步完善了通俗小说的论述。发表《汪曾祺〈异秉〉细读》,刊于《汉语言文学研究》2016年第1期。

6月,发表《湘西文化·民族重造·两性表达:沈从文三题》(《名作欣赏》2016年第16期)和《书序二题:文学沙龙和语文创意教学》(《汉语言文学研究》2016年第2期)。

7月,发表《学术环境的风气、传承与改造》(《社会科学辑刊》2016年第4期)及《文学阅读与全民素养》(《文艺争鸣》2016年第7期)。

9月,发表《从生活手记看50年代"文青"的写作姿态》(《汉语言文学研究》2016年第3期)。

12月,发表《现代文学家传记杂谈》(《汉语言文学研究》2016年第4期)。

2017年,78岁

3月,发表了《文学阅读:我的阅读史和你们的阅读史》,这是为北京大学中文系学生所作的一次演讲,与后学们分享了阅读的重要性以及自己的阅读史,将自己的阅读方法归结为"'一个盘子'(要开得大些)、'一棵树子'(摸索到枝枝丫丫)、'一张网子'(现象彼此的错综联系)"①鼓励后学多读多思。后将此篇演讲稿修改后发表在《汉语言文学研究》2017年第1期。

6月,为赵焕亭专著《中国现代作家传记研究》所作序言《对作家传记学术内涵的深入开掘——〈中国现代作家传记研究〉序》,发表于《书屋》2017

---

① 吴福辉:《石斋语痕二集》,河南大学出版社,2018,第58页。

年第 6 期。

15 日,发表《生命因悲哀而庄严——悼富仁》(《传记文学》2017 年第 6 期)和《现代文学史不必定以一部作品为开端》(《汉语言文学研究》2017 年第 2 期)。

7 月,发表《生命也因质朴而美丽——怀富仁》(《文艺争鸣》2017 年第 7 期)。

9 月,发表《旧时上海文化地图:"看张"之二》(《汉语言文学研究》2017 年第 3 期)。

10 月,发表《择路:回想 1978 年那场考研》(《传记文学》2017 年第 10 期)。

11 月,为《博览群书》组织"名师之于高徒"专栏(《博览群书》2017 年第 11 期)。

12 月,发表《听"淞南山歌"有感》(《汉语言文学研究》2017 年第 4 期)。

2018 年,79 岁

1 月,为《博览群书》组织"文化视点·名家·名作·名山"专栏(《博览群书》2018 年第 1 期)。

4 月,发表《现代作家故居琐谈》(《博览群书》2018 年第 4 期)。

5 月,在黄淮学院作学术报告,以"文学史的阅读和写作"为主题,讲述了个人的求学经历和独特的阅读体验、阅读对象的选择和阅读标准的确立、个人阅读感受和文学发展规律的探讨等问题。

6 月,发表《陈啸替我还了一笔"文债"》(《博览群书》2018 年第 6 期)。

8 月,为《博览群书》组织"文化视点·名作中的女性"专栏(《博览群书》2018 年第 8 期),发表《在北大听讲演》(《新文学史料》2018 年第 3 期)。

9 月,发表《凌宇的才气、硬气和乡气》,刊于《南方文坛》2018 年第 5 期。

10 月,赴重庆参加中国茅盾研究会第十一届年会。

2019 年,80 岁

2 月,发表《那些年,我在鞍山看电影》(《文汇报》2019 年 2 月 13 日"笔会"栏目)。

4月,前往加拿大小住。

7月,发表《少年时代的音乐生活》(《文汇报》2019年7月6日)。

8月17日,在河南开封参加由河南大学文学院主办的"吴福辉先生学术思想研讨会",以《我的九大幸事与九大憾事》为题,回顾总结了自己八十年来的人生经历与学术历程,表示今后还将笔耕不辍,撰写学术随笔,总结经验教训,以启示后学。

8月19日,在河南开封参加由河南大学文学院主办的"中国近代文学第一届暑期青年讲习班"开班式,仪式后作《我与现代文学史六十年》演讲,讲述自己六十年来从阅读文学史到写作文学史所走过的学术道路。

10月,与妻朱珩青再赴加拿大。

2020年,81岁

5月,讲述家族和地域之变迁的文章《百年翩跹》,载2020年6月9日《文汇报》"笔会"栏目,这是吴福辉先生公开发表的最后一篇文章。

2021年,82岁

1月15日凌晨(加拿大时间),因心脏病突发逝世于加拿大卡尔加里。